工业数字孪生与企业应用实践

陈岩光　于连林　等编著

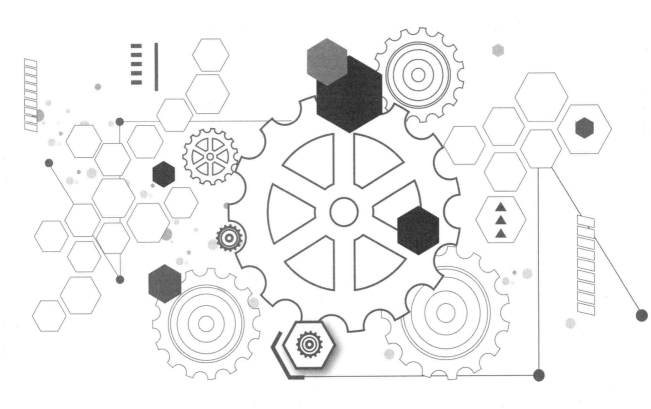

清华大学出版社
北京

内 容 简 介

本书以智能制造的各个阶段为视角，详尽阐述了工业数字孪生技术在产业智能化升级中的应用。通过提高生产、制造、装配、设计、规划和物料等方面的管理效率，以及降低试错成本，为智能制造带来显著的效益提升。本书共 6 章。第 1 章梳理数字孪生的发展历程，了解数字孪生的过去、现在和将来。第 2 章详细介绍工业数字孪生底层技术体系及关键技术。第 3 章拆解工业互联网支持下的数字孪生车间构建。第 4 章总结工业数字孪生在智能制造中的具体应用，如何基于数字孪生搭建新时代的智慧工厂。第 5 章介绍部分一线制造企业工业数字孪生的应用实例。第 6 章展望工业数字孪生在未来的应用。

本书适合数字孪生从业者、开发研究人员和对数字孪生有兴趣的技术团队人员阅读，赋能产业智能化升级。

图书在版编目（CIP）数据

工业数字孪生与企业应用实践/陈岩光等编著．－北京：清华大学出版社，2024.1

ISBN 978-7-302-64936-6

Ⅰ．①工… Ⅱ．①陈… Ⅲ．①工业工程－数字技术－应用－工业企业管理－研究

Ⅳ．①F406-39

中国国家版本馆 CIP 数据核字（2023）第 227089 号

责任编辑：王金柱
封面设计：王　翔
责任校对：闫秀华
责任印制：沈　露

出版发行：清华大学出版社

   网　　址：https://www.tup.com.cn，https://www.wqxuetang.com
   地　　址：北京清华大学学研大厦 A 座   邮　　编：100084
   社 总 机：010-83470000   邮　　购：010-62786544
   投稿与读者服务：010-62776969，c-service@tup.tsinghua.edu.cn
   质 量 反 馈：010-62772015，zhiliang@tup.tsinghua.edu.cn

印 装 者：三河市天利华印刷装订有限公司
经　　销：全国新华书店
开　　本：185mm×235mm   印　张：19.5   字　数：468 千字
版　　次：2024 年 1 月第 1 版   印　次：2024 年 1 月第 1 次印刷
定　　价：99.00 元

产品编号：104074-01

前　　言

国家发展和改革委员会重磅发布了《关于推进"上云用数赋智"行动 培育新经济发展实施方案》（以下简称《方案》），其中"数字孪生"技术在方案中被多次提及，和云计算、人工智能、5G、物联网等前沿技术一样，受关注程度上升到国家高度。数字孪生技术最先应用于工业制造的领域中。目前，全球领先的制造企业正在将对数字孪生的理解与自身业务融合，形成工业 4.0 时代下的解决方案。

工业数字孪生是多类数字化技术的集成融合和创新应用，基于建模工具在数字空间构建出精准物理对象模型，再利用实时 IoT（Internet of Things，物联网）数据驱动模型运转，进而通过数据与模型集成融合构建起综合决策能力，推动全业务流程闭环优化。

随着云计算、大数据、人工智能、5G 技术以及 AIGC（Artificial Intelligence Generated Content，人工智能生成内容）的迅猛发展，数字孪生应用范围的拓展得到了保障。在制造业企业应用中，通过物联网及边缘计算上传相关数据后，使用工业数字孪生技术可以完成生产、能耗、设备、设计、制造管理等工作，进而实现提质、降本、创收、增效四大价值。

市场规模上，根据中国信通院数据显示：2021 年，全球数字孪生市场规模达到 49 亿美元，预计全球数字孪生市场将以 58%的复合增长率增长，到 2026 年将达到 482 亿美元。另据艾瑞咨询数据显示：2022 年中国数字孪生市场规模为 104 亿元，预计 2025 年国内市场规模将达 375 亿元，2022－2025 年 CAGR（Compound Annual Growth Rate，复合年均增长率）为 54.3%。可见，从高端制造到传统工业，工业数字孪生沸点将至。

但工业数字孪生应用目前仅处于初级阶段，四类关键场景有望成为重点应用方向，即存量工厂三维可视化改造"应用普及"、全场景虚拟制造诊断"能力提升"、实时仿真/智能仿真"单点突破"、大国重器系统工程"科技攻坚"。

工业数字孪生在制造行业的应用仅有技术支持还不够，制造业企业所处的业务场景和对应需求并不一样，行业技能诀窍是实现工业数字孪生落地的关键，要结合行业数据要素，不断打磨模型，才能建立精准智能的业务模型。

本书对工业数字孪生相关技术进行了全面拆解与梳理，并结合行业数据要素，总结了工业数字孪生在智能制造中的具体应用模型以及经验，希望能对数字孪生的落地实践有指导意义。

其中，对工业数字孪生底层技术体系的拆解，如数字线程、模型修正、模型融合等技术对于智能制造领域的数字孪生项目也有很强的建设性作用，既有战略思考高度和理论研究深度，又有行业覆盖广度，非常值得大家深入学习研究。本书适合数字孪生从业者、研究开发人员和对数字孪生有兴趣的技术团队人员阅读，赋能产业智能化升级。

本书第 1 章将从数字孪生的诞生开始梳理，了解数字孪生的过去、现在和将来。第 2 章详细介绍工业数字孪生底层技术体系及关键技术。第 3 章拆解工业互联网支持下的数字孪生车间构建。第 4 章总结工业数字孪生在智能制造中的具体应用，如何基于数字孪生搭建新时代的智慧工厂。第 5 章介绍部分一线制造企业工业数字孪生的应用实例。第 6 章展望工业数字孪生在未来的应用。

本书主要由陈岩光、于连林、王志强、刘林、李丽、郭鑫浩、梁帅、马步登、冯鑫编写，主要的配图由祁靖轩、王洗尘、于健、裴旭冉完成，部分图片素材来源网络。在笔者写作过程中，苏涛、王丽、周磊提供了很多帮助，同时也参考了很多前辈的文献资料，这些文献资料的大部分都在参考文献中声明，但是难免会有遗漏，还请各位前辈多多理解，在此表示感谢。最后，非常感谢清华大学出版社王金柱编辑的辛苦付出。

编　者
2023 年 11 月 30 日

目　　录

第1章　工业数字孪生的发展 ·········· 1

1.1　数字孪生的概念 ··············· 2

1.2　数字孪生的特征 ··············· 10

1.3　面向智能制造的工业数字孪生 ··· 13

1.4　工业数字孪生的发展阶段 ······· 16

1.5　工业数字孪生的功能架构 ······· 17

1.6　发展工业数字孪生的意义 ······· 17

1.7　工业数字孪生应用行业分析 ····· 19

 1.7.1　流程行业分析 ··········· 20

 1.7.2　多品种小批量离散行业分析 ··· 21

 1.7.3　少品种大批量离散行业分析 ··· 21

1.8　工业数字孪生产业布局动向 ····· 22

 1.8.1　产业布局 ··············· 23

 1.8.2　企业合作分析 ··········· 25

 1.8.3　巨头发展布局分析 ······· 27

1.9　国内外工业数字孪生发展情况 ··· 31

 1.9.1　政策层面 ··············· 32

 1.9.2　行业应用层面 ··········· 33

 1.9.3　市场层面 ··············· 33

 1.9.4　企业主体层面 ··········· 34

 1.9.5　标准化层面 ············· 34

1.10　本章小结 ··················· 35

1.11　参考资料 ··················· 36

**第2章　工业数字孪生技术体系及
关键技术** ················ 37

2.1　技术体系架构 ··············· 39

 2.1.1　概念 ················· 39

 2.1.2　工业数字孪生技术体系 ········ 42

 2.1.3　小结 ················· 46

2.2　数字支撑技术 ··············· 48

 2.2.1　概念 ················· 48

 2.2.2　技术体系 ············· 49

 2.2.3　小结 ················· 51

2.3　数字线程技术 ··············· 52

 2.3.1　概念 ················· 53

 2.3.2　技术体系 ············· 55

 2.3.3　小结 ················· 57

2.4　数字孪生体技术 ············· 58

 2.4.1　概念 ················· 58

 2.4.2　技术体系 ············· 60

 2.4.3　小结 ················· 66

2.5　人机交互技术 ··············· 67

 2.5.1　概念 ················· 68

 2.5.2　技术体系 ············· 73

 2.5.3　小结 ················· 78

2.6　参考资料 ··················· 79

**第3章　工业互联网支持下的数字孪生
车间构建** ················ 81

3.1　数字孪生车间管理的相关理论 ········ 81

 3.1.1　车间管理的发展及需求分析 ···· 81

 3.1.2　数字孪生车间的概念及应用 ···· 83

 3.1.3　虚拟车间、数字车间与数字
孪生车间的比较 ·········· 85

3.2　数字孪生车间构建的总体设计 ········ 86

3.2.1 工业互联网技术对数字
孪生车间构建的支持··········86

3.2.2 数字孪生车间的总体架构··87

3.2.3 数字孪生车间运行模式·······90

3.3 数字孪生车间构建的实施策略······92

3.3.1 统筹规划，服务战略·······92

3.3.2 聚焦痛点，扎实推进·······93

3.3.3 以人为本，管理取胜·······93

3.3.4 效益驱动，落地为王·······94

3.4 数字孪生车间构建的实现方案······94

3.4.1 数字孪生车间设备的集成及
互联互通·············95

3.4.2 基于数字孪生的数字化车间
建模·············96

3.4.3 面向数字孪生的数据采集
系统·············106

3.4.4 数字孪生车间管理系统········115

3.5 数字孪生车间的构建效果评估及
分析·············127

3.5.1 设备互联互通，实时数据
汇聚·············128

3.5.2 生产协同管理，问题智能
预警·············128

3.5.3 持续迭代优化，支持精准
决策·············128

3.6 本章小结·············129

3.7 参考资料·············129

第4章 构建基于数字孪生的智慧
工厂··············131

4.1 制造业工厂的发展现状浅析······131

4.1.1 制造业工厂的定义·······132

4.1.2 制造业工厂的发展历程······132

4.1.3 制造业工厂目前所面临的
问题·············133

4.2 数字孪生智慧工厂的设计思路······134

4.2.1 智慧工厂的发展·······135

4.2.2 数字孪生智慧工厂的建设
目标·············136

4.2.3 数字孪生智慧工厂的总体
规划·············138

4.2.4 智慧工厂实现数字孪生的
技术路线·············141

4.2.5 构建数字孪生智慧工厂的
意义·············145

4.3 数字孪生在智慧工厂中的应用
场景·············147

4.3.1 基于数字孪生的生产工艺
设计系统·············147

4.3.2 基于数字孪生的生产过程
监控系统·············152

4.3.3 基于数字孪生的物流仓储
系统·············158

4.3.4 基于数字孪生的设备管理
系统·············164

4.3.5 基于数字孪生的能耗监控及
优化系统·············168

4.3.6 基于数字孪生的生产安全应急
管理系统·············173

4.4 本章小结·············181

4.5 参考资料·············181

第5章 应用实例··············184

5.1 案例一 数字孪生打造电子电器
智能制造工厂·············184

5.1.1 行业背景·············184

5.1.2 项目说明 ················ 184

5.1.3 行业特点 ················ 185

5.1.4 项目需求 ················ 186

5.1.5 设计思路 ················ 188

5.1.6 功能展示 ················ 190

5.1.7 应用成效 ················ 195

5.1.8 实施过程 ················ 195

5.2 案例二　数字孪生构建乳制品生产
工厂可视化能源监测体系 ···· 196

5.2.1 行业现状 ················ 196

5.2.2 行业背景 ················ 197

5.2.3 国家规定 ················ 198

5.2.4 项目说明 ················ 198

5.2.5 项目需求 ················ 199

5.2.6 功能设计 ················ 200

5.2.7 应用成效 ················ 212

5.2.8 实施过程 ················ 213

5.3 案例三　数字孪生监管高速动车运行
状态助力智能生产 ·········· 214

5.3.1 行业背景 ················ 214

5.3.2 技术特点 ················ 215

5.3.3 行业需求 ················ 216

5.3.4 功能展示 ················ 217

5.3.5 应用成效 ················ 221

5.3.6 实施过程 ················ 221

5.4 案例四　数字孪生助力智慧风电
数字化运营监管 ············ 222

5.4.1 项目说明 ················ 223

5.4.2 行业背景 ················ 223

5.4.3 行业现状 ················ 224

5.4.4 数字孪生应用优势 ········ 225

5.4.5 项目需求 ················ 225

5.4.6 项目规划 ················ 226

5.4.7 功能设计 ················ 228

5.4.8 实施过程 ················ 235

5.5 案例五　数字孪生赋能企业实现
汽车智能制造 ·············· 237

5.5.1 行业背景 ················ 237

5.5.2 项目说明 ················ 239

5.5.3 行业特点 ················ 240

5.5.4 数字孪生应用优势 ········ 240

5.5.5 项目需求 ················ 242

5.5.6 项目规划 ················ 244

5.5.7 功能设计 ················ 245

5.5.8 应用成效 ················ 248

5.5.9 实施过程 ················ 249

5.6 案例六　数字孪生助力打造煤炭
液化生产企业智能调度中心 ·· 250

5.6.1 行业介绍 ················ 250

5.6.2 行业背景 ················ 251

5.6.3 项目说明 ················ 253

5.6.4 技术优势 ················ 253

5.6.5 项目需求 ················ 254

5.6.6 项目规划 ················ 256

5.6.7 功能设计 ················ 257

5.6.8 应用成效 ················ 263

5.6.9 实施过程 ················ 264

5.7 参考资料 ·················· 265

第6章　总结与展望 ·················· 266

6.1 数字孪生的主要技术方向 ······ 267

6.1.1 信息建模 ················ 268

6.1.2 信息同步 ················ 269

6.1.3 信息强化 ················ 270

6.1.4 信息分析 ················ 271

6.1.5 智能决策 ················ 271

6.1.6 信息访问界面 ············ 272

6.1.7 信息安全 ················ 273

6.2　数字孪生的应用方向 …………… 275

6.2.1　产品研发设计 …………… 275

6.2.2　工艺规划仿真 …………… 279

6.2.3　生产过程仿真 …………… 281

6.2.4　设备监控优化 …………… 284

6.2.5　智能产品运维 …………… 289

6.3　数字孪生的项目准则 …………… 290

6.4　数字孪生的未来技术展望 ………… 291

6.4.1　多学科融合 …………… 292

6.4.2　人工智能 …………… 293

6.4.3　云计算和大数据技术 ……… 295

6.4.4　物联网技术 …………… 296

6.4.5　移动通信技术 …………… 298

6.4.6　人机交互技术 …………… 299

6.4.7　跨行业应用 …………… 301

6.5　参考资料 …………… 304

第 1 章

工业数字孪生的发展

1

随着我国工业互联网创新发展战略的深入实施,部分应用企业已基于工业互联网完成了数字化、网络化改造,少数头部企业渴望通过工业互联网开展智能化升级。作为工业互联网数据闭环优化的核心使能技术,数字孪生(Digital Twin)具备打通数字空间与物理世界,将物理数据与孪生模型集成融合,形成综合决策后再反馈给物理世界的功能,为企业开展智能化升级提供了新型应用模式。

数字孪生由"数字"和"孪生"组合而来,即数字化的孪生体。"孪生"是生物学上的概念,通俗地讲就是双胞胎的意思。"数字"应理解为"数字化",即将复杂多变的信息转变为可以度量的数字、数据,再以这些数字、数据建立其相应的数字化模型。数字孪生以数字化方式创建物理实体的虚拟模型,借助数据模拟物理实体在现实环境中的行为,通过虚实交互反馈、数据融合分析、决策迭代优化等手段,为物理实体增加或扩展新的能力。作为一种充分利用模型、数据、智能并继承多学科的技术,数字孪生面向产品全生命周期过程,发挥连接物理世界和信息世界的桥梁和纽带作用,提供更加实时、高效、智能的服务。

孪生的概念最早于20世纪60年代由美国国家航空航天局(NASA)提出,当时的概念是发射到太空中的飞行器在地面需要有一个"物理孪生",以便模拟各类指令的操作,保障太空飞行器各类动作的正确性和安全性。这个思想沿用至今。我国在2021年4月29日发射的天和核心舱,在地面上就有一模一样的装备同步运行,它被形象地称作"地面空间站",地面空间站通过接收在轨的遥测数据,可以设置成与太空中一样的飞行状态,来验证整个飞行程序和操作指令是否正确。

近些年,数字孪生应用已从航空航天领域向工业各领域全面拓展,西门子、通用电气(General Electric,GE)等工业巨头纷纷打造数字孪生解决方案,赋能制造业数字化转型。数字孪生蓬勃发展的背后与新一代信息技术的兴起、工业互联网在多个行业的普及应用有莫大关联。

工业数字孪生是一种基于先进信息技术和数字化技术的制造业生产模式，它将实体系统的数字化模型与实际的生产过程进行无缝连接，并实现全流程数据的获取、传递和分析，从而实现对生产过程和产品的全方位跟踪和监控。

工业数字孪生的发展为制造业的自动化、智能化、高效化和可持续化发展提供了强大的支持和保障，可以帮助企业实现高质量、高效率、低成本的生产，提高企业的核心竞争力。

本书将从数字孪生的发展开始讲起，详细介绍工业数字孪生技术体系及关键技术，剖析工业互联网支持下的数字孪生车间构建，总结工业数字孪生在智能制造中的具体应用，阐述如何依托数字孪生打造新时代的智慧工厂，同时介绍部分一线制造企业成功应用数字孪生的实例，展望工业数字孪生在未来的无限可能。

1.1　数字孪生的概念

数字孪生，也有很多学者和机构称之为数字镜像、数字映射、数字双胞胎、数字双生、数字孪生体等。数字孪生不局限于构建的数字化模型，不是物理实体的静态、单向映射，也不应该过度强调物理实体的完全复制、镜像，虚实两者也不完全相等；数字孪生不能割离实体，也并非物理实体与虚拟模型的简单加和，两者也不一定是简单的一一对应关系，可能出现一对多、多对一、多对多等情况；数字孪生不等同于传统意义上的仿真/虚拟验证、全生命周期管理，也并非只是系统大数据的集合。2017—2019年，Gartner公司在连续三年将数字孪生列为十大新兴技术的时候，对数字孪生的定义分别为：数字孪生是实物或系统的动态软件模型（2017），数字孪生是现实世界实物或系统的数字化表达（2018），数字孪生是现实生活中物体、流程或系统的数字镜像（2019）。但就目前而言，对于数字孪生还没有形成统一的定义，不同的学者、企业、研究机构等对数字孪生的理解也存在着不同的认识。

数字孪生的概念最早可以追溯到阿波罗计划中，那时美国国家航空航天局就曾构建两个完全相同的航天飞行器，其中一个发射到太空执行任务，另一个则留在地球上反映太空中的航天器在任务期间的工作状态，以辅助工程师进行分析和处理紧急事件。

2002年，美国密歇根大学（The University of Michigan）成立了一个PLM（Product Lifecycle Management，产品生命周期管理）中心。Michael Grieves教授面向工业界发表《PLM的概念性

设想》（*Conceptual Ideal for PLM*），首次提出了一个PLM概念模型，在这个模型中提出了"与物理产品等价的虚拟数字化表达"，出现了现实空间、虚拟空间的描述。

Michael Grieves教授提到，驱动该模型的前提是每个系统都由两个子系统组成：一个是一直存在的物理系统，一个是包含了物理系统所有信息的新虚拟系统。

这意味着现实空间中的系统和虚拟空间中的系统之间存在一个镜像（Mirroring of Systems），或者叫作"系统的孪生"（Twinning of Systems），反之亦然。

因此，PLM意味着不再是静态的谁表达谁，而是两个系统即虚拟系统和现实系统，将在整个生命周期中彼此连接。PLM贯穿了4个阶段：创造、生产制造、操作（维护和支持）和报废处置。

2003年年初，这个PLM概念模型在密歇根大学第一期的PLM课程中使用，当时被称作"镜像空间模型"（Mirrored Space Model）。2005年，Michael Grieves教授在一份刊物中又提到了这一个模型。

到了2006年，Michael Grieves教授又发表了一篇叫作《产品生命周期管理：驱动下一代精益思想》的文章，在这篇文章里他将数字孪生叫作"信息镜像模型"。

尽管Michael Grieves自称是数字孪生第一人，但行业内对谁先提出数字孪生概念还存在一些争议。因为数字孪生一词最早出现在2010年NASA的技术路线图中，但Michael Grieves在数字孪生的表述从抽象到清晰方面所做出的贡献是不可磨灭的。

1. NASA数字孪生的应用

2010年，NASA在其太空技术路线图中首次引入了数字孪生的表述。为了更好地理解NASA的数字孪生，要先给读者讲一段Apollo 13登月飞行中发生的故事。

50多年前的一天，Apollo 13号宇宙飞船已经飞离了地球210000英里，飞往月球的3名宇航员突然听到"嘣－咔咔－咣咣"的声音，这时一名宇航员看到飞船壳体已经弯曲。几秒钟后，驾驶舱的警告灯亮起，宇航员耳边响起了刺耳的报警声。事后查明，是Apollo 13生活舱中的一个氧气罐发生了爆炸，爆炸严重地损坏了主推进器，同时用于维持宇航员们生命的氧气被泄漏到了太空之中。此时情况十分危急，因为每过一分钟，受损的太空飞船就会飞离地球400英里。这种状况在人类历史上首次发生。如何让3名宇航员安全回家，成了数千名NASA地面支持人员在之后三天半时间里夜以继日工作的唯一目标。同时，3名宇航员通过打开、关闭不同的系统来判定哪些系统还在正常工作，哪些系统已经受损不能工作。任务控制中心综合各方面的信息，快速而准确地诊断出问题所在，在生活舱中的氧气供应完全失效前，将宇航员们转移到了登月舱中。宇航员们暂时安全了，但他们如何回家呢？这又是一个巨大的挑战，然而，NASA克服了这个挑战，并成功地将宇航史上很可能发生的巨大灾难转化为一个令人振奋的巨大成功。NASA飞行器如图1-1所示。

图 1-1　NASA 飞行器

做到这一切的一个关键是，在NASA的身后有一套完整的、高水准的地面仿真系统，用于培训宇航员和任务控制人员所用到的全部任务操作，包括了多种故障场景的处理。模拟器是整个太空计划中技术最复杂的部分，在模拟培训中，唯一真实的东西是乘员、座舱和任务控制台，其他所有的一切都是由一堆计算机、许多的公式以及经验丰富的技术人员创造出来的。任务控制人员和宇航员们在综合考虑飞船的受损、可用的电力、剩余的氧气、饮用水等因数的情况后，与登月舱制造厂商协同工作，确定了一个着陆计划，然后安排后备宇航员在模拟器上进行操作演练。演练证明了方案的可行性，这极大地增强了任务控制人员与宇航员们的信心。剩下的工作就是宇航员们百分之百地按照演练形成的操作指令清单去执行就可以了。最终，他们做到了，安全回家了。

NASA的成功主要归功于模拟器（或者叫作仿真器）。这些模拟器正是现在火热的数字孪生的一个实实在在的案例。准确地说，这些模拟器应该是数字孪生和物理孪生的结合体。所以，西门子工程师Stephen Ferguson曾说："Apollo 13, The First Digital Twin"。

因此，NASA的数字孪生定义诞生了。在2010年发布的太空技术路线图中的Area 11中的

Simulation-Based Systems Engineering部分，是这样定义数字孪生的：

"一个数字孪生，是一种集成化的多种物理量、多种空间尺度的运载工具或系统的仿真，该仿真使用了当前最为有效的物理模型、传感器数据的更新、飞行的历史等，来镜像出其对应的飞行当中孪生对象的生存状态。"

NASA提出的数字孪生概念有明确的工程背景，即服务于自身未来宇航任务的需要。NASA认为基于Apollo时代积累起来的航天器设计、制造、飞行管理与支持等方式方法（相似性、统计模式的失效分析和原型验证等），无论在技术方面还是在成本方面等，均不能满足未来深空探索（更大的空间尺度、更极端的环境和更多未知因素）的需要，需要找到一种全新的工作模式，这种工作模式就是数字孪生。

2. NASA的数字孪生的用途

NASA的数字孪生的用途如下：

（1）发射前飞船未来任务清单的演练。可以用来研究各种任务参数下的结果，确定各种异常的后果，减轻故障、失效、损害的策略效果的验证。此外，还可以确定发射任务最大概率成功的任务参数。

（2）镜像飞行孪生的实际飞行过程。在此基础上，监控并预测飞行孪生的状况。

（3）完成可能的灾难性故障或损害事件的现场取证工作。

（4）用作任务参数修改后结果的研究平台。

NASA的数字孪生基于其之前的宇航任务实践经验，极其看重仿真的作用。NASA要完成的宇航任务涉及天上、地下、材料、结构、机构、推进器、通信、导航等众多专业，是一个极其复杂的系统工程，因此，NASA更强调上述内容的集成化的仿真，从某种意义上讲是其系统工程方法的落脚点。换个看问题的角度来讲，NASA的数字孪生就等同于其基于仿真的系统工程。

3. AFRL更具工程应用含义的数字孪生

2009年，AFRL（美国空军研究实验室）发起了一个"机身数字孪生"项目，简称ADT。该项目综合了每架飞机制造时的机身静态强度数据、每架飞机的飞行历史数据，以及日常运维数据，采用仿真的方法来预测飞机机身的疲劳裂纹，实现了飞机结构的寿命管理，有效地提高了机身运维效率以及机身的使用寿命。

该项工作发表在2011年Tuegel EJ等人撰写的文章*Reengineering aircraft structural life prediction using a digital twin*中。文章中指出该ADT项目发起于2009年，所以有部分学者认为是AFRL首先提出了数字孪生的概念。但是从文章公开发表的时间以及之前的工程实践规模和带来的影响力来看，还是认为NASA首先提出了数字孪生的概念更为科学。

4. Gartner提出的数字孪生

Gartner在2017年、2018年和2019年连续3年将数字孪生列为十大技术趋势之一，对数字孪生的火热起到了推动作用。Gartner将数字孪生定义为对象的数字化表示，进而将数字孪生分为3类：

（1）离散数字孪生（Discrete Digital Twins）：单个产品/设备、人或任务的虚拟复制品，用于监视和优化单个资产、人和其他物理资源。

（2）复合数字孪生（Composite Digital Twins）：用于监视和优化关联在一起的离散数字孪生的组合使用，如轿车和工业机器这样的多部件系统。

（3）组织数字孪生（Digital Twins of Organizations，DTOs）：DTOs是复杂大型实体的虚拟模型，是数字孪生构成的一部分。DTOs用于监视与优化高级业务的性能。Gartner在实践中更为重视物联网领域中数字孪生的应用。据其内部的一个调查统计，在所有有实施物联网意愿的企业中，59%的企业已经实施了或正在实施数字孪生。

5. 国内数字孪生方面的理论研究工作

2004年，中国科学院自动化研究所的王飞跃研究员发表了《平行系统方法与复杂系统的管理和控制》的文章。文章中首次提出了平行系统（Parallel Systems）的概念。

平行系统是指由某一个自然的现实系统和对应的一个或多个虚拟或理想的人工系统所组成的共同系统。通过实际系统与人工系统的相互连接，对二者之间的行为进行实时的动态对比与分析，以虚实互动的方式完成对各自未来的状况的"借鉴"和"预估"，人工引导实际，实际逼近人工，达到有效解决方案以及学习和培训的目的。我们完全可以以将平行系统中的人工系统，理解为物理系统的数字孪生这样的结论。需要强调的是，王飞跃是将平行系统（数字孪生）作为解决复杂系统问题的方法论而提出来的，如图1-2所示。

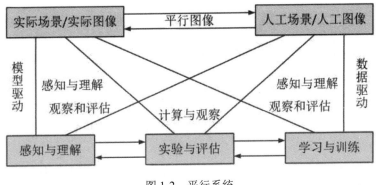

图 1-2　平行系统

走向智能研究院的赵敏与宁振波在《铸魂——软件定义制造》一书中，对数字孪生有着如下的认识和定位："数字孪生是在数字化一切可以数字化的事物的大背景下，通过软件定义，在数字虚体空间所创立的虚拟事物，与物理实体空间的现实事物形成了在形、态、质地、行为和发展规律上都极为相似的虚实精确映射，让物理孪生体和数字孪生体之间具有了多元化的映射关系，具备了不同的保真度（逼真/抽象等）。"笔者认为，两位专家提出的"虚体测试，实体创新"，是对数字孪生的作用机理的最简洁概括。

南山工业书院的林雪萍在"知识自动化"微信公众号上发表的《数字孪生：第四象限的崛起》一文中，使用二维象限工具完美地诠释了一个产品从设计到制造，再到使用与运营，全生命周期的数字孪生的动态演变过程，依据象限的不同，生动形象地指出了数字孪生的重要作用。其中的3条信息新通道正是数字孪生的不断丰富、不断丰满的发展过程。笔者认为，还可以将林雪萍给出的二维象限结构发展为三维螺旋式上升结构，表达出数字孪生在产品升级换代、不断提高方面的作用。

北京航空航天大学的陶飞等在CIMS期刊上发表的《数字孪生五维模型及十大领域应用》一文中，给出了数字孪生的五维模型：即MDT=（PE，VE，Ss，DD，CN）。MDT是一个通用的参考架构；物理实体（PE）是数字孪生五维模型的基础，主要包括各子系统具备不同的功能，共同支持设备的运行以及传感器采集设备和环境数据；孪生数据（DD）集成融合了信息数据与物理数据；服务（Ss）对数字孪生应用过程中面向不同领域、不同层次用户、不同业务所需的各类数据、模型、算法、仿真、结果等进行服务化封装；连接（CN）实现物理实体、虚拟实体、服务及数据之间的普适工业互联；虚拟实体（VE）从多维度、多空间尺度及多时间尺度对物理实体进行刻画和描述。五维模型对数字孪生的落地具有重要的指导意义，在工程应用中，可以直接将该模型映射或转换为面向服务的软件体系结构。

综上所述，我们可以简单地用一个编年史对数字孪生的演进历史做一个总结：

- 1959年，美国航空航天局发射了旅行者1号卫星，并利用其回传的图像进行数学模拟，开启了数字孪生的先河。
- 1970年，航空工业开始使用数字固体建模技术，加强了数字化工程能力。
- 1990年，汽车和宇航工业开始广泛应用数字化技术，销售商在销售型号之前可以提前测试数量。
- 2002—2010年是数字孪生体的概念产生期，即数字孪生体模型的出现和英文术语名称的确定。这段时间，数字技术愈发成熟，出现了仿真驱动的设计、基于模型的系统工程（MBSE）等先进设计范式。
- 2010—2020年是数字孪生的领先应用期，主要指NASA、美军方和达索、ANSYS、GE等航空航天、国防军工机构或工业领域的领先应用。

  - 2010—2014年，NASA和AFRL促进了数字孪生的应用。2014年前后，国际上有很多大型公司提出了基于数字孪生的产品落地方案，比如达索、GE、西门子，ANSYS等。
  - 2016年，美国国家工业计划（The National Strategic Plan）开始正式将数字孪生技术视为推动企业数字化转型的重要策略。
  - 2017年，CNBC评选的全球前50位最有创新力的企业中，几乎都拥有数字孪生方案，而且其应用范围也逐渐扩大，包括工业自动化、机械制造、航空航天、汽车制造、能源领域等。
  - 2018年，GE公司启动了一项数字孪生计划，其目标是将数字孪生技术应用到GE各个产品线的研发、生产、维护等各个环节，并且通过数字化转型提高其效率和竞争力。

近年来，数字孪生得到越来越广泛的传播。同时，得益于物联网、大数据、云计算、人工智能等新一代信息技术的发展，数字孪生的实施已逐渐成为可能。现阶段，除了航空航天领域外，数字孪生还被应用于电力、船舶、城市管理、农业、建筑、制造、石油天然气、健康医疗、环境保护等行业，特别是在智能制造领域，数字孪生被认为是一种实现制造信息世界与物理世界交互融合的有效手段。许多著名企业（如空客、洛克希德马丁、西门子等）与组织（如Gartner、德勤、中国科协智能制造协会）对数字孪生给予了高度重视，并且开始探索基于数字孪生的智能生产新模式。更多应用领域如图1-3所示。

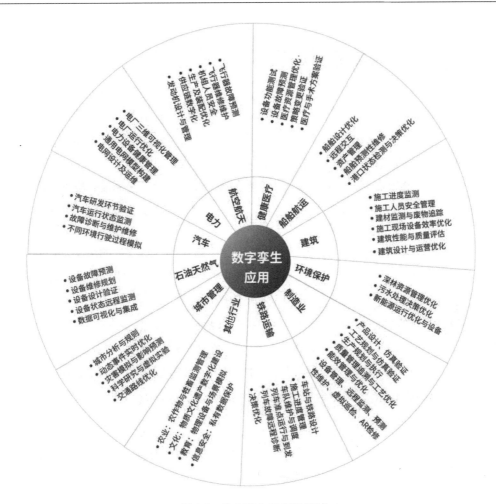

图 1-3　数字孪生的应用领域

　　总的来说，数字孪生可以概括为：以模型和数据为基础，通过多学科耦合仿真等方法，完成现实世界中的物理实体到虚拟世界中的镜像数字化模型的精准映射，并充分利用两者的双向交互反馈、迭代运行，达到物理实体状态在数字空间的同步呈现，通过镜像化数字化模型的诊断、分析和预测，进而优化实体对象在其全生命周期中的决策、控制行为，最终实现实体与数字模型的共享智慧与协同发展。

　　数字孪生正从概念阶段走向实际应用阶段，驱动制造业、建造业等实体产业进入数字化和智能化时代。随着企业数字化转型需求的提升以及政策的持续支持，数字孪生将会出现更深入的应用场景，为实体经济发展带来新的动力。

1.2　数字孪生的特征

数字孪生的概念仍在不断发展，国内外有很多文献分析总结了数字孪生的内涵和特征，但是不同应用场景下的数字孪生系统以及数字孪生系统所在生命周期中的不同阶段都呈现出不同的特征，因此，很难通过一个标准的特征来说某个应用系统"是"或者"不是"数字孪生系统。总体来说，和传统的建模仿真、实时监控、组态软件等相比，数字孪生系统有以下特征。

1. 模型支撑

数字孪生作为仿真应用的发展和升级，与传统的仿真方式有着巨大的区别。数字孪生的模型贯穿物理系统的整个生命周期。以产品数字孪生为例，针对新产品的设计，传统的产品仿真主要涉及产品本身的建模与仿真工作，不包括其工艺优化、制造过程规划、服务运维、回收处置等阶段的模型与仿真；而数字孪生不仅具备传统产品仿真的特点，从概念模型和设计阶段着手，先于现实世界的物理实体构建数字模型，而且数字模型与物理实体共生，贯穿实体对象的整个生命周期，建立数字化、单一来源的全生命周期档案，实现产品全过程追溯，完成物理实体的细致、精准、忠实的表达。因此，数字孪生模型的构建需要考虑产品全生命周期的数据和行为表述。

现实产品往往包括机械、电子、电气、液压气动等多个物理系统，一个智能系统往往是数学、物理、化学、电子电气、计算机、机械、控制理论、管理学等多学科、多领域的知识集成的系统。多个物理系统融合，多学科、多领域融合是现实系统的运行特点。物理系统在数字空间的数字模型需要体现这个融合，实现数字融合模型。这个融合包括了全要素、全业务、多维度、多尺度、多领域、多学科，并且能支持全生命周期的运行仿真。不同的智能系统关注的重点领域不一，多学科耦合程度存在差异，因而其数字模型需要根据不同的应用场景对其组成部分进行融合，以全方位地刻画物理实体。

数字孪生体和物理实体应该是"形神兼似"。"形似"就是几何形状、三维模型上要一致，"神似"就是运行机理上要一致。数字孪生体的模型不但包括了三维几何模型，还包括了前述的多领域、多学科物理、管理模型。可以根据构建的数字化模型中的几何、物理、行为、规则等划分为多维度空间，还可视为三维空间维、时间维、成本维、质量维、生命周期管理维等多维度交叉作用的融合结果，并形成对应的空间属性、时间属性、成本属性、质量属性、生命周期管理属性；数字孪生模型的构建应按层级逐级展开，形成单元级、区域级、系统级、跨系统级等多尺度层级，各层级逐渐扩大，完成不同的系统功能。

以产品数字孪生应用为例，数字化建模不仅仅是对产品几何结构和外形的三维建模，还包括对产品内部各零部件的运动约束、接触形式、电气系统、软件与控制算法等信息进行全数字化的建模，这种数字化建模技术是构建产品数字孪生模型的基础技术。一般来说，多维度、多物理量、高拟实性的虚拟模型应该包含几何、物理、行为和规则模型四部分：几何模型包括尺寸、形状、装配关系等；物理模型综合考虑力学、热学、材料等要素；行为模型则根据环境等外界输入及系统不确定因素做出精准响应；规则模型依赖于系统的运行规律，实现系统的评估和优化功能。

数据驱动的建模方法有助于处理那些仅仅利用机理/传统数学模型无法处理的复杂系统，通过保证几何、物理、行为、规则模型与刻画的实体对象保持高度的一致性来让所建立模型尽可能逼近实体。数字孪生技术解决问题的出发点在于建立高保真度的虚拟模型，在虚拟模型中完成仿真、分析、优化、控制，并以此虚拟模型完成物理实体的智能调控与精准执行，即系统构建于模型之上，模型是数字孪生体的主体组成。

2. 数据驱动

数据是数字孪生的基础要素，其来源包括两部分：一部分是物理实体对象及其环境采集而得；另外一部分是各类模型仿真后产生。多种类、全方位、海量动态数据推动实体/虚拟模型的更新、优化与发展。高度集成与融合的数据不仅能反映物理实体与虚拟模型的实际运行情况，还能影响和驱动数字孪生系统的运转。

物理系统的智能感知与全面互联互通是物理实体数据的重要来源，是实现模型、数据、服务等融合的前提。感知与互联主要是指通过传感器技术、物联网、工业互联网等将系统中的人、机、物、环境等全要素异构信息，以数字化描述的形式接入信息系统，实现各要素在数字空间的实时呈现，驱动数字模型的运作。

数据的组织以模型为核心。信息模型是对物理实体的一个抽象，而多学科、多领域的仿真模型又需要不同的数据驱动，并且也会产生不同的数据。这些数据通过信息模型、物理模型、管理模型等不同领域模型进行组织，并且通过基于模型的单一数据源管理来实现统一存储与分发，保证数据的有效性和正确性。

3. 实时映射

物理系统和数字模型通过实时连接进行动态交互,实现双向映射。物理系统的变化能及时反映到数字模型中,数字模型所计算、仿真的结果也能及时发送给物理系统,控制物理实体的执行过程,这样就形成了数字孪生系统的虚实融合。孪生数据链接成一个统一的整体后,系统各项业务也得到了有效集成与管控,各业务不再以孤立形式展现,业务数据共享,业务功能趋于完善。虚实映射如图1-4所示。

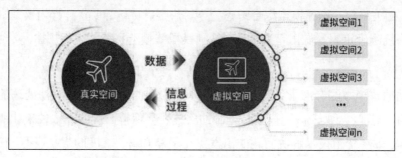

图 1-4　虚实映射

4. 适合应用场景的实时连接

"实时连接"在不同的应用场景下,其物理含义是不同的。对于控制类应用(设备的在线监控),实时可能小于1s,达到毫秒级;对于生产系统级应用,实时小于10s甚至1min都是允许的;对于城市等大系统,部分数据可以以分钟甚至小时为单位进行更新,也算满足"实时连接"的定义。

如今的智能产品和智能系统呈现出复杂度日益提高、不确定因素众多、功能趋于多样化、针对不同行业的需求差异较大等趋势,而数字孪生为复杂系统的感知、建模、描述、仿真、分析、诊断、预测、调控等提供了可行的解决方案,数字孪生系统必须能不断地迭代优化,即适应内外部的快速变化并做出有针对性的调整,能根据行业、服务需求、场景、性能指标等不同要求完成系统的拓展、裁剪、重构与多层次调整。这个优化首先在数字空间发生,同时也同步在物理系统中发生。

5. 智能决策

数字孪生将真实运行物体的实际情况结合数字模型在软件界面中进行直观呈现,这个是数字孪生的监控功能。数字孪生的监控一般构建于三维可视化模型之上,各类数据按模型的空间、运行流程、管理层级等不同维度进行展示,能让用户直观感受系统的运行状态,便于做出决策。

展示的数据不但包括采集得到的实时数据，也包括基于这些数据结合相关模型进行分析之后得到的数据挖掘结果，可以进一步提取数据背后富有价值的信息。分析结果也叠加到展示模型中，可以更好地展示实体对象的内部状态，为预测和优化提供基础。

数字孪生系统具备模拟、监控、诊断、推演预测与分析、自主决策、自主管控与执行等智能化功能。信息空间建立的数字模型本身即是对物理实体的模拟和仿真，用于全方位、全要素、深层次地呈现实体的状态，完成软件层面的可视化监控过程。而数字孪生不局限于以上基础功能的实现，还能充分利用全周期、全领域仿真技术对物理世界进行动态的预测，预测是数字孪生的核心价值所在。动态预测的基础正是系统中全面互联互通的数据流、信息流以及所建立的高拟实性数字化模型。动态预测的方式大体可以分为两类：

（1）根据物理学规律和明确的机理计算、分析实体的未来状态。

（2）依赖系统大数据分析、机器学习等方法所挖掘的模型和规律预测未来。

第二类更适合于现如今功能愈加多样化、充满不确定性、难以用传统数学模型准确勾画的复杂控制系统。在虚拟空间完成推演预测后，根据预测结果、特定的应用场景和不同的功能要求，采用合理的优化算法实时分析被控对象行为，完成自主决策优化和管理，并控制实体对象精准执行。

数字孪生可以看作一种技术、方法、过程、思路、框架和途径，本质上是以服务为导向，对特定领域中的系统进行优化，满足系统某一方面的功能要求，如成本、效率、故障预测与监控、可靠运维等。而服务展开来说，可分为面向不同领域、用户/人员（专业技术人员、决策人员、终端执行人员等）、业务需求、场景的业务性服务和针对智能系统物理实体、虚拟模型、孪生数据、各组成部分之间的连接相关的功能性服务等。

1.3　面向智能制造的工业数字孪生

制造业作为全球经济发展的重要支撑，世界各国纷纷制定国家级发展战略，我国先后出台了"中国制造2025""互联网+""工业互联网"等制造业国家发展实施战略，把推动制造业高质量发展作为构建现代化经济体系的重要一环，推动制造业与新型ICT（Information and Communications Technology，信息与通信技术）融合，实现制造业数字化、智能化转型。在智能制造浪潮下，数字孪生成为最为关键和基础性技术之一。数字孪生作为连接物理世界和信息世界进行虚实交互的闭环优化技术，已成为推动制造业数字化转型，促进数字经济发展的重要抓手，以数据和模型为驱动，打通业务和管理层面的数据流，实时、连接、映射、分析、反馈物理世界行为，使工业全要素、全产业链、全价值链达到最大限度的闭环优化，助力企业提升资源优化配置，促进加快制造工艺数字化、生产系统模型化、服务能力生态化。

制造业数字孪生应用发展前景广阔。随着物联网、大数据、云计算、人工智能等新型ICT技术席卷全球，数字孪生得到越来越广泛的应用，被应用于航空航天、电力、船舶、离散制造、能源等行业领域，应用场景包括研发设计、生产制造、营销服务、运营管理、规划决策等环节。在智能制造领域，数字孪生被认为是一种实现制造信息世界与物理世界交互融合的有效手段，通过数字孪生技术的使用，将大幅推动产品在设计、生产、维护及维修等环节的变革。基于模型、数据、服务方面的优势，数字孪生正成为制造业数字化转型的核心驱动力。

制造业数字孪生的基础和关键技术有待提升。数字孪生作为综合性集成融合技术，涉及跨学科知识的综合应用，其核心是模型和数据。在制造业领域，各行业间原料、工艺、机理、流程等差异较大，模型通用性较差，面临多源异构数据采集协调集成难、多领域多学科角度模型建设融合难和应用软件跨平台集成难等问题。基于高效数据采集和传输、多领域多尺度融合建模、数据驱动与物理模型融合、动态实时连接交互、数字孪生人机交互技术呈现等数字孪生基础支撑核心技术，有助于探索基于数字孪生的数据和模型驱动工艺系统变革新路径，促进集成共享，实现数字孪生跨企业、跨领域、跨产业的广泛互联互通，实现生产资源和服务资源更大范围、更高效率、更加精准的优化。

随着企业数字化转型需求的提升，数字孪生技术将持续在制造业领域发挥作用，在制造业各个领域形成更深层次应用场景，通过跨设备、跨系统、跨厂区、跨地区的全面互联互通，实现全要素、全产业链、全价值链的全面链接，为制造业领域带来巨大转型变革。

工业数字孪生基于数字孪生技术发展起来的多类数字化技术集成融合和创新应用，使用建模工具在数字空间构建起精准物理对象模型，再利用实时物联网，数据驱动模型运转，进而通过数据与模型的集成融合构建起综合决策能力，推动工业全业务流程闭环优化。数字孪生的功能架构如图1-5所示。

第一层，连接层。具备采集感知和反馈控制两类功能，是数字孪生闭环优化的起始和终止环节。通过深层次的采集感知获取物理对象的全方位数据，利用高质量反馈控制完成物理对象的最终执行。

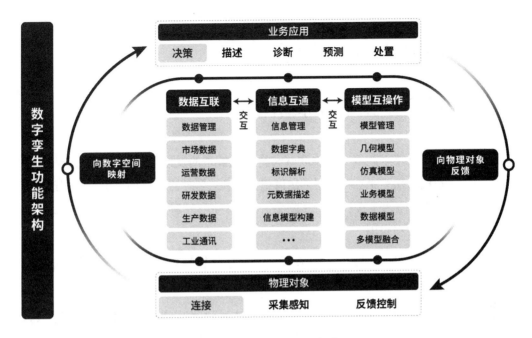

图 1-5　数字孪生的功能架构

第二层，映射层。 具备数据互联、信息互通、模型互操作3类功能，同时数据、信息、模型三者间能够实时融合。其中，数据互联是指通过工业通信实现物理对象市场数据、研发数据、生产数据、运营数据等全生命周期数据的集成；信息互通是指利用数据字典、元数据描述等功能，构建统一信息模型，实现物理对象信息的统一描述；模型互操作是指能够通过多模型融合技术将几何模型、仿真模型、业务模型、数据模型等多类模型进行关联和集成融合。

第三层，决策层。 在连接层和映射层的基础上，通过综合决策实现描述、诊断、预测、处置等不同深度的应用，并将最终决策指令反馈给物理对象，支撑实现闭环控制。全生命周期实时映射、综合决策、闭环优化是数字孪生发展的三大典型特征：全生命周期实时映射指孪生对象与物理对象能够在全生命周期实时映射，并持续通过实时数据修正并完善孪生模型；综合决策指通过数据、信息、模型的综合集成，构建起智能分析的决策能力；闭环优化指数字孪生能够实现对物理对象从采集感知、决策分析到反馈控制的全流程闭环应用，本质是设备可识别指令、工程师知识经验与管理者决策信息在操作流程中的闭环传递，最终实现智慧的累加和传承。

在以上3个层次中，数字孪生模型是贯穿始终的核心。数字孪生模型基于连接层，为数字孪生分析与应用层和感知与反馈层提供数据支撑。映射层则通过数字孪生模型进行数据分析、产品仿真和预测，实现对生产过程的优化和控制，提高产品质量和效率。决策层则实现数据的实时监测、重要信息的报警预警和远程控制，为数字孪生模型、数字孪生分析与应用层提供数据反馈和修正，帮助数字孪生模型更好地拟合实际场景。

1.4　工业数字孪生的发展阶段

工业数字孪生是近年来随着工业物联网和数字化转型的发展而出现的概念，最早可以追溯到20世纪50年代初期的航空工业中。到了20世纪70年代，当时针对福特汽车厂的制造工厂进行了建模仿真，并成功地应用于设计车身装配生产线。但是，这种仿真技术的应用仅限于福特内部，没有被广泛地传播和应用。

可以看出，工业数字孪生是近几年来随着工业数字化转型和物联网技术的发展而逐步成熟的一项重要技术，未来还有广泛的应用前景。

数字孪生能够将实物系统的数据、行为和性能映射到虚拟空间，通过实时的数据采集、模拟、预测和决策支持，实现生产过程的可持续优化，从而提高产品质量，降低生产成本，提升企业效益。数字孪生技术也能够支持企业进行故障诊断和预测维护，提高生产线的可靠性和效率。数字孪生已经成为制造业数字化转型的重要技术手段之一，未来将在不同行业中得到更广泛的应用和发展。

数字孪生的发展具有以下趋势：

（1）拟实化趋势，涉及多物理建模。产品数字孪生体在工业领域应用的成功程度，取决于产品数字孪生体的拟实化程度，研究如何将基于不同物理属性的模型关联在一起，是建立产品数字孪生体，继而充分发挥产品数字孪生体的模拟、诊断、预测和控制作用的关键。

（2）全生命周期化，即从产品设计和服务阶段向产品制造阶段延伸。现阶段有关产品数字孪生体的研究主要侧重于产品设计或售后服务阶段，较少涉及产品制造阶段，数字孪生体则将会在产品生产制造阶段的研究与应用方面成为全新热点。

（3）集成化，与其他先进技术的融合也将成为全新的趋势。现阶段数字孪生体的各个环节之间仍然存在断点，如何将数字纽带技术作为基础技术，并将新一代信息与通信技术、大数据分析技术、增强现实（AR）技术等先进技术有机融为一体，是数字孪生的下一个研究方向。

1.5　工业数字孪生的功能架构

数字孪生是对物理实体的数字化表达，以历史数据、实时数据为基础，融合几何、机理、数据驱动等多种数字模型，实现对物理对象的映射呈现、分析优化、诊断预测以及闭环控制。

- 几何模型主要通过几何概念描述对象的物理形状，将物理对象的实体形状映射到虚拟空间，并通过渲染等实现更好的展示和交互。几何模型在数字孪生中扮演着重要的角色，可以为数字孪生空间提供高精度的物理形状信息。
- 机理模型是在已知物理规律和经验的基础上建立起来的精确模型。它主要根据对象内部机制或者物质流传递机理而建立，对于一些已知规律的场景可以帮助我们更好地理解物理模型的内部机制，并提供更准确的模型分析和优化。
- 数据驱动模型主要通过历史数据、实时数据、人工智能等实现对未知规律在虚拟空间的拟合。它不需要准确的物理规律，而是通过对大量数据的训练和拟合来实现模型的预测和优化，即使在没有先验知识的情况下，也能构建出高度准确的数字孪生模型。

通过以上3类模型的融合应用，数字孪生技术可以实现对物理世界的精细刻画、精准预测和精准控制，为企业提供了数字化转型的重要技术支持。

1.6　发展工业数字孪生的意义

数字化转型是我国经济社会未来发展的必由之路。习近平总书记指出，世界经济数字化转型是大势所趋。当前，世界正处于百年未有之大变局，数字经济已成为全球经济发展的热点，美、英、欧盟等纷纷提出数字经济战略。数字孪生等新技术与国民经济各产业不断深化融合，有力推动各产业数字化、网络化、智能化发展进程，成为我国经济社会发展变革的强大动力。未来，所有的企业都将成为数字化的公司，这不只是要求企业开发出具备数字化特征的产品，更指的是通过数字化手段改变整个产品的设计、开发、制造和服务过程，并通过数字化的手段连接企业的内部和外部环境。

数字孪生技术作为推动实现企业数字化转型、促进数字经济发展的重要抓手，已建立了普遍适应的理论技术体系，并在产品设计制造、工程建设和其他学科分析等领域有较为深入的应用。在当前我国各产业领域强调技术自主和数字安全的发展阶段，数字孪生技术本身具有的高效决策、深度分析等特点，将有力推动数字产业化和产业数字化进程，加快实现数字经济的国家战略。

发展工业数字孪生意义重大。当前，全球积极布局数字孪生应用，2020年美、德两大制造强国分别成立了数字孪生联盟和工业数字孪生协会，加快构建数字孪生产业协同和创新生态。市场研究公司Global Industry Analysis报告2020年全球数字孪生市场规模为46亿美元，并将于2026年达到287亿美元。Gartner也连续三年将数字孪生列为未来十大战略趋势之一。

从国家层面看，随着工业互联网创新发展工程的深入实施，我国涌现了大量数字化网络化创新应用，但在智能化探索方面实践较少，如何推动我国工业互联网应用由数字化网络化迈向智能化成为当前急需解决的重大课题。而数字孪生为我国工业互联网智能化探索提供了基础方法，成为支撑我国制造业高质量发展的关键抓手。

从产业层面看，数字孪生有望带动我国工业软件产业快速发展，加快缩短与国外工业软件的差距。由于我国工业历程发展时间短，工业软件的核心模型和算法与国外一直存在差距，成为我国关键领域的短板。数字孪生能够充分发挥我国工业门类齐全、场景众多的优势，释放我国工业数据红利，将人工智能技术与工业软件相结合，通过数据科学优化机理模型性能，实现工业软件弯道超车。

从企业层面看，数字孪生在工业研发、生产、运维全链条均发挥重要作用。

- 提高生产效率和质量：工业数字孪生可以通过实时数据采集、模拟、预测和决策支持等技术手段，优化生产过程、减少生产成本、提高生产效率，从而提高企业竞争力和盈利能力。
- 更高效的生产管理：通过数字孪生技术建立起一个真实、可信、高度仿真的数值模型，可以更好地监测生产流程、发现设备故障和处理生产过程中的问题，从而提高生产效率和降低成本。
- 更好的产品质量：数字孪生技术能够在生产前模拟真实场景下的各种因素和变化，可以更加精确地预测产品的性能表现和生产过程的稳定性，为优化生产流程提供重要参考，从而提高产品的质量和可靠性。
- 更智能的维护管理：数字孪生技术可以在设备发生故障之前进行预测，提前预警并采取有效措施防止机器故障和停机时间。同时，数字孪生技术还可以根据设备的性能、使用情况等多种因素进行预测性维护，从而提高维护效率和降低维护成本。
- 更加灵活的生产能力：数字孪生技术可以快速构建和优化生产流程，可以更好地适应市场变化和客户需求的变化，从而提高生产灵活性和市场竞争力。

- 增强产品创新能力：数字孪生可以用于对产品的设计和开发进行数字化建模和仿真，模拟产品的真实使用环境，从而快速测试和优化产品，提高产品的创新能力和市场竞争力。
- 支持可持续发展：数字孪生不仅可以提高生产效率、产品质量和维护管理能力，而且还有助于企业实现节能减排、可持续发展等目标。这也符合企业社会责任的要求。
- 提高数字化转型加速度：随着工业数字孪生的应用，企业可以积累更多的数据和信息，也可以更加深入地了解一个产品的生命周期。同时，数字孪生建立了先进的数据分析和处理平台，使得企业可以更全面、更高效地进行数字化转型和智能化改造，从而提高企业经营效益。

总之，工业数字孪生已经成为推进数字化转型和智能制造的重要技术，采用数字孪生技术可以帮助企业提高生产效率、降低成本、提高产品质量和智能化程度、灵活应对市场需求变化，进而为企业的可持续发展提供支持和保障，为工业企业的可持续发展提供了新的思路和手段。随着技术的不断发展和完善，数字孪生将会成为未来工业制造的重要趋势。

1.7　工业数字孪生应用行业分析

数字孪生技术在工业领域的应用广泛而深远。首先，数字孪生技术可以应用于产品设计和制造过程中。传统的产品设计往往需要花费大量的时间和资源进行试验和验证，而借助数字孪生技术，可以在虚拟环境中进行实时模拟和优化，从而减少实际试验的次数和成本。通过数字孪生技术，工程师可以更早地发现潜在问题并进行相应的改进，从而提高产品的质量和性能。

其次，数字孪生技术在生产过程中的应用也具有重要意义。利用数字孪生技术，企业可以建立起真实工厂的虚拟副本，模拟各种情况下的生产情况和效果。通过对虚拟工厂的模拟和分析，企业可以找到生产过程中的瓶颈和问题，并提出相应的解决方案。数字孪生技术还可以帮助企业进行生产计划的优化和调整，提高生产效率和资源利用率。

此外，数字孪生技术在设备维护和故障诊断方面也发挥着重要作用。通过对设备的数字孪生模型进行实时监测和分析，可以提前发现设备的潜在故障，并进行相应的维护和修复。数字孪生技术还可以帮助工程师进行故障诊断和根本原因分析，提高故障排除的效率和准确性。这对于保障设备的正常运行和延长其寿命具有重要意义。

总体而言，数字孪生技术在工业领域的应用和发展为企业带来了巨大的潜力和机会。通过数字孪生技术，企业可以更好地理解和优化其生产过程，提高产品质量和生产效率。随着技术的不断进步和应用场景的扩大，数字孪生技术将为工业领域带来更多的创新和突破。同时，我们也需要认识到数字孪生技术的应用和发展需要与相关政策和规范相结合，确保其安全可靠地应用于工业生产中。相信在不久的将来，数字孪生技术将在工业领域发挥更加重要的作用，推动工业的智能化和可持续发展。

1.7.1　流程行业分析

流程行业具备数字化基础好、生产过程连续、安全生产要求高等特点。目前，数字孪生应用重点聚焦于提升设备管理、工厂管控和安全管理水平。

（1）**基于数字孪生的全工厂三维可视化监控**。当前以石化、钢铁、核电为代表的流程行业企业已经具备了较好的数字化基础，很多企业全面实现了全厂设备和仪器仪表的数据采集。在此基础上，多数企业涌现出对现有工厂进行三维数字化改造的需求。通过构建工厂三维几何模型，为各个设备、零部件几何模型添加信息属性，并与对应位置的物联网数据相结合，实现全工厂行为的实时监控。

（2）**基于数字孪生的工艺仿真及参数调优**。工艺优化是流程行业提升生产效率的最佳举措，但由于流程行业化学反应机理复杂，在生产现场进行工艺调参具有安全风险，因此工艺优化一直是流程行业的重点和难点。基于数字孪生的工艺仿真为处理上述问题提供了解决方案，通过在虚拟空间进行工艺调来参验证工艺变更的合理性，以及可产生的经济效益。

（3）**基于实时仿真的设备深度运维管理**。传统设备预测性维护往往只能预测设备会在什么时间坏掉，不能预测设备哪个关键部位会出现问题。而基于数字孪生实时仿真的设备监测将离线仿真与IoT实时数据相结合，实现基于实时数据驱动的仿真分析，能够实时分析设备哪个位置出现了问题，并给出最佳响应决策。

（4）**基于智能仿真的设备运行优化**。基于数字孪生的智能仿真诊断分析，将传统仿真技术与人工智能技术相结合，极大提升了传统仿真模拟的准确性。

（5）**基于数字孪生虚拟仿真的安全操作培训**。由于流程行业生产连续、设备不能停机、安全生产要求高等特点，导致无法为新入职的设备管理、工厂检修等技术工程师提供实操训练环境。基于数字孪生的仿真培训为现场工程师提供了模拟操作环境，能够快速帮助工程师提升技术技能，为他们真正开展实际运维工作提供基础训练。

1.7.2　多品种小批量离散行业分析

多品种小批量离散行业具备生产品种多、生产批量小、产品附加价值高、研制周期长、仿真工具应用普及率高等特点。当前,以飞机、船舶等为代表的行业数字孪生应用重点聚焦于产品设计研发、产品远程运维、产品自主控制等方面。可以说,在基于数字孪生的产品全生命周期管理方面,多品种小批量离散行业的应用成熟度高于其他行业。

(1)基于数字孪生的产品多学科联合仿真研发。多品种小批量离散行业产品研发涉及力学、电学、动力学、热学等多类交叉学科,产品研发技术含量高、研发周期长,单一领域的仿真工具已经不能满足复杂产品的研发要求。基于多学科的联合仿真研发有效地将异构研发工具接口、研发模型标准打通,支撑构建多物理场、多学科耦合的复杂系统级数字孪生解决方案。

(2)基于数字孪生的产品并行设计。为了更好地提升产品整机设计效率,需要通过组织多个零部件研发供应商协同开展设计。同时,为了保证设计与制造的一致性,需要在设计阶段就将制造阶段的参数设定纳入考虑之中,进而为产品设计制造一体化提供良好支撑。总之,产品并行设计的关键在于在研发初期就定义好每一个最细粒度零部件的几何、属性和组织关系标准,为全面构建复杂系统研发奠定基础。

(3)基于数字样机的产品远程运维。对于飞机、船舶等高价值装备产品,基于数字孪生的产品远程运维是必要的安全保障。脱离了与产品研发阶段机理算法相结合的产品远程运维,将很难有效保证高质量的运维效果。而基于数字样机的产品运维将产品研发阶段的各类机理模型与IoT实时数据、人工智能分析相结合,实现更加高可靠的运维管理。此外,以航天为代表的少数高科技领军行业,除了利用数字孪生开展综合决策之外,还希望基于数字孪生实现自主控制。特斯拉SpaceX飞船、我国嫦娥五号、NASA航天探测器等均基于数字孪生开展产品自主控制应用,实现数据采集-分析决策-自主执行的闭环优化。

1.7.3　少品种大批量离散行业分析

少品种大批量离散行业以汽车、电子等行业为代表,具有产品种类少、规模大、生产标准化、对生产效率和质量要求高的特点,多数企业已基本实现自动化。当前,少品种大批量离散行业数字孪生应用场景较多,涵盖了产品研发、设备管理、工厂管控、物流优化等诸多方面。

（1）**基于虚实联动的设备监控管理**。传统的设备监控仅显示设备某几个关键工况参数的数据变化，而基于数字孪生的设备监控需要建立与实际设备完全一致的三维几何模型，在此基础上通过数据采集或添加传感器的方式全方位获取设备数据，并将各个位置数据与虚拟三维模型一一映射，实现物理对象与孪生设备完全一致的运动行为，更加直观地监控物流对象的实时状态。

（2）**基于设备虚拟调试的控制优化**。汽车、电子等多品种小批量离散行业在修改工艺时均需要进行设备自动化调试，传统设备自动化调试多数为现场物理调试，这增加了设备停机时间，降低了生产效率。而基于数字孪生的设备控制调试能够在虚拟空间开展虚拟验证，有效减少了传统物理调试时间和调试费用。

（3）**基于CAE仿真诊断的产品研发**。传统CAE仿真是数字孪生产品设计的最主要方式，通过仿真建模、仿真求解和仿真分析等步骤评估产品在力学、流体学、电磁学、热学等多个方面的性能，在不断地模拟迭代过程中设计更加高质量的新型产品。

（4）**基于离散事件仿真的生产线规划**。在传统新建工厂或生产线过程中，各个设备摆放的位置、工艺流程的串接均凭借现场工程师的经验开展，为生产线规划准确性带来不小的隐患。而基于数字孪生的生产线虚拟规划则大幅提升了生产线规划准确率，通过在虚拟空间以拖、拉、拽的形式不断调配各个工作单元（如机器人、机床、AGV等）之间的摆放位置，实现生产线规划达到最佳合理性。此外，在基于数字化生产线进行虚拟规划后，部分领先企业还将数字化生产线与生产实时数据相结合，实现工厂规划、建设、运维一体化管理。

（5）**基于数字孪生的供应链优化**。少数少品种大批量离散行业企业构建了供应链数字孪生应用，通过打造物流地图、添加物流实时数据、嵌入物流优化算法等举措，打造供应链创新解决方案，持续降低库存量和产品运输成本。

（6）**基于机－电－软一体化的综合产品设计**。例如以汽车为代表的产品，正在由传统的个人交通工具朝着智能网联汽车方向发展。在这一发展趋势下，新型整车制造除了需要应用软件工具和机械控制工具外，也可以通过数字孪生仿真模拟来减少研发成本。

1.8 工业数字孪生产业布局动向

目前工业数字孪生产业体系划分成3类主体：数字线程工具供应商提供MBSE（基于模型的系统工程）和管理壳两大模型集成管理平台工具，成为数字孪生底层数据和模型互联、互通、互操作的关键支撑；建模工具供应商提供数字孪生模型构建的必备软件，涵盖描述几何外观、物理化学机理规律的产品研发工具,聚焦生产过程具体场景的事件仿真工具,面向数据管理分析的数据建模工具以及流程管理自动化的业务流程建模工具;孪生模型服务供应商凭借行业知识与经验积累,提供产品研发、装备机理、生产工艺等不同领域的专业模型。此外,标准研制机构为推动数字孪生理论研究与落地应用提供基础共性、关键技术以及应用等准则。

1.8.1　产业布局

1. 数字线程工具供应商围绕模型集成融合呈现两极分化的特点

MBSE工具供应商聚焦模型"正向"集成,依托工业互联网平台将整套工具向云端迁移,打造"云平台 +MBSE"的模型管理系统,实现敏捷、高效的产品数字孪生全生命周期管理。如达索发布面向云端客户的3DEXPERIENCE 2021x平台,助力MBSE工具云化迁移,大大简化传统MBSE工具需要本地部署运行的过程,提高企业应用实施效率。

管理壳工具供应商聚焦模型"反向"集成,正逐渐提升自身数据格式兼容能力,打造工厂设备、软件与企业信息系统集成的一体化管理模式。如菲尼克斯打造电气管理壳平台工具,遵循IEC61360的数据定义格式规范,使用标准化的数字描述语言来实现设备资产的统一数字化描述。

2. 建模工具供应商聚焦自身业务优势加快布局

产品研发工具服务商聚焦从模型外观形状到内部多类物理化学规律的精准建模能力进行综合升级。一方面,CAD(Computer-Aided Design,计算机辅助设计)/CAE(Computer Aided Engineering,计算机辅助工程)企业致力于集成多类模型,构建产品网络化协同研发能力。例如美国参数技术公司(PTC)推出集成设计环境Creo Elements/Direct,可合并多渠道CAD模型并附加开发验证模块,显著提高协同设计效率。另一方面,图形渲染工具商专注打造高效的数据逻辑处理平台。例如Unity打造Unity 3D实时创作平台,能够对模型数据、传感器数据以及点云数据进行实时传输和渲染,并支持跨平台的模型AR/VR(增强现实/虚拟现实)交互。

事件仿真工具服务商一方面横向集成多行业、多领域模型,增加场景覆盖范围;另一方面聚焦工厂生产线规划、设备虚拟调试等先进领域进行纵向深耕,持续加强自身场景化赋能能力。在场景横向拓展方面,通过不断积累模型库中的事件仿真模型,逐渐将应用场景延伸到不同行业、不同领域中。如Mevea公司拥有强大的物理计算引擎,同时不断积累面向工程机械、矿业、船舶等行业的事件仿真模型,实现在驾驶舱上的事件模拟和培训。在场景纵向深耕方面,持续深化事件仿真与数据科学的结合，优化事件仿真的精准度。例如Simio软件打造的专业模型库，将大数据分析的学习能力与模拟分析的预测功能相结合，实现了流程计划仿真决策预测的便捷性和准确性。

数据建模服务商依托自身优势不断打造新型数据管理及分析工具。一方面，数据管理平台企业立足传统数据库优势，叠加智能分析算法服务，提供集数据管理和分析为一体的数字孪生工具。例如OSIsoft推出的数据管理平台PI System，它针对数字孪生的产品组件Asset Framework，可以实现将数据与SAP HANA中的预测分析结果和机器学习算法结合在一起，提供针对复杂数据的处理与管理。另一方面，数据分析企业依托数据分析工具的优势，并与自研仿真软件形成组合，提供数据建模和仿真建模一体化工具。例如MathWorks将旗下数学软件MATLAB和仿真软件Simlink打通集成，构建数据模型和仿真模型的统一操作环境，打造机理模型和数据模型融合的数字孪生体。

业务流程建模工具服务商重点聚焦数据集成，以独立研发或合作的方式打造业务流程管理软件，同时提升数据可视化能力，构筑部门协同运作优势。例如iGrafx与myInvenio、UiPath、BP3 Global进行核心功能整合，形成流程挖掘和组织数字孪生（DTO）功能的产品。

3. 孪生模型服务供应商凭借专业知识与经验积累，持续构筑创新型数字孪生应用模式

产品研发模型供应商围绕产品研发设计过程提供模型服务。一方面，产品研发服务商结合自身多年的几何建模、设计仿真经验，根据用户需求为用户提供产品研发模型。例如上海及瑞借助Autodesk建模工具，利用创成式设计帮助北汽福田设计前防护、转向支架等零部件，实现了产品重量减轻70%，最大应力减少19%。另一方面，产品制造类服务商自身提供产品模型，通过与第三方合作，共同推进新型产品的研发。例如上海飞机制造有限公司基于华龙讯达数字孪生平台，将飞机模型与建模平台相结合，加快了大飞机结构研发进程。

装备机理模型服务商从单纯卖设备向提供"物理设备 + 孪生体"模式演进，提升产品的市场占有率和企业自身的产业技术升级。总的来看，可分为以下3种模式。

（1）装备企业依托自身对产品的深入理解，自行构建产品孪生模型。例如ABB依托深厚的设备制造经验，在ABB Ability软件系统基础上推出了PickMaster Twin产品，尝试打造完整的数字孪生体系。

（2）借助信息技术企业的支持，共同构建产品孪生模型。例如DMG MORI以自身产品技术特点为背景，与咨询公司HEITEC进行合作，有针对性地向数字孪生解决方案提供商演进。

（3）提升产品开放程度，辅助用户构建产品孪生模型。例如chiron、康明斯与KUKA从自身产品功能出发，根据场景需要，对设备数据接口进行模块化集成，完善数字孪生体构建的边缘条件。

生产工艺模型服务商持续扩大与行业场景及业务需求相结合的深度，因地制宜地为不同用户、场景提供差异化孪生模型及服务。一方面，生产运营类服务商基于自身长期生产经验的支撑提供工艺优化模型。例如贝加莱基于Automation Studio内嵌的经验模型，对车间的生产线设计和物流规划进行虚拟调试，可提前发现错误。另一方面，咨询服务商立足大量的项目规划设计经验，提供生产工艺优化模型。例如埃森哲凭借多年的咨询服务经验，可构建面向特定行业领域的数字孪生解决方案。

1.8.2　企业合作分析

建模工具服务商与平台企业合作，立足自身软件基础优势，叠加平台能力，实现数据和模型的汇聚打通。一方面，建模工具服务商与IoT平台厂商进行合作，强化模型的数据接入，提升孪生对象实时仿真能力。例如ANSYS与PTC合作，共同构建泵数字孪生体，将泵实时数据不断录入仿真环境，通过数据识别和分析诊断，能够快速预测泵的损坏时间，此外还能实时诊断泵损坏的机理。另一方面，建模工具服务商与数字线程平台企业进行合作，打造模型一体化管理环境，实现孪生对象全流程仿真。例如西门子基于自身的产品生命周期管理系统Teamcenter，与建筑信息建模软件Bentley合作，推出PlantSight产品，实现工厂工程各系统的一体化设计，提高整体建模仿真的兼容性。

建模工具服务商与新一代信息技术企业合作，借助通用智能工具优化数字孪生建设及应用。一是建模工具服务商与AR/VR企业合作，打造可视化建模解决方案。例如Autodesk与微软合作，将产品模型设计过程从Autodesk的传统软件环境转移到微软HoloLens的虚拟现实环境，支持在产品开发前期以数字化方式查看完整模型，实现全息设计。二是建模工具服务商与云计算厂商合作，共同提供数字孪生云化仿真解决方案。例如ANSYS与微软合作，推动传统本地化建模仿真软件向云端迁移，降低用户部署及使用数字孪生产品门槛。三是建模工具服务商与数据管理企业合作，推动构建资产数据集成与分析优化解决方案。例如海克斯康利用SDx Connector平台结合OSIsoft的PI数据管理系统，成功打造了集成资产设计、施工、运营的综合工程管理解决方案。

建模工具服务商与垂直行业合作,将通用建模软件与各类孪生模型进行融合,提升数字孪生解决方案实施能力。一方面,建模工具服务商聚焦行业特定生产环节及场景,通过行业专有模型与仿真工具的融合来提升单点优化能力。例如ABB和建模仿真工具企业CORYS合作,双方针对能源和过程行业工厂控制系统进行模型验证和测试,减少控制过程调试和启动时间。另一方面,建模工具服务商面向行业生产全流程,融合数字线程、仿真工具与行业模型,打造覆盖产品全生命周期的一体化解决方案。例如施耐德与AVEVA及Doris合作,基于统一的模型管理平台,融合异构数据与行业模型,为石油和天然气行业提供结构化的产品与业务流程服务,提高工程项目实施效率。

工业数字孪生企业合作可以分为以下几种形式:

- 产学研合作:工业数字孪生的发展需要大量的技术支撑,产业界需要和高等院校、研究机构合作,将学术研究成果和项目实践经验相结合,推动工业数字孪生的发展。
- 企业间合作:制造业企业应该在工业数字孪生领域开展集体行动,形成合作网络,共享资源、经验和机会,联合开发数字孪生技术、平台和应用案例,赋能企业数字化转型。
- 供应链合作:数字孪生技术的应用不应局限于单一企业,而是可以在整个供应链中应用,通过分工合作、信息共享和风险共担,共同打造数字化闭环的供应链,提升整个产业链的效率和竞争力。
- 行业模式合作:数字孪生可以对企业的管理和组织结构产生影响,因此需要与行业模式和商业模式相结合,推动全行业的模式创新、价值链协同和资源共享,实现数字化转型效益最大化。

以上企业合作方式都有其优势和应用范围,最终目标是共同推进工业数字孪生技术的研究和应用,实现制造业的数字化转型。在实际合作中,企业应该结合自身的需要与情况,选择最适合自己的合作模式。例如,在企业不断深入实践的同时,需要加强与高校、科研机构的合作,探索技术突破和应用创新;在产业国际化发展的背景下,需要加强国际业务合作,促进数字孪生技术和产品的推广落地;等等。

以下是一些工业数字孪生企业合作的案例:

(1)GE和洛阳引力:GE和洛阳引力合作开发机车数字孪生技术,对机车进行数学建模和仿真,提高了机车性能和运营效率。

(2)BMW和Siemens:BMW和Siemens合作开发数字孪生平台,实现数字化维修、生产优化和现场监测。这一平台可以用数字孪生模拟每一辆汽车，并在数字孪生中运行测试，为生产和维修的过程提供支持。

（3）麦格纳和思科：麦格纳和思科合作共同开发了工业4.0数字孪生应用，以提高生产效率和质量，并提升零部件生命周期的可追溯性，从而为电动车和自动驾驶技术提供更高效和精确的部件生产和测试。

（4）SK电子和华为：SK电子和华为合作共同开发工业4.0数字孪生应用，包括智能制造和数字化工厂，把物联网和大数据与制造业的结合。转变为一种数字化的操作系统。

这些合作案例表明，工业数字孪生的企业合作形式多种多样，可以跨越多个产业领域和技术领域，共同推动数字孪生技术和应用的发展，并且实现相互赋能、优势互补、资源共享的区级效益。

1.8.3　巨头发展布局分析

1. 西门子

西门子是全球领先的工业自动化厂商，拥有从工业控制到工业软件的完整产品谱系。西门子立足其工业自动化优势，持续收/并购工业软件，独自构建虚实互动的工厂级数字孪生解决方案。在仿真设计方面，西门子持续收/并购多类产品设计和工厂虚拟制造软件，如NX CAD/CAE等机械设计软件、电子设计软件Mentor和Z Circuit、工厂工程设计COMOS等，能够在数字空间实现工厂工艺模拟、物流模拟、自动化虚拟验证等数字孪生解决方案。在产品生命周期管理方面，西门子打造产品生命周期管理系统Teamcenter，实现多类工业软件的数据打通和业务协同。在数据分析方面，西门子收/并购数据分析软件Omneo，提升数字孪生虚实映射精度。此外，西门子基于工业互联网平台Mindsphere，将全类工业软件云化迁移，构建综合数字孪生产品Xcelerator，打造工厂级端到端数字孪生解决方案。

西门子的核心价值主张和技术路线就是通过数字化技术打造3个"数字化双胞胎"，如图1-6所示。在企业的研发环节，建立企业所要生产、制造的产品数字化双胞胎；在规划的产品被研发出来准备制造时，建立包括工艺、制造路线、生产线等内容的生产数字化双胞胎；当产品和生产线投入使用时，建立反映实际工作性能的性能数字化双胞胎。

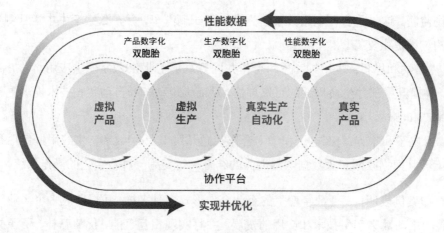

图 1-6　数字化双胞胎

2. ABB

ABB的核心业务包括电力、工业自动化和机器人等领域，主要的产品和服务包括高压开关电器、变压器、电机、自动化系统、复杂工程和机器人系统等。ABB公司在数字孪生领域也处于领先地位。2017年，ABB推出了工业数字孪生平台ABB Ability，该平台是一个连接实际设备和系统的数字副本，可以帮助企业实现设备和系统之间的集成、数据收集和分析、维护管理等目标，并提供个性化的解决方案和优质的客户服务。在数字孪生领域，ABB还拥有一支由专家和技术人员组成的团队，专门对工业数字孪生技术的研究和开发进行探索和实践。ABB数字孪生解决方案广泛应用于工业制造、电力、能源、交通等领域，可以帮助企业实现数字化转型、智能化升级、质量管理、安全管理等目标。除此之外，ABB还与其他技术巨头合作，开展数字孪生相关研究和项目，如与微软合作，开发数字孪生解决方案和平台，建立人工智能实验室；与IBM合作成立了Industry 4.0 Innovation Campus，共同研究智能制造和数字孪生领域的应用。

3. 通用电气

通用电气（GE）是一家全球性的技术和工业公司，GE数字孪生是GE Digital（见图1-7）推出的数字孪生技术平台，可用于构建物理系统和数字系统之间的桥梁，实现优化设计、减少停机时间、提高效率等目标。除了数字孪生平台之外，GE Digital还开发了多个数字孪生产品和解决方案，如Predix数字孪生和Aircraft Health Observation系统等，有效地促进了工业数字化转型和智能制造的发展。此外，GE数字孪生还与多个科技公司合作，推进了数字孪生的发展和应用。例如，GE数字孪生与微软合作，开发数字孪生和人工智能（AI）解决方案，用于加快企业数字化转型的步伐；GE数字孪生还与IBM合作推出了燃气轮机数字孪生平台，可帮助客户实现缩短开发周期、提升生产效率等目标。

图 1-7　GE 数字孪生

4. PTC

PTC是一家美国的软件公司，成立于1985年，总部位于波士顿。PTC是工业4.0和物联网等领域的领导者之一，在数字孪生技术领域也有着广泛的技术和解决方案布局。PTC的数字孪生解决方案名为ThingWorx，是一款面向制造业和工业领域的物联网和数字孪生平台。这个平台提供了一整套工具和技术，可以轻松地为工厂建立数字孪生模型。ThingWorx平台使用先进的物联网技术和人工智能，可以实现多种应用场景，如预测性维护、能耗管理、流程优化等。PTC在数字孪生领域的发展和布局也非常深入，为企业数字化转型提供了全方位的支持。PTC与西门子合作，推出了一款自动化工具箱，为企业提供更加自动化的生产线。此外，PTC还与工业巨头阿尔卡特－朗讯合作，在数字孪生平台上整合了阿尔卡特－朗讯的网络技术，提高了数字孪生在工业应用中的可靠性。PTC数字孪生平台架构，如图1-8所示。

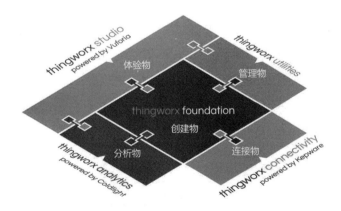

图 1-8　PTC 数字孪生平台架构

5. IBM

IBM的数字孪生解决方案名为Watson IoT，是面向制造业的数字孪生平台。该平台利用先进的物联网技术和人工智能，提供了一系列的工具和解决方案，可以轻松地构建数字孪生模型，并对模型进行持续的监测和分析。该平台广泛应用于工业制造、能源、农业、交通等领域，可以帮助企业实现数字化转型、智能制造等目标。在数字孪生领域，IBM还与工业巨头ABB合作，共同推出了工业4.0和数字孪生解决方案。该解决方案采用了Watson IoT数字孪生平台和ABB数字孪生平台，能够帮助客户实现预测性维护、质量管理、现场响应能力提升等多个目标。除此之外，IBM在数字孪生领域还涉足了区块链技术，将数字孪生与区块链进行结合，加强对企业数据的保护，使数字孪生更加便捷、安全和可靠。

6. 达索

达索诞生于几何设计软件公司，多年来聚焦产品研发业务，持续提升数字孪生服务水平。达索立足数字空间全链条软件优势，通过与OT企业合作，构建闭环优化的产品数字孪生解决方案。在整个布局进程中，达索策略可划分四个阶段。

第一阶段，通过收/并购补齐虚拟空间全类工业软件。达索最早提供2D CAD建模软件服务，随后收购 SolidWorks，向3D设计迁移，提升几何建模的直观性；接着收购ABAQUS，建立仿真分析能力，与几何设计能力结合打造数字样机。

第二阶段，构建云化平台整合业务能力，构建全生命周期服务。达索收购IBM PM，自研PLM产品ENOVIA，打造3D EXPERIENCE平台，并持续将收购的ERP（IQMS）、MES（Apriso）等软件与设计、仿真、PLM工具进行集成整合。

第三阶段，与OT企业合作打造虚实映射的闭环解决方案。达索与ABB合作补齐OT领域短板，ABB的工业自动化能力帮助达索实现由仅在虚拟空间进行诊断，向可利用自动化执行实现虚实联动的方向发展。

第四阶段，基于AI持续优化数字孪生解决方案性能。达索收购Proxem公司，将AI工具集成到平台中，加快AI技术与仿真技术的集成融合，构建更精准映射的数字孪生。

7. 施耐德

施耐德立足于能源领域的自动化实施基础，持续优化工业仿真设计能力，致力于打造行业专属的全套解决方案。作为全球能效管理与自动化领域的龙头企业，施耐德长期聚焦能源、电气领域进行数字孪生布局。整体战略规划大致可以分为"三步走"。

第一步，通过收/并购提升自身在能源管理、优化、调度等方面的服务水平。施耐德从2006年开始就陆续收购了能源管理软件Summit Energy，规划调度软件SolvelT、InStep、Invensys等，不断丰富强化自身在能源管理领域的工业软件能力。

第二步，布局流程模拟与仿真设计领域，构建全套数字孪生运营管理解决方案。2018年，施耐德反向收购了AVEVA，补强自身在工厂流程模拟、电气设计等领域的能力；收购CAD企业 IGE+XAO，强化自身在CAD、PLM、仿真领域的产品研发能力。

第三步，面向电力领域，持续深耕行业专属解决方案。2020年，施耐德收购电力系统仿真软件平台ETAP，打造新型数字孪生解决方案，基于 ETAP Digital Twin平台，改善电力系统的资产运营以及整个电力网络的运营。

1.9　国内外工业数字孪生发展情况

1. "政产研"合力推动数字孪生上升为国家战略

自密歇根大学教授Grieves于2002年提出数字孪生概念后，美国航空航天局于2010年在太空技术路线图中将数字孪生列为重要技术，并首次进行了系统论述。此后，美国国防部、美国海军开始加大数字孪生的资金投入，美国海军计划在未来十年投入210亿美金支持数字孪生的发展。同时，工业龙头企业也将数字孪生作为重点布局方向，如洛克希德马丁将数字孪生列为2018年顶尖技术之首。2020年5月，ANSYS、微软、戴尔等组建数字孪生联盟，旨在开展合作和布局，推动数字孪生体系架构、安全性和互操作性方面的一致性，以促进数字孪生技术在航空航天、自然资源等诸多行业中的使用。

2. 依托航空航天基础优势，探索形成了成熟的应用路径

数字孪生的探索大致分为三个阶段：

第一阶段，基于系统级的离线仿真分析进行资产运维决策。例如在1970年，当阿波罗13号宇宙飞船在太空发生了氧气罐爆炸时，NASA利用系统仿真进行模拟诊断，及时给出了处理方案，让宇航员安全返回地球。

第二阶段，在第一阶段的仿真基础上，完善了系统仿真的工程规范和路径（即在仿真模型构建初，给定每一个模型标识及属性关系，为后面研发、制造时模型集成融合奠定基础），形成了一套复杂的基于模型的系统工程（MBSE）。如洛马公司采用MBSE统一的企业管理系统需求架构模型，并向后延伸到机械、电子设备和软件的设计和分析，极大提升了复杂产品的设计效率。

第三阶段，在第二阶段的基础上推动数字孪生应用拓展到全生命周期。如2023年5月底，特斯拉SpaceX载人龙飞船发射成功，基于数字孪生实现了飞船的研发、生产、运维、报废全生命周期管理，首次实现飞船报废回收，极大降低了下一代飞船的生产成本。

3. 供给侧企业加快技术创新，利用新一代信息技术优化数字孪生应用效果

在"IoT+仿真"方面，ANSYS和PTC合作构建泵数字孪生体，实现实时数据驱动的仿真诊断。相较于传统离线仿真，泵数字孪生体大大提升了诊断的及时性和准确性。在"AI+仿真"方面，MathWorks将数据分析工具MATLAB和仿真产品Simulink打通，将MATLAB人工智能训练数据集输入Simulink进行仿真及验证分析，极大优化了仿真结果。

基于此，美国的数字孪生综合优势体现在3个方面：一是构建了基于模型的系统工程方法论，通过统一语义和语法标准、给定系统集成路径，为数字孪生应用提供理论指导；二是拥有强大的仿真产业，ANSYS、MathWorks、Altair等企业为数字孪生应用提供了基础建模工具；三是拥有丰富的应用数据和模型，空客、洛克希德马丁、特斯拉等企业在产品研制过程中积累了大量机理模型，并持续优化数字孪生的精度。

1.9.1　政策层面

从政策层面来看，数字孪生成为我国推进经济社会数字化进程的重要抓手。

（1）政策法规层面：我国政府发布了一系列政策文件，鼓励制造业企业大力推进数字化转型，积极开展工业数字孪生技术的应用研究和推广。比如《中国制造2025》《工业互联网发展行动计划（2018－2020年）》等，都提出了对工业数字孪生的明确支持，为工业数字孪生的发展提供了政策保障。

（2）资金扶持层面：政府还积极推进数字化转型和智能化制造，全力支持工业数字孪生技术的研发和应用。比如，国家发展和改革委员会曾推出产业政策，提出支持数字孪生技术在制造企业中的推广和应用，并提供相关的技术支持和资金扶持。

（3）产业联盟层面：政府还推动建立了一系列工业数字孪生联盟，旨在推动产业数字化转型。通过产业联盟的组织形式，政府促进制造业企业、技术服务商和行业顶尖企业之间的交流与合作，支持数字孪生技术领域的合作创新和共享。

政策力度的不断加强，有助于工业数字孪生技术在我国快速发展，为制造业企业的数字化转型和智能化生产提供了坚实的政策支撑，也为产业数字化升级和我国制造业的转型升级注入了新动力。

1.9.2　行业应用层面

从行业应用层面来看，数字孪生成为垂直行业数字化转型的重要使能技术，数字孪生加速与DICT领域最新技术融合，逐渐成为一种基础性、普适性、综合性的理论和技术体系，在经济社会各领域的渗透率不断提升，行业应用持续走深向实。工业领域中，在石化、冶金等流程制造业中，数字孪生聚焦工艺流程管控和重大设备管理等场景，赋能生产过程优化；在装备制造、汽车制造等离散制造业中，聚焦产品数字化设计和智能运维等场景，赋能产品全生命周期管理。智慧城市领域中，数字孪生赋能城市规划、建设、治理、优化等全生命周期环节，实现城市全要素数字化、全状态可视化、管理决策智能化。另外，数字孪生在自动驾驶、站场规划、车队管理、智慧地铁等交通领域中，在基于BIM的建筑智能设计与性能评估、智慧工地管理、智能运营维护、安全应急协同等建筑领域中，在农作物监测、智慧农机、智慧农场等农业领域中，在虚拟人、身体机能监测、智慧医院、手术模拟等健康医疗领域中也有不同程度的应用。

1.9.3　市场层面

从市场前景层面来看，数字孪生是热度最高的数字化技术之一，存在巨大的发展空间。Gartner连续3年将数字孪生列入年度（2017－2019）十大战略性技术趋势，认为它在未来5年将产生颠覆性创新，到2024年，超过25%的全新数字孪生将作为新IoT原生业务应用的绑定功能被采用。根据Markets and Markets的预测，数字孪生的市场规模将由2020年的31亿美元增长到2026年的482亿美元，年复合增长率为58%。

1.9.4 企业主体层面

从企业主体层面来看，数字孪生被纳入众多科技企业战略大方向，成为数字领域技术和市场竞争主航道。数字孪生技术价值高、市场规模大，典型的IT（信息技术）、OT（运营技术）和制造业龙头企业已开始布局。微软与仿真巨头ANSYS合作，在Azure物联网平台上扩展数字孪生功能模块，并将既有主流产品及系统纳入其中；ANSYS依托数字孪生技术对复杂产品对象全生命周期建模，结合仿真分析，打通从产品设计研发到生产的数据流；阿里巴巴聚合城市多维数据，构建"城市大脑"智能孪生平台，提供智慧园区一体化方案，并已在杭州萧山区落地；华为发布沃土数字孪生平台，打造5G+AI赋能下的城市场景、业务数字化创新模式。

1.9.5 标准化层面

从标准化层面来看，数字孪生标准体系逐步建立，关键领域标准制/修订进入快车道。ISO、IEC、IEEE和ITU等国际标准化组织推动数字孪生分技术委员会和工作组的成立，推进标准建设、启动测试床等概念验证项目。例如，2018年，ISO/TC 184/SC 4的WG15工作组推动了《面向制造的数字孪生系统框架》系列标准（ISO23247）的研制和验证工作。2020年11月，ISO/IEC JTC 1的SC41更名为物联网和数字孪生分技术委员会，并成立WG6数字孪生工作组，负责统筹推进数字孪生国际标准化工作。

2018年，美国工业互联网联盟（IIC）成立"数字孪生体互操作性"任务组，探讨数字孪生体互操作性的需求及解决方案，重构与德国工业4.0的合作任务组，探讨数字孪生体与管理壳在技术和应用场景方面的异同，以及管理壳在支持数字孪生体方面的适用性和可行性。

2019年年初，ISO/TC184成立数字孪生体数据架构特别工作组，负责定义数字孪生体术语体系和制定数字孪生体数据架构标准。

2019年3月，IEEE标准化协会设立P2806"工厂环境下物理对象数字化表征的系统架构"工作组，简称数字化表征工作组，探讨智能制造领域工厂和车间范围内的数字孪生体标准化。

2019年5月，ISO/IEC信息技术标准化联合技术委员会（ISO/IECJTC1）第34届全会采纳中、韩、美等成员代表的建议，决定成立数字孪生咨询组，并发布《数字孪生体技术趋势报告》。首批咨询组成员来自中、澳、加、法、德、意、韩、英、美等国，中国电子技术标准化研究院

（简称电子四院）专家韦莎博士担任该咨询组召集人。该咨询组工作范围与主要职责包括：梳理数字孪生的术语、定义以及标准化需求；研究数字孪生相关技术、参考模型；评估开展数字孪生领域标准化的可行性并向JTC1提出相关建议等。

2019年7月，由ISO/TC184（工业自动化系统与集成）与IEC/TC65（工业测控和自动化）联合成立的ISO/IEC/JWG21"智能制造参考模型"工作组第8次会议在首尔召开。此次会上，成立了"TF8数字孪生资产管理壳"任务组。本次会议上，专家进一步明确了该任务组的职责：面对"资产管理壳""数字孪生体""数字线程"等概念丛生的现象，抓取核心发展脉络，梳理数字孪生与智能制造参考模型之间的潜在关系。后续TF8可能会发展成为一个新的ISO和IEC的联合工作组。

2019年11月3日，ISO/IECJTC1AG11数字孪生咨询组第一次面对面会议在新德里召开。各国代表围绕数字孪生关键技术、典型案例模板等进行了交流，并重点讨论了AG11数字孪生咨询组中期研究报告。

2019年11月，北京航空航天大学联合电子四院、机械工业仪器仪表综合技术经济研究所等国内12家单位联合发表《数字孪生标准体系探究》，提出数字孪生标准体系框架和结构。

1.10　本章小结

工业数字孪生创新与发展的大幕刚刚拉开，产业界、学术界对工业数字孪生的认识日渐统一，数据与模型、模型与模型的集成融合是工业数字孪生的本质内涵，尤其是仿真建模与数据科学的集成优化将成为未来发展主线。

工业数字孪生应用仅处于初级阶段，真正成熟的数字孪生应用还需要较长时期的探索实践。短期来看，四类关键场景有望成为重点应用方向：一是存量工厂三维可视化改造要实现"应用普及"，二是全场景虚拟制造诊断要实现"能力提升"，三是实时仿真/智能仿真分析要实现"单点突破"，四是大国重器系统工程建设要实现"科技攻坚"。

理想工业数字孪生开发需要基于统一建模语言和多类建模工具，同时需要与底层物联网实时数据相结合。"工业互联网平台+MBSE""工业互联网平台＋管理壳"等组合方式在有效统一异构数据、模型的一致性基础上，实现与IoT数据的有效结合，有望成为工业数字孪生开发的重要方法。

　　资产数字化是数字孪生的发展源头，工业厂商对孪生数据、孪生模型的积累意识的强弱，间接决定了数字孪生未来发挥价值的大小，尤其工业装备制造商是整个工业产业链中的关键环节，由传统物理装备售卖向"物理装备 + 孪生装备"的售卖方式转变，不但实现了装备级数字孪生应用，还将有效提升工厂级数字孪生建设的效率，为数字孪生产业整体发展带来良好前景。

1.11　参考资料

刘阳，赵旭. 工业数字孪生技术体系及关键技术研究 [J].信息通信技术与政策，2021.

第 2 章

工业数字孪生技术体系及关键技术

随着物联网、5G、云计算、大数据和AGI（Artificial General Intelligence，通用人工智能）等新兴基础技术的不断迭代发展，数字孪生也将进一步升级。数智升级融合、虚实交互联动的技术迭代，将为更多行业带来价值升级的应用，让每一个组织和个体都能受益于数字化。中国是工业大国，工业的数字化、智能化转型是国家确定的战略目标，工业数字孪生的研究和应用有着非常广阔的空间，也得到了政策的大力支持。国家发展和改革委员会、工业和信息化部、国务院国有资产监督管理委员会等部门相继出台相关文件，《"十四五"信息化和工业化深度融合发展规划》《"十四五"智能制造发展规划》等系列文件指出，要推动智能制造、绿色制造示范工厂建设，构建面向工业生产全生命周期的数字孪生系统，探索形成数字孪生技术智能应用场景，并推进相关标准修订工作，加大标准试验验证力度。部署发展数字孪生技术，发挥其在培育新经济发展、国企数字化转型等领域的积极作用。

数字孪生的概念源于生物学中的"孪生"，指的是一对相互关联、相互作用的实体。数字孪生的发展，正逐渐使其成为实现工业数字化、智能化的关键基础设施。新一代智能制造的重要应用是工业互联网与数字孪生。随着工业数字孪生的发展，从一个产品、一台设备、一条生产线、一个车间、整体工厂等的孪生演进到更为复杂的以整个企业组织为对象的孪生，进而为制造生产企业的经营提供智能决策辅助，使企业内部的协同走向产业链上下游的协同。因此，对工业数字孪生的深入研究和应用将有助于制造业企业更好地参与到国内、国际两个经济循环当中去。

在工业领域中，工业数字孪生技术将是未来智能系统的重要组成部分，是推动决策与控制一体化的重要数字媒介。工业数字孪生是指利用先进的传感器、云计算和人工智能等技术，将实际设备、工厂或整个供应链系统以数字形式精确地复制到虚拟环境中，实现实时的数据同步和相互影响。这种数字化的复制品不仅包含了设备的几何形状，还具备其物理特性、运行状态以及与周围环境的相互作用。通过建立这个"虚拟的孪生体"，企业可以实时监测和分析设备运行情况，进行仿真模拟和预测分析，以及优化生产流程和制定决策。

因此，工业领域也逐渐迎来了数字孪生技术的发展。工业数字孪生是近年来迅速崛起的一项创新技术，它为制造业带来了革命性的变革。数字孪生通过将现实世界中的物理系统与其虚拟化的数字模型相结合，实现了实时的数据采集、仿真模拟和智能分析。这项技术在工业领域中的应用日益广泛，为企业提供了更加高效、可持续和数智化的解决方案。本章将对工业数字孪生的技术体系以及关键技术进行探讨。数字孪生在工业领域的作用如图2-1所示。

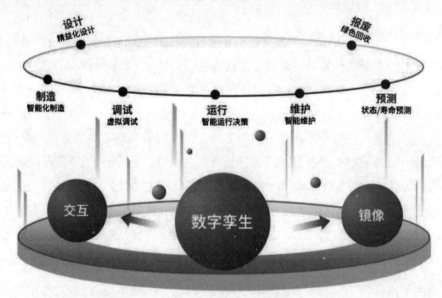

图2-1　数字孪生在工业领域的作用

工业数字孪生技术是指通过建立现实世界与数字虚拟世界的联系，实现实时仿真、预测和优化，以提高工业生产效率和质量。"工业数字孪生"是多类数字化技术的集成融合和创新应用，与物联网、模型构建、仿真分析等成熟技术有非常强的关联性和延续性。利用建模仿真在数字空间构建起精准的物理对象模型，再基于实时IoT数据驱动模型运转逻辑，进而通过数据与模型的集成融合构建起智能化的决策能力，推动全生产制造流程化的闭环优化。具体如下：

- 通过工业数字孪生技术，可以将产品的设计、生产测试和调试流程整合在一起，实现产品的虚拟测试和优化，降低研发成本和时间。

- 通过工业数字孪生技术，可以对生产场景进行数字化再现，可以提供真实的培训环境和安全管理场景，提高工人的培训效果和安全意识。
- 通过工业数字孪生技术，可以对实时资产的使用情况和效益进行监控和分析，整合优化资产的配置和管理，提高企业的效益和经济效益。
- 通过工业数字孪生技术，可以集成机器人、物联网、人工智能等智能化技术，实现工厂的智能化制造和自动化生产，提高生产效率和产品质量。

2.1　技术体系架构

工业数字孪生即多种数字化技术的集成融合升级，其中工业数字仿真模拟和新一代信息数字技术的融合应用是工业数字孪生发展的关键。工业数字孪生在生产现场的应用覆盖了人、机、料、法、环各个要素。工业数字孪生可以说是一个复杂的系统工程，目前仅有少数工业企业能够独自构建工业数字孪生解决方案，大多数企业需要相互通过能力互补来合作完成整个数字孪生服务体系的构建。本节将详细介绍数字孪生技术体系架构。

2.1.1　概念

具体来说，工业数字孪生主要体现在以下几个方面：

- 智能研发。通过工业数字孪生采集的设备实时工况大数据，研发人员可以统计分析每一段臂架的应力曲线和超载使用情况。例如，可以分析出7段臂架中，每一段臂架在实际使用中的应力和负载情况与产品设计值的差异，知道哪些臂架的应力使用和超载比较严重，哪些比较合理，从而在后续产品研发设计中，可以针对具体那段臂架进行改良设计，而不用盲目地增强所有臂架。这样不仅大大降低了研发生产成本，更重要的是保证了终端客户的安全生产。
- 生产过程仿真模拟。在产品生产之前就可以通过虚拟生产的方式来模拟不同产品在不同参数、不同外部条件下的生产过程，实现对产能、效率及可能出现的生产瓶颈等问题的预判，加速新产品导入过程的准确性和快速化。
- 数字化生产线升级。将生产制造阶段的各种要素（如原材料、设备、工艺配方和工序要求等），通过数字化的手段集成在一个紧密协作的生产过程中，并根据既定的规则自动完成不同条件组合下的操作，实现自动化的生产过程。同时，记录生产过程中的各类数据，为后续的分析和优化提供可靠的依据。

- 预测分析服务。可以基于工业数字孪生开展客户洞察与销量预测服务。在客户洞察方面，基于设备使用者的行为和设备的实时状态数据，精准构建优质客群画像，建立二次销售机会。在销量预测方面，基于IoT数据、销售数据及政策因素等诸多因素，利用AI大数据分析来进行预测，从而指导营销策略的调整优化，实现产销协同。

- 远程监控和预测性维护。通过获取智能工业产品的传感器或者控制系统的各种实时数据参数，构建可视化的远程监控，并根据采集的历史数据构建层次化的部件、子系统，甚至整个设备的健康指标体系，使用人工智能实现趋势预测。基于预测结果，对维修方案、备品/备件的管理进行优化，降低或者避免因为非计划停机而为客户带来的损失和矛盾。

- 及时反馈产品的使用情况。通过采集智能工业产品的实时运行数据，工业装备厂商可以洞悉客户对产品的真实需求。这样不仅能够帮助客户缩短新产品的研发导入周期、避免产品错误使用导致的故障、提高产品参数配置的准确性，更能够精确把握客户的需求，从而避免研发决策失误。

- 优化客户的生产指标。对于需要依赖工业设备来实现生产的企业而言，是否实现了生产制造参数设置的合理性及在不同生产条件下的适应性，决定了企业生产产品的质量等级和交付周期的长短。工业数字孪生可以通过采集海量数据，构建针对不同应用场景、生产过程的仿真模拟，来帮助客户优化参数配置，提高产品质量和生产效率。

通过工业数字孪生在生产制造中的应用可以发现，工业数字孪生注重将"模型+数据"作为基础，以因推果，反馈并优化业务和流程。通过物联网网关和边缘计算设备进行实时数据采集，随后融合预处理的传感数据可以喂养工业数字孪生模型。工业数字孪生不是全新的技术，它具有建模仿真、虚拟制造、数字样机等技术的特征，并在这些技术的基础上进行了扩展。

"工业知识和数据是企业在长时间生产过程中积累的衍生资产，只是在积累的方式和利用的场景、价值等方面有所不同。工业数字孪生技术将是'模型+数据'基建，通过构建本体模型，形成行业知识图谱，将数据与图谱进行映射，将数字化、智能化和可视化等技术相结合，并不断补充和构建具有自我迭代能力的数字孪生体，通过与业务场景的结合实现对业务和流程的反哺，完成闭环优化。"

数字化是工业数字孪生的前提。通过数字化技术将现实世界中的物体和过程数字化，形成数字模型，并对数字模型进行仿真和再现。数字化技术可以将数字模型进行存储、共享和传输，是虚拟世界和现实世界映射的数据基础。

智能化是工业数字孪生的关键变量。智能算法是实现数字孪生技术在行业落地的关键变量，通过对数字模型进行智能化处理，可以实现对数字模型的自动控制和优化。以ChatGPT为代表的AGI技术取得了重大突破，未来结合AGI驱动的数字孪生世界也必将往更通用的自演化和自决策的智能方向发展。

可视化是工业数字孪生的交互界面。通过对物理世界的实景/抽象三维模型进行可视化渲染处理，并和数字化的基础数据以及智能化的仿真/预测结果相结合，使用各类大中小屏幕、AR/VR等交互终端设备进行可视化呈现，使数字孪生世界更加直观和易于理解，让更多人能够通过数字孪生技术与虚拟世界和物理世界进行协同和交互。

工业数字孪生的主要特点如图2-2所示。

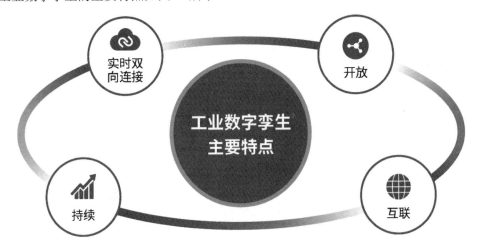

图 2-2　工业数字孪生主要特点

1）实时双向连接

工业数字孪生是对真实物理产品、设备或过程的实时动态的数据化表示，即工业数字孪生中的物理对象和数字空间能够双向映射、动态交互和实时连接，既能通过数字镜像掌握物理对象的实时状态，也能对物理对象进行实时控制、下发指令、改变产品的状态。

2）持续

工业数字孪生与物理对象之间的互动是不间断的，贯穿整个产品生产的全生命周期。在某种程度上可以直接用工业数字孪生来描述它对应实体对象的状态，确保我们对实体对象状态的可见。工业数字孪生还能对未来可能发生的事件提供预测，从而降低企业进行产品创新、模式创新的成本、时间及风险，并且持续地推动产品优化，改善客户体验，极大地驱动了企业创新行为。

3）开放

工业数字孪生收集了海量数据资源，仅依靠企业自身的力量来分析和挖掘其中的价值是不够的，因此，企业需要将数据对第三方开放，借助外部合作伙伴的力量来充分挖掘数字孪生的价值。

4）互联

工业数字孪生的意义，是价值链上下游企业间的数据集成以及价值链端到端的集成。作为全价值链的数据中心，工业数字孪生的目标是实现产品全价值链的协同，因此不仅是要实现上下游企业间的数据集成和数据共享，也要实现上下游企业间的产品协同开发、协同制造和协同运维等。

2.1.2　工业数字孪生技术体系

离散制造业企业大多采用多品种、小批量的生产方式，具有规模化、柔性化、工艺复杂、质量不稳定等特点。在产品的制造阶段，使用工业数字孪生技术可以实现生产过程的仿真，减少产品生产的时间，提高产品设计的质量。数字化的生产线不仅能够降低产品的生产成本，提高产品的交付速度，其最终关键指标监控和过程能力评估还能够实现全生产过程的可视化监控，并且通过经验或机器学习建立关键设备参数、检验指标的监控策略，对出现违背策略的异常情况进行及时处理和调整，从而实现生产流程的稳定和不断优化。

1. 工业数字孪生4P应用场景

笔者从过往的实际项目实践中，整理出了工业数字孪生4P应用场景，如图2-3所示。

图 2-3　工业数字孪生 4P 应用场景

（1）科学规划（Plan）。基于工业数字孪生模型，汇聚多源智能制造工厂规划相关数据，构建规划算法模型，实现全局最优化。在规划时，利用工厂里的各种生产要素的数字孪生体实现"积木式"自由组装，在数字世界模拟规划方案效果，极大地提升规划效率，实现绿色工厂以及高效规划模式。

（2）可视管理（Present）。提供智能制造全流程生产线的全景视角，360度多维度观测、全量数据分析深度透视，立体感知洞察工厂生产计划，实现智能制造工厂一张图可视管理。

（3）辅助决策（Predict）。基于全域数据和智能算法，对制造业各种场景各种维度的态势提前做出预测，用数据智能帮助管理人员做出科学决策。

（4）干预演练（Preact）。利用数字世界的可重复性、可逆性、可控性等特性，在智能工厂中通过数据建模和事态拟合对特定事件（如突发事件）应急提前做出干预演练，为物理世界的执行方案提供细化的、量化的、变化的、可视化的分析和评估。

2. 工业数字孪生技术

工业数字孪生技术是一系列数字化、智能化和可视化等技术的集成融合和创新应用，工业数字孪生的技术实现依赖于诸多新技术的发展和高度集成，以及跨学科知识的综合应用，是一个复杂的、协同的系统工程。工业数字孪生建模技术经历了从实物的"组件组装"式建模到复杂实体的多维深度融合建模的发展。基于深度学习、强化学习等新兴机器学习技术的发展，使得大数据分析能力显著提升，成为构建面向实体的复杂数字孪生体的基础支撑。

工业数字孪生推动力之一是信息物理系统（CPS，Cyber-Physical Systems），它让基于数据分析的物理环境控制变得非常容易。物理系统从现实世界收集感官信息，并通过通信技术（无线）将它们发送到工业数字孪生计算模块。通过状态感知、实时分析、科学决策、精准执行，解决实际应用服务过程中的复杂性和不确定性问题，提高资源配置效率，实现资源优化。信息物理系统（CPS）逻辑如图2-4所示。

因此，工业数字孪生技术通过构建物理对象的数字化镜像，描述物理对象在现实世界中的变化，模拟物理对象在现实环境中的行为和影响，以实现状态监测、故障诊断、趋势预测和综合优化。为了构建数字化镜像并实现上述目标，需要IoT、建模、仿真等基础支撑技术通过平台化的架构进行融合，搭建从物理世界到孪生空间的信息交互闭环。

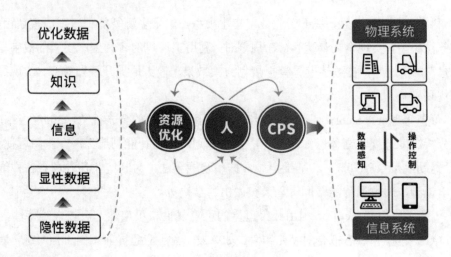

图 2-4　信息物理系统（CPS）逻辑

　　站在技术的角度来看，工业数字孪生的技术体系是非常庞大的，必须具备强大的数据兼容性和多数据标准无缝接入能力。将多类型数据整合到一个三维可视化空间，进行高度融合与挖掘分析，在最大限度利用现有信息化建设成果的基础上，构建智慧管理相关应用，辅助用户对各类监测对象做出快速、准确的判断，为管理决策提供有力支撑。它的感知、计算和建模过程，涵盖了感知控制、数据集成、数据采集、模型构建、模型互操作、业务集成、人机交互等诸多技术领域，门槛很高。工业数字孪生技术架构如图2-5所示。

　　从图中可以看出，工业数字孪生技术体系可以分为了四层。

　　（1）数据采集与控制实体层。涵盖感知、控制、标识等技术，承担孪生体与物理对象间上行感知数据的采集和下行控制指令的执行。

　　数据采集与控制实体层主要由智能传感器数据采集、高速数据传送和全生命周期数据管理等组成。智能感知数据反映设备即时运行动态情况。数据是整个工业数字孪生技术体系的基础。先进传感器技术及分布式传感器技术使整个数字孪生技术体系能够获得更加准确、充分的实时数据源支撑。同时，植入到物理世界中的诸多传感器也是实现实时反向控制的关键点。5G、AI技术的发展，使得高性能传感器可以获得高速低延时的双向数据传输能力，提高了数字孪生系统的实时感知控制的能力。

　　（2）核心实体层。依托通用支撑技术，实现模型构建与融合、数据集成、仿真分析、系统扩展等功能，是生成孪生体并拓展应用的主要载体。

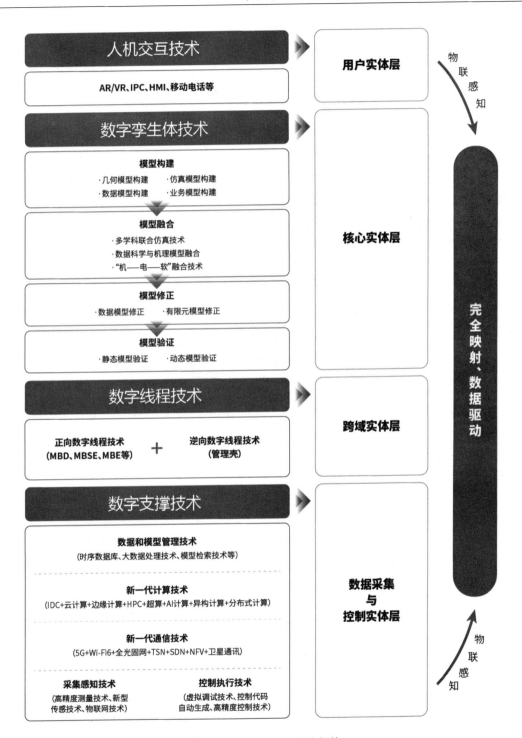

图 2-5 工业数字孪生技术架构

核心实体层主要实现了工业物理实体的全要素数字化表达，实现了由粗到细、从宏观到微观、从室外到室内不同粒度、不同精度的孪生数字化还原，多维多时空多尺度模型具有高保真、高可靠、高精度的特征，实现了数字空间与物理空间的一一映射。工业数字孪生全真模型是智能制造统一的"展示窗口"和"决策中心"。

（3）用户实体层。以可视化技术和虚拟现实技术为主，承担人机交互的职能。

用户实体层主要是为使用者提供良好的人机交互使用环境，让使用者能够获得身临其境的技术体验，从而迅速了解和掌握复杂系统的特性和功能。结合数据智能和工业数字孪生全真模型，集中可视化呈现全域智能终端信息、生产制造运行实时状态和数据智能预测结果，并且可以远程控制整个工厂生产流程各个场景的运行状态。

（4）跨域实体层。承担各实体层级之间的数据互通和安全保障职能。

跨域实体层主要基于一体化、智能化公共数据平台和云计算基础设施，对跨行业、跨领域、全要素、全流程、全业务的全域多元实时数据进行融合计算，充分利用机器学习和人工智能领域的技术实现数据深度特征提取和建模，挖掘和学习其中蕴含的相关关系、逻辑关系和主要特征，实现对物理世界的仿真、预测和智能干预能力。

从2.2节开始，我们将从这四个层面展开，详细介绍工业数字孪生技术体系及其关键技术。

2.1.3　小结

工业数字孪生技术体系是一种基于先进技术的创新方法，通过将现实世界的物理系统与其数字化模型相结合，实现对工业过程的仿真、监控和优化。该技术体系的出现为工业领域带来了巨大的变革和机遇。通过数字孪生，能够对工业厂房、生产线、设备等管理要素进行三维仿真展示；通过集成视频监控、设备运行监测、环境监测以及其他传感器实时上传的监测数据，可实现设备精密细节、复杂结构、复杂动作的全数据驱动显示，对生产流程、生产环境、设备运行状态进行实时监测，真实再现生产流程、设备运转过程及工作原理，为设备的研制、改进、定型、维护、效能评估等提供有效的、精确的决策依据。

工业数字孪生技术的核心是将实际设备、工厂或整个生产过程的物理世界与数字世界相连接，实现对实际工业系统的精确建模和仿真。通过搜集和整合传感器数据、实时监测和模拟仿真，数字孪生模型能够准确地反映实际系统的状态和行为。这使得工业领域的决策者和工程师能够在虚拟环境中进行各种测试和优化，而无须实际操作和试错。

　　工业数字孪生技术的应用范围广泛，涵盖了制造业、能源领域、交通运输、物流等多个行业。通过数字孪生模型，制造商可以在产品设计阶段进行虚拟测试和优化，减少开发周期和成本。能源公司可以通过数字孪生模型实时监测能源系统的性能，优化能源利用效率。交通运输和物流领域可以利用数字孪生技术进行路线规划、交通管理和货物追踪等工作。

　　工业数字孪生技术的应用带来了许多益处。首先，它能够提高生产效率和产品质量。通过在虚拟环境中进行模拟和优化，可以减少生产过程中的错误和故障，提高生产线的稳定性和可靠性。其次，数字孪生技术可以降低运营成本。通过实时监测和优化，可以减少能源和资源的浪费，提高生产效率。此外，数字孪生技术还可以提供数据驱动的决策支持，帮助企业做出更明智的商业决策。

　　然而，工业数字孪生技术也面临一些挑战和障碍。首先，数字孪生模型的构建需要大量的数据和精确的物理模型，这对于一些中小型企业可能是一个困难。其次，数据安全和隐私问题也是一个重要考虑因素，特别是对于涉及敏感信息的行业。此外，数字孪生技术的推广和应用还需要相关领域的专业人才和技术的支持。

　　总之，工业数字孪生具有资源优化的能力，具备实时双向连接、持续等特征，通过各种技术手段对物理实体状态进行感知、诊断和预测，进而优化物理实体，同时进化自身的数字模型。工业数字孪生必须依托并集成其他新技术，并与传感器共同在线以保证其保真性、实时性与闭环性。

　　工业数字孪生贯穿在工业设备的整个生命周期中，提升设备从设计到报废过程的智能化水平。同时数字孪生通过IT应用数据、OT实时和历史数据，可以构建出设施、设备和产品等完整的高写实虚拟模型，涵盖产品的全生命周期过程，实现产品设计、制造和智能服务等闭环优化，助力信息技术与制造业融合，推动工业互联网发展，促进企业数字化转型。利用工业数字孪生技术在设备维护、产品研发、计划排产、生产制造、质量管理等业务环节进行模拟，结合大数据、人工智能技术，实现企业各业务环节的验证、预测、分析，促进企业智能生产；同时通过生产数据与机理模型的有效结合，实现生产数据的实时交互，推动以数据驱动为核心的"数据+机理"新应用，带动工业生产的创新模式与应用创新。

　　工业数字孪生助力工业产业协同发展。一是推动网络化协同制造发展，基于工业数字孪生技术模拟供应链业务及流程，通过实时动态的数据采集、智能分享、上下游联动，实现数据驱动的供应链各环节的优化决策和控制支持。二是促进个性化定制，通过建立顾客、需求、产品研发设计、生产和销售等产品全生命周期的数字孪生体，基于各阶段数字模型整合，实现基于用户个性化的产品准确设计、快速生产、精准营销，降低定制成本，实现更敏捷和柔性的商业模式。三是创新服务化延伸，通过数字孪生技术可实现对物理实体的模拟、分析和预测，并利用从物理实体获取的数据创新应用，催生基于数据驱动的运营、咨询、互联网金融等新的商业模式。

2.2　数字支撑技术

以数字技术为代表的新一轮产业革命和技术变革正全方位影响人们的生产、生活方式，也深刻推动各行各业的数字化转型升级。数字支撑技术之所以成为实现工业数字孪生的关键技术之一，在于它提供了数据采集、处理和分析的能力。通过传感器、物联网和云计算等技术手段，数字支撑技术能够实时获取大量的实时数据，包括工业设备的状态、性能参数等信息。这些数据经过处理和分析后，可以为工业数字孪生提供准确、全面的数据支持，从而实现对实际工业系统的准确建模和仿真。本节将详细介绍数字支撑技术的相关内容。

2.2.1　概念

数字支撑技术具备数据获取、传输、计算、管理一体化的能力，支撑数字孪生高质量开发和利用全量数据，涵盖了采集感知、执行控制、新一代通信、新一代计算、数据模型管理五大类型技术。物联网通过将各种设备和传感器连接到互联网，实现设备之间的智能交互和数据共享，也为数字支撑技术体系提供了基础设施。未来，集五类技术于一身的通用技术平台有望为数字孪生提供"基础底座"服务。

数字支撑技术的作用如下：

（1）通过数字支撑技术，可以实现对工业系统的实时监测和预测。通过对实时数据的分析和挖掘，可以及时发现设备的异常状况和潜在故障，并进行预测性维护，从而提高工业系统的可靠性和稳定性。

（2）数字支撑技术可以支持虚拟调试和优化。在数字孪生平台上，可以对工业系统进行虚拟仿真和调试，验证不同的工艺参数和优化方案，从而减少实际试错成本，提高生产效率和产品质量。

（3）数字支撑技术可以实现对工业系统的智能化管理。通过建立数字孪生模型，结合人工智能和机器学习等技术，可以实现对工业系统的自动化控制和优化，提高生产过程的智能化水平。

（4）通过传感器、物联网设备和其他数据采集技术，工业系统可以实时获取大量的数据，数字支撑技术能够对这些数据进行高效的存储、处理和分析，从而提供对工业系统的全面监测。通过数字支撑技术，工业企业可以实时了解设备的运行状态、生产过程的关键参数，并及时发现和解决潜在问题，提高生产效率和产品质量。

（5）通过对实际工业系统进行数字化建模，可以创建一个与实际系统相对应的数字孪生模型。数字支撑技术可以帮助工业企业建立准确、可靠的数字模型，并在该模型上进行仿真和优化。通过数字支撑技术，工业企业可以对生产过程进行虚拟实验，预测不同参数对系统性能的影响，优化生产策略，降低生产成本，提高资源利用率。

（6）通过将实际数据与数字模型进行对比和分析，数字支撑技术可以为决策者提供全面的信息支持。工业企业可以基于数字支撑技术提供的数据和模型，进行预测和优化，制定更加科学和有效的决策。同时，数字支撑技术还可以帮助工业企业对潜在风险进行评估和管理，提前采取措施防范可能的生产事故和故障，确保生产的安全、可靠。

总之，数字支撑技术在工业数字孪生中发挥了重要的作用。它通过在数据收集和处理、模型建立和仿真、决策支持和风险管理等方面的应用，为工业系统提供了全面的支持。

2.2.2 技术体系

数字支撑技术体系如图2-6所示。

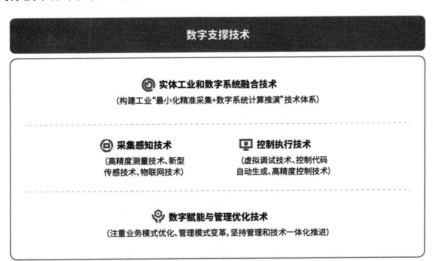

图 2-6 数字支撑技术体系

数字支撑技术主要包括实体工业和数字系统融合技术、采集感知技术、控制系统与信息系统并举、数字赋能与管理优化并进四个方面。

1）实体工业和数字系统融合技术

实体工业和数字系统融合技术充分发挥数据要素和计算推演的作用，构建工业"最小化精准采集+数字系统计算推演"技术体系，以更经济、更合理、更有效的方式实现实体工业在数字空间的实时动态呈现、模拟和决策。

- 数字系统计算推演：数字系统依靠强大的算力资源，结合精准的数据采集与静态网络拓扑，构建智能数据推演算法，实现工业数字孪生系统实时、动态呈现，推进数字系统对实体工业数据的主动增强作用的发挥。
- 最小化精准采集：针对采集控制对象范围更广、规模更大的特点，优化感知设备部署，注重经济性、合理性，强化关键节点采集，利用计算推演补充、增强相关节点状态，避免过度或低效部署实体感知设备，有效降低建设成本。

2）采集感知技术

采集感知技术不断创新推动数字孪生蓬勃发展，支撑数字孪生更深入地获取物理对象数据。

首先，传感器不断朝着微型化发展，能够被嵌入工业装备之中，实现更深层次的数据采集。当前，微型化传感器尺寸可达到毫米级，甚至更小，如卓朗天工的自研产品——工业物联网盒子，如图2-7所示。

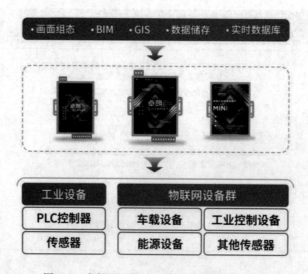

图 2-7　卓朗天工的自研产品工业物联网盒子

- 工业物联网盒子是卓朗天工工业物联网整体解决方案中的数据采集终端传感器产品，用于连接现场PLC、仪表和变频器等设备，通过宽带、WiFi、2G、3G、4G等上网方式，将设备数据传输到天工数采中台中。
- 实现大量设备的入网、数据采集、存储、信息推送及设备状态监控、维护等功能。

其次，多传感器融合技术快速发展，支撑单个传感器采集多类型数据，提升分析决策水平。

3）控制执行技术

控制执行技术主要是要明晰业务边界，最小化设定控制系统的边界。控制系统主体采用工控技术路线来确保控制系统的可靠性、即时性、安全性；同时充分发挥信息系统云端化、平台化、智能化技术优势，满足互动需要。

- 控制系统：采用工控技术路线，满足低延时、高可靠及高安全防护能力的要求，确保生产制造运行安全。
- 信息系统：充分应用"云大物移智链"等数字化新技术，采用数据中台服务，微应用架构。

4）数字赋能与管理优化技术

在推进数字技术融合创新应用的同时，注重业务模式优化、管理模式变革，坚持管理和技术一体化推进。以数字技术驱动流程再造、业务重塑、管理优化，改进制造业运营模式和管理方式，激发生产组织模式和互动方式的活力。

- 数字赋能：强化前沿数字技术研发布局，沉淀关键技术在工业等方面的创新应用。
- 管理优化：对管理模式进行升级调整，系统性提升协同合作、资源配置、运营服务和监控分析等能力。

2.2.3　小结

数字支撑技术是实现工业数字孪生的核心要素之一。它包括了多种技术手段和工具，为数字孪生提供了强大的支持。

首先，传感器技术是数字支撑技术的基础。传感器可以将实际工业系统中的各种物理量转化为电信号，并传输到数字孪生系统中进行处理和分析。通过传感器的应用，可以实时监测和获取工业系统的状态和性能数据，为数字孪生提供准确的输入信息。

其次，云计算和大数据技术是数字支撑技术的重要组成部分。工业系统产生的海量数据可以通过云计算技术进行存储和处理,利用大数据分析方法挖掘其中的潜在价值。云计算提供了强大的计算和存储能力,使得数字孪生系统可以高效地处理和分析大规模的工业数据,从而实现对系统的全面监测和管理。

再次,人工智能和机器学习技术也是数字支撑技术的重要组成部分。通过建立智能算法和模型,数字孪生系统可以对工业系统进行预测和优化。人工智能技术可以从历史数据中学习和挖掘规律,为工业系统提供精准的预测和决策支持。机器学习技术可以通过不断的迭代和优化,提高数字孪生系统的准确性和智能化水平。

最后,虚拟现实和增强现实技术为数字支撑技术增添了新的维度。通过虚拟现实技术,数字孪生系统可以将工业系统的虚拟模型以逼真的方式展现出来,提供交互式的体验和操作界面。增强现实技术可以将数字信息与实际工业系统进行融合,为操作人员提供实时指导和技术支持。

综上所述,工业数字孪生的发展离不开数字支撑技术的不断创新和进步。数字孪生技术刚好为IT和OT的融合发展提供了数据和技术的接口,基于物理世界的实体状态,在数字世界中构建一个"完整分身",实时动态地与物理实体保持互联,通过建模、验证、预测、控制物理实体,不断将工业系统中的碎片化知识传输到工业互联网中,通过集成接口提供给不同业务目标的应用,加快了IT和OT各要素融合的步伐,打破企业存在的边界,以数据助力企业数字化转型。

随着新一轮科技革命和产业变革的深入发展,全社会加速进行数字化转型,算力就是生产力,智能算力就是创新力。在人工智能领域,深度学习、自然语言处理、机器视觉等技术的成熟应用,推动了语音识别、图像识别、自然语义理解等应用场景的出现,并且实现逐渐向端侧延伸。除此之外,虚拟现实、增强现实技术、区块链技术、5G技术都是数字支撑技术领域的重要分支,在多个领域具有广阔的应用前景。未来数字支撑技术将与更多的产业和场景结合,逐步改变我们的生活和工作方式,为人类带来更多的创新价值。

2.3　数字线程技术

数字线程是指可扩展、可配置和组件化的企业级分析通信框架。基于该框架可以构建覆盖系统生命周期与价值链全部环节的跨层次、跨尺度、多视图模型的集成视图,进而以统一模型驱动系统生存期活动,为决策者提供支持。本节将详细介绍数字线程技术的相关内容。

2.3.1　概念

数字线程与数字孪生的直接关系就是数字线程通过先进的建模与仿真工具建立一种技术流程，提供访问、综合、分析系统全生命周期各阶段数据的能力，可以说数字孪生是对象、模型和数据，数字线程是通道、链接和借口。

数字线程技术是数字孪生技术体系中最为关键的核心技术，它可以提升数据集成的能力，提供访问、综合并分析系统生命周期各阶段数据的能力，使产品设计商、制造商、供应商、运行维护服务商和用户能够基于高逼真度的系统模型，充分利用各类技术数据、信息和工程知识的无缝交互与集成分析，完成对项目成本、进度、性能和风险的实时分析与动态评估。它为企业提供了全面的数据支持、实时的监控和控制能力，以及优化和改进的潜力。数字线程技术的应用将推动工业数字孪生向着更高效、更智能化的方向发展，为企业的可持续发展提供强有力的支持。

数字线程的目标就是要在系统全生命期内实现在正确的时间、正确的地点，把正确的信息传递给正确的人。这一目标与20世纪10年代PDM/PLM技术和理念出现时的目标完全一致，只不过数字线程是要在数字孪生环境下实现这一目标。

数字线程示例如图2-8所示。

数字主线（见图2-9）贯穿了整个产品的开发过程，从产品概念、最初的设计和 3D 原型，到测试和设计验证，再到完整合理的产品设计，最后到在智能工厂里生产的产品。它还承载供应链，使产品能交付、安装、运行上线。数字线程还负责产品的监测和管控、产品全生命周期的健康把控，以及运行性能数据的传送。

数字线程围绕复杂产品全生命周期管理需求，实现全业务过程中数据、流程及分析的结构化分类管理。它形成贯穿全生命周期的流程、模型、分析方法及应用工具，并连接产品全生命周期各阶段的孤立功能视图，形成一个集成视图。

我们可以在企业的信息技术（IT）或运营技术（OT）架构中的任何位置访问和分析数字线程，以提供更高层次的智能和决策支持。这种智能是可操作的，可用于识别潜在问题、优化运营并实现生产或供应链的持续改进。同时，工业数字孪生提供了竣工实物资产和所有相关流程的虚拟表示，以反映企业的工作流、机械、控制和系统。

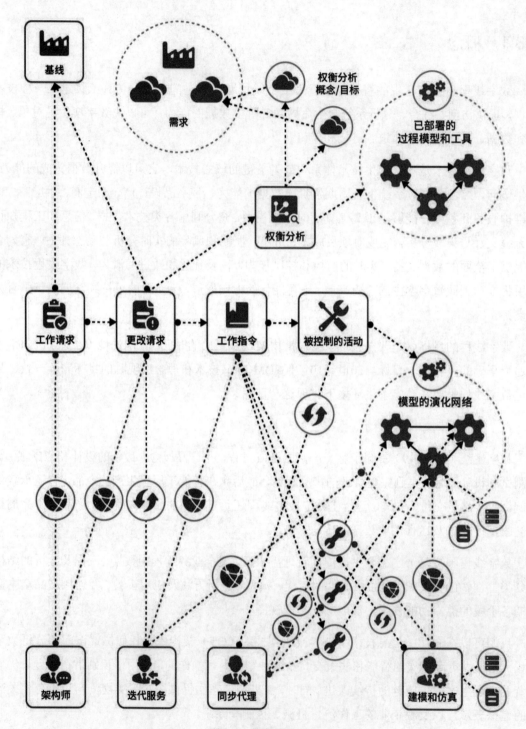

图 2-8   数字线程示例

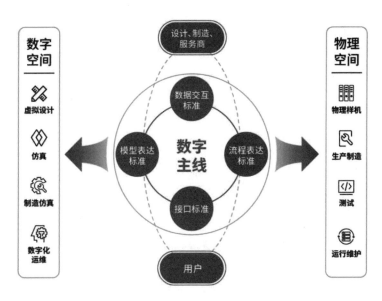

图 2-9　数字主线

2.3.2　技术体系

数字线程技术体系如图2-10所示。

图 2-10　数字线程技术体系

1）正向数字线程技术

正向数字线程技术以基于模型的系统工程（MBSE）为代表，在数据和模型构建初期就基于统一建模语言（UML）定义好各类数据和模型规范，为后期全类数据和模型在数字空间中的集成融合提供基础支撑。如空客利用模型系统工程（MBSE）设计和制造A350飞机，实现了比A380工程变更数量降低10%的目标，极大地缩短了项目周期。

2）逆向数字线程技术

逆向数字线程技术以管理壳技术为代表，面向数字孪生打造数据/信息/模型的互联/互通/

互操作的标准体系，对已经构建完成或定义好规范的数据和模型进行"逆向集成"，进而打造虚实映射的解决方案。如在数据互联和信息互通方面，德国在OPC-UA网络协议中内嵌信息模型，实现了通信数据格式的一致性；在模型互操作方面，德国依托戴姆勒Modolica标准开展多学科联合仿真，目前该标准已经成为仿真模型互操作全球最主流的标准。

数字线程可以表示为模型数据融合引擎和一系列数字孪生体的集合。在工业数字孪生环境下，实现数字线程有如下需求：

- 能区分类型和实例。
- 支持需求及其分配、追踪、验证和确认。
- 支持系统跨时间尺度各模型视图间的实际状态记实、关联和追踪。
- 支持系统跨空间尺度各模型视图间的关联及其与时间尺度模型视图的关联。
- 记录各种属性及其值随时间和不同的视图的变化。
- 记录作用于系统以及由系统完成的过程或动作。
- 记录使能系统的用途和属性。
- 记录与系统及其使能系统相关的文档和信息。

数字线程是与某个或某类物理实体对应的若干数字孪生体之间的沟通桥梁，这些数字孪生体反映了该物理实体不同侧面的模型视图。数字线程和数字孪生体之间的关系如图2-11所示。

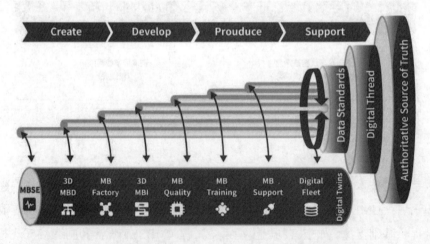

图2-11　数字线程与数字孪生体之间的关系（来源：波音公司）

依靠数字线程，工业数字孪生中的物理实体和虚拟模型的交互是实时/准实时的双向连接、双向映射、双向驱动的过程，而非单一方向进行的。

一方面，物理实体在实际的设计、生产、使用、运行过程中的全生命周期数据、状态等及时反映到虚拟端，在虚拟端完成模拟、监控、可视化呈现过程，虚拟端是物理实体端的真实、同步刻画与描述，记录了物理实体的进化过程，二者共生。从这一角度看，物理实体驱动虚拟模型的更新，使得虚拟模型与物理实体保持高度的一致性。

另一方面，虚拟模型根据物理实体的数据，结合深度学习等智能优化算法对物理实体行为进行分析、预测，用于优化物理实体的决策过程。在虚拟端完成预演后，及时逆向传到物理实体侧，主动引导和控制物理实体的变化过程。虚拟模型以当前最优结果驱动物理实体的运转。

该闭环过程中虚实二者不断交替、迭代进行。虚实融合是实现以虚控实的前提与先决条件，以虚控实是虚实融合的目标和本质要求。没有物理实体侧的数据、状态信息的采集，虚拟端的模型更新演化与决策生成就无法进行；没有虚拟端的仿真分析、推演预测、先行验证与优化，物理实体侧的系统功能就无法得到优化。二者共享智慧，相互促进，协同发展与进化，最终实现智能系统的自感知、自认知、自分析、自决策、自优化、自调控和自学习。

2.3.3　小结

数字线程技术拓展了数字孪生数据的集成范围和深度。一是数字线程技术从基于PLM/BPM的局部互联向基于工业互联网平台的全面互联演进。传统PLM仅聚焦提供面向产品的数据集成能力，BPM仅聚焦提供商业数据集成能力，而借助IoT平台的跨领域数据集成能力，能够构建包含产品全生命周期、全业务流程的数字线程。如PTC利用ThingWorx平台使得creo（CAD）、windchill（PLM）、Vuforia（AR）以及其他多个软件系统实现数据实时同步，构建全流程的数字线程。二是数字线程技术由单一领域向机械、软件、电子等多领域集成发展。传统PLM仅管理机械领域数据，ALM（应用生命周期管理）仅管理IT软件领域数据，EDA（电子设计自动化）仅管理电子电控领域数据，而数字线程技术实现面向机械、软件、电子等多领域的数据深度集成。如西门子Xcelerator综合集成了产品全PLM、EDA、ALM、MOM（制造运营管理）、嵌入式软件和物联网（IoT）。

数字孪生体跟数字线程如影随形，成为制造业数字化转型的核心概念。数字线程对制造型企业推动数字化转型至关重要，当中涉及基本产品特性、预期效能的进阶信息、建议维护周期，以及生命周期结束的处理。随着工业物联网与工业4.0在制造环境越来越普遍，这种数据也变得极其重要，而设备也成为更庞大系统的一部分。

数字线程技术的应用也面临一些挑战。首先是数据安全和隐私保护的问题。在数据传输和存储过程中，需要采取有效的安全措施，防止数据泄露和非法使用。其次是数据集成和标准化的挑战。由于工业系统的复杂性和多样性，将不同来源的数据进行集成和标准化是一个复杂的任务。

综上所述，数字线程技术是基于工业数字孪生的一种核心技术，具有实时数据采集、数据分析和挖掘，以及虚拟仿真和预测模拟等功能。它为工业领域带来了许多机遇，但也需要克服数据安全和隐私保护、数据集成和标准化等挑战。随着数字孪生技术的不断进步和应用的深入，数字线程技术有望在工业领域发挥更大的作用，推动工业转型升级。

2.4   数字孪生体技术

数字孪生体就是把物理世界中的一个对象，以数据的形式映射到数字空间当中。它不是对物理对象的简单克隆，而是一套独立于物理对象的数字系统。本节就来介绍数字孪生体技术的相关内容。

2.4.1   概念

数字孪生体不仅能还原本体的内部状态、外部环境，还能跟物理世界进行实时互动。数字孪生体的内涵远远超越了单纯的建模和仿真，甚至超越了"建模+仿真"的组合，因此，需要创造一个新概念来应对新需求、新问题——为数字孪生体选择一个超越"建模+仿真"，进而超越"数字化表征+数字化执行"的名词性上位概念。数字孪生体是包括物理对象、过程、关系和行为等在内的现实世界的虚拟表示。例如，GIS（Geographic Information System，地理信息系统）创建自然环境和人工环境的数字孪生体并以独特方式集成多种类型的数字模型。地理空间技术连接了不同类型的数据和系统，以创建可在工程的整个生命周期中进行访问的单个视图。GIS增强了数据捕获和集成，实现更好的实时可视化，提供对未来预测的高级分析和自动化，同时支持信息共享和协作。

数字孪生体技术在网络信息比较发达的时代崛起，无疑是推动世界进步的强大助力，被定位为第四代工业革命一点也不为过。作为一种基于开放架构的新一代数字技术，数字孪生体将经历"专业化分工"的过程，最终形成一个完整的产业链。

而从数字技术行业实践来看，平台生态将是数字孪生体产业的典型特征，加上网络效应的作用，数字孪生体产业将围绕数字孪生体平台运行的可能性非常大，这也是大量企业投入资源打造平台生态的主要原因，更是数字孪生体一直被看好的原因。简单来说，数字孪生就是在一个设备或系统的基础上创造一个数字版的"克隆体"。这个"克隆体"也被称为"数字孪生体"，它被创建在信息化平台上，是虚拟的。

相较于设计图纸，数字孪生体最大的特点在于它是对实体对象（本体）的动态仿真。也就是说，数字孪生体是会"动"的，而且它"动"的依据来自本体的物理设计模型，还有本体上面的传感器反馈的数据，以及本体运行的历史数据。数字孪生体通过工程的数字化建模来评估工程的结构和承受能力，以及维护。数字孪生体有点像克隆技术，但是在数字世界里打造另一个自己，他拥有跟你一样的外形、举止，还有像人一样思考的能力。

数字孪生体也就是把物理世界中的一个对象以数据的形式映射到数字空间当中，其作用是在数字空间中对物理空间中的真实本体进行模拟。数字孪生体并不是一项帮我们把现实世界搬到数字世界的技术，而是一套帮助现实世界变得更好的解决方案。它是推动第四次工业革命的一项重要的通用目的和技术。数字孪生的本质是信息建模，旨在为现实世界中的实体对象在数字虚拟世界中构建完全一致的数字模型，但数字孪生涉及的信息建模已不再是基于传统的底层信息传输格式的建模。

数字孪生是实现智能制造的前提和基础，尤其是传感器和低功耗广域网技术的发展，将物理世界的动态通过传感器精准、实时地反馈到数字世界。从技术的角度来看，数字孪生的技术体系是非常庞大的，它的感知、计算和建模过程涵盖了感知控制、数据集成、模型构建、模型互操作、业务集成、人机交互等诸多技术领域。数字孪生的技术竞争实际上是云计算、大数据、3D建模、工业互联网及人工智能等ICT（信息与通信技术）先进技术综合实力的博弈。实物数字孪生应用的价值是通过虚实融合、虚实映射来持续改进产品的性能，提高产品运行的安全性、可靠性和稳定性，从而提升产品在市场上的竞争力。同时，通过对产品的结构、材料、制造工艺等各方面的改进，降低产品成本，帮助企业提高盈利能力。

在人工智能的帮助下，数字孪生体可以在前面"有血有肉"的动态孪生体的基础上更进一步，变得拥有智慧，能够应对"不确定性"。一个拥有智慧的数字孪生体，并不需要事先针对所有可能出现的情况都设计好预案，而是能够包容各种不确定性。

总之，数字孪生体是对象、模型和数据，重点围绕模型构建、模型融合、模型修正、模型验证开展一系列创新应用。通过提供高精度模拟环境、实现智能化生产管理和促进协同合作，为企业带来了更高的生产效率、更低的成本和更好的决策支持。随着数字孪生体技术的不断发展和应用，工业领域将迎来更加智能化、高效化和可持续发展的未来。

2.4.2　技术体系

数字孪生体体系如图2-12所示。

图2-12　数字孪生体体系

1. 模型构建

模型构建需要完成多领域多学科的模型融合，以实现物理对象各领域特征的全面刻画，建模后的虚拟对象会表征实体对象的状态、模拟实体对象在现实环境中的行为、分析物理对象的未来发展趋势。建立物理对象的数字化建模技术是实现数字孪生的源头和核心技术，也是"数字化"阶段的核心。而模型实现方法研究主要涉及建模语言和模型开发工具等，关注如何从技术上实现数字孪生模型。在模型实现方法上，相关技术方法和工具呈多元化发展趋势。当前，数字孪生建模语言主要有Modelica、AutomationML、UML、SysML及XML等。一些模型采用通用建模工具（如CAD等）开发，更多模型的开发是基于专用建模工具（如FlexSim和Qfsm等）。

2. 模型融合

跨领域、跨类型、跨尺度的模型融合技术支撑复杂的孪生模型构建。跨领域模型融合是多物理、多学科跨领域模型融合技术，用于构建更全面、更完整的孪生模型。例如，ANSYS Simplorer提供多物理场建模仿真解决方案，能够外部输出复杂模型融合的数字孪生构建服务，有效构建系统级数字孪生模型，贝加莱MapleSim Connector多学科联合仿真统一不同领域仿真工具接口，构建系统级数字孪生应用。跨类型模型融合技术有效实现仿真模型和数据模型的互操作，极大缩短仿真求解时间。例如，ANSYS利用深度学习算法进行10次CFD仿真，获得整个工作范围内的流场分布降阶模型，原先16个核的工作站需要计算2小时，现在使用笔记本电脑只需计算3秒钟，极大缩短了仿真模拟时间。跨尺度模型融合是多尺度建模技术通过建模工具融合不同时间、空间尺度的模型，使孪生模型能够融合微观和宏观的多方面机理。例如，西门子自动驾驶汽车产品PAVE，集成了从芯片设计到软硬件系统、整车模型以及交通流量等不同领域和尺度下的模型，形成了不同尺度孪生模型融合能力。

3. 模型修正

模型修正技术不断提升数字孪生模型的精度。基于实际运行数据持续修正模型参数，是保证数字孪生高精度的关键手段，目前数据科学和仿真模型均具备相应的模型动态调整技术。一是在线机器学习基于实时数据持续驱动数据模型进行完善，能够有效对模型进行动态修正。例如，流行的Tensorflow、Scikit-learn等AI工具中都嵌入了在线机器学习模块，基于实时数据动态更新模型。二是有限元仿真模型修正技术能够基于试验或者实测数据对原始有限元模型进行修正。例如，达索、ANSYS、MathWorks等厂商的有限元仿真工具中，均具备了有限元模型修正的接口或者模块，支持用户基于试验数据对模型进行修正。

4. 模型验证

在模型构建、组装或融合后，需使用模型验证技术对模型进行验证，以确保模型的正确和有效。模型验证是针对不同需求，检验模型的输出与物理对象的输出是否一致。为保证所构建模型的精准性，首先验证单元级模型，以保证基本单元模型的有效性。此外，由于模型在组装或融合过程中可能引入新的误差，导致组装或融合后的模型不够精准。因此，为保证数字孪生组装与融合后的模型对物理对象的准确刻画能力，需在保证基本单元模型为高保真的基础上，对组装或融合后的模型进行进一步的模型验证。若模型验证结果满足需求，则可以将模型进行进一步的应用；若模型验证结果不能满足需求，则需进行模型校正。模型验证与校正是一个迭代的过程，即校正后的模型需重新进行验证，直至满足使用或应用的需求。

5. 底层技术

数字孪生体还有其他一些底层技术，包括：

1）基础技术：感知

感知是数字孪生体系架构中的底层基础。在一个完备的数字孪生系统中，对运行环境和数字孪生组成部件自身状态数据的获取，是实现物理对象与其数字孪生系统间全要素、全业务、全流程精准映射与实时交互的重要一环。因此，数字孪生体系对感知技术提出了更高要求。为了建立全域全时段的物联感知体系，并实现物理对象运行态势的多维度、多层次精准监测，感知技术不但需要更精确可靠的物理测量技术，还需要考虑感知数据间的协同交互，明确物体在全域的空间位置及唯一标识，并确保设备可信可控。

2）基础技术：网络

网络是基础，数据是驱动，安全是保障。因此，网络是数字孪生体系架构的基础设施，在数字孪生系统中，网络可以对物理运行环境和数字孪生组成部件自身信息交互进行实时传输，是实现物理对象与其数字孪生系统间实时交互、相互影响的前提。网络既可以为数字孪生系统的状态数据提供增强能力的传输基础，满足业务对超低时延、高可靠、精同步、高并发等关键特性的演进需求，也可以助推物理网络自身实现高效率创新，有效降低网络传输设施的部署成本和运营效率。

伴随物联网技术的兴起，通信模式不断更新，网络承载的业务类型、网络所服务的对象、连接到网络的设备类型等呈现出多样化发展，这就要求网络具有较高灵活性。同时，伴随移动网络深入楼宇、医院、商超、工业园区等场景，物理运行环境对确定性数据传输、广泛的设备信息采集、高速率数据上传、极限数量设备连接等需求愈加强烈，这也相应要求物理运行环境必须打破以前"黑盒"和"盲哑"的状态，让现场设备、机器和系统能够更加透明和智能。因此，数字孪生体系架构需要更加丰富和强大的网络接入技术，以实现物理网络的极简化和智慧化运维。

3）关键技术：建模

在数字制造中，需要用模型加以描述的对象包括：

（1）产品：产品的生命周期需要采用各种产品模型和过程模型来描述。

（2）资源：机器设备、资金、各种物料、人、计算设备、各种应用软件等制造系统中的资源，需要用相应模型来描述。

（3）信息：对数字制造全过程的信息的采集、处理和运用，需要建立适当的信息模型。

（4）组织和决策：将数字制造的组织和决策过程模型化是实现优化决策的重要途径。

（5）生产过程：将生产过程模型化是实现制造系统生产、调度过程优化的前提。

数字孪生的建模是将物理世界的对象数字化和模型化的过程。通过建模将物理对象表达为计算机和网络所能识别的数字模型，对物理世界或问题的理解进行简化和模型化。

模型是对现实系统有关结构信息和行为的某种形式的描述，是对系统的特征与变化规律的一种定量抽象，是人们认识事物的一种手段或工具。模型大致可以分为3类：

（1）物理模型：指不以人的意志为转移的客观存在的实体，例如飞行器研制中的飞行模型、船舶制造中的船舶模型等。

（2）形式化模型：用某种规范表述方法构建的、对客观事物或过程的一种表达。形式化模型实现了一种客观世界的抽象，便于分析和研究。例如，数学模型是从一定的功能或结构上进行抽象，用数学的方法来再现原型的功能或结构特征。

（3）仿真模型：指将系统的形式化模型用仿真语言转换为计算机可以实施的模型。

模型的构建，一般都会有一套规范的建模体系，包括模型描述语言、模型描述方法、模型构建方法等。数学就是一种表达客观世界的常用建模语言。在软件工程里面常用的统一建模语言（UML）也是一种通用的建模体系，支持面向对象的建模方法。

数字孪生模型构建流程如图2-13所示。

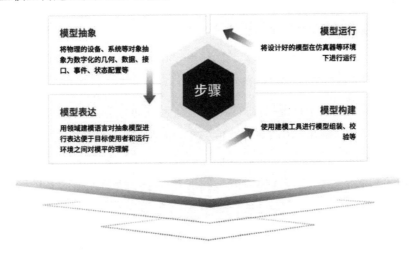

图 2-13　数字孪生模型构建流程

从不同层面的建模来看，可以把模型构建分为几何模型构建、信息模型构建、机理模型构建等不同分类，完成不同模型构建后，进行模型融合，实现物理实体的统一刻画。面对不同领域的多种异构模型，需要提供统一的协议转换和语义解析能力。建模模型如图2-14所示。

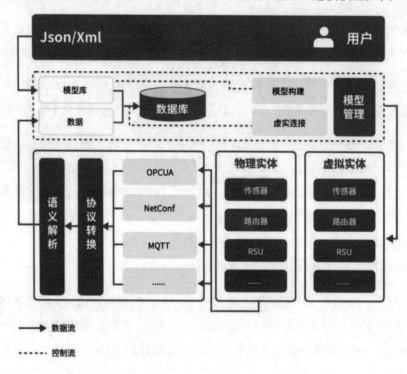

图 2-14   建模模型

在选择建模方法时，应该考虑被讨论的系统的特征，以及所要跟踪问题的性质。常用的仿真建模方法包括静态／动态建模、连续／离散建模、随机／确定性建模方法以及面向对象和多智能体仿真建模方法。

每一种建模方法都适用于特定的抽象层级范围。系统动力学建模适合较高的抽象层级，并在决策建模中已经得到了应用；离散事件建模支持中层和偏下层的抽象层级；基于智能体的建模适合多抽象层级的模型，既可以实现较低抽样层级的物理对象细节建模，也可以实现公司和政府等较高抽象层级的建模。仿真建模方法的选择要基于所需模拟的系统和建模的目标来决定。

4）关键技术：仿真

在对一个已经存在或尚不存在但正在开发的系统进行研究的过程中，为了了解系统的内在特性，必须进行一定的试验。由于系统不存在或其他一些原因，无法在原系统上直接进行实验，只能设法构造既能反映系统特征又能符合系统实验要求的系统模型，并在该系统模型上进行实验，以达到了解或设计系统的目的。于是，仿真技术就产生了。

- 模拟：即选取一个物理的或抽象的系统的某些行为特征，用另一系统来表示它们的过程。
- 仿真：即用另一数据处理系统，主要是用硬件来全部或部分地模仿某一数据处理系统，使得模仿的系统能像被模仿的系统一样接收同样的数据、执行同样的程序，获得同样的结果。
- 仿真是建立在控制理论、相似理论、信息处理技术和计算技术等理论基础之上的，以计算机和其他专用物理效应设备为工具，利用系统模型对真实或假想的系统进行实验，并借助专家的经验知识、统计数据和资料对实验结果进行分析研究，从而做出决策的一门综合性和实验性的学科。

数字孪生体系中的仿真作为一种在线数字仿真技术，使用将包含了确定性规律和完整机理的模型转换成软件的方式来模拟物理世界。只要模型正确，并拥有了完整的输入信息和环境数据，就可以基本正确地反映物理世界的特性和参数，验证和确认对物理世界或问题的理解的正确性和有效性。从仿真的视角，可以将数字孪生理解为针对物理实体建立相对应的虚拟模型，并模拟物理实体在真实环境下的行为。

和传统的仿真技术相比，数字孪生技术的仿真，更强调物理系统和信息系统之间的虚实共融和实时交互，是贯穿全生命周期的高频次并不断循环迭代的仿真过程。因此，仿真技术不再仅仅用于降低测试成本，通过打造数字孪生，仿真技术的应用将扩展到各个运营领域，甚至涵盖产品的健康管理、远程诊断、智能维护、共享服务等应用。基于数字孪生可以对物理对象通过模型进行分析、预测、诊断、训练等（见图2-15），并将仿真结果反馈给物理对象，从而帮助对物理对象进行优化和决策。因此，仿真技术是创建和运行数字孪生体、保证数字孪生体与对应物理实体实现有效闭环的核心技术。

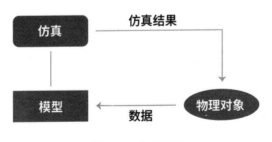

图 2-15　仿真模型

2.4.3　小结

数字孪生体技术是一种基于工业数字孪生的理念而发展起来的先进技术,其核心是建立和维护一个与实际系统相对应的数字孪生体。数字孪生体是实际系统的精确复制,它不仅包括实际系统的几何形状和物理特性,还包括实际系统的运行状态、传感器数据、控制参数等信息。通过与实际系统实时同步更新数字孪生体,可以实现对实际系统的实时监测和分析。

数字孪生体驱动的应用可以遵循以下准则:

(1)信息物理融合是基石。物理要素的智能感知与互联、虚拟模型的构建、孪生数据的融合、连接交互的实现、应用服务的生成等,都离不开信息物理融合。同时,信息物理融合贯穿于产品全生命周期各个阶段,是每个应用实现的根本。因此,没有信息物理的融合,数字孪生的落地应用就是空中楼阁。

(2)多维虚拟模型是引擎。多维虚拟模型是实现产品设计、生产制造、故障预测、健康管理等各种功能最核心的组件。在数据驱动下,多维虚拟模型将应用功能从理论变为现实,是数字孪生应用的“心脏”。因此,没有多维虚拟模型,数字孪生应用就没有了核心。

(3)孪生数据是驱动。孪生数据是数字孪生最核心的要素,它源于物理实体、虚拟模型、服务系统,同时在融合处理后又融入各部分中,推动了各部分的运转,是数字孪生应用的“血液”。因此,没有多元融合数据,数字孪生应用就失去了动力源泉。

(4)动态实时交互连接是动脉。动态实时交互连接将物理实体、虚拟模型、服务系统连接为一个有机的整体,使信息与数据得以在各部分间交换传递,是数字孪生应用的“血管”。因此,没有了各组成部分之间的交互连接,如同人体被割断动脉,数字孪生应用也就失去了活力。

(5)服务应用是目的。服务将数字孪生应用生成的智能应用、精准管理和可靠运维等功能以最为便捷的形式提供给用户,同时给予用户最直观的交互,是数字孪生应用的“五感”。因此,没有服务应用,数字孪生应用的实现就是无的放矢。

(6)全要素物理实体是载体。不论全要素物理资源的交互融合,还是多维虚拟模型的仿真计算,或者数据分析处理,都是建立在全要素物理实体之上的,同时物理实体带动各个部分的运转,令数字孪生得以实现,是数字孪生应用的“骨骼”。因此,没有了物理实体,数字孪生应用就成了无本之木。

　　数字孪生体技术的应用范围非常广泛。在工业领域，数字孪生体可以用于预测和优化生产过程，通过数字孪生体，可以对生产设备进行虚拟仿真，优化工艺参数，减少生产故障和停机时间。此外，数字孪生体还可以用于产品设计和测试，通过虚拟仿真和测试，提前发现和解决问题，减少产品开发周期和成本。

　　在制造领域，一些传统的技术，如CAD和CAE，天然就是为物理产品数字化而生。一些新兴技术，如AI、AR、IoT，也为更逼真、更智能、更交互的数字孪生体插上了翅膀。可以预见，数字孪生体在研发设计和生产制造环节将会起到越来越大的作用，成为智能制造的基石。

　　在产品的设计阶段，使用数字孪生体可以提高设计的准确性，并验证产品在真实环境中的性能，其主要功能包括数字模型设计、模拟和仿真。对产品的结构、外形、功能和性能（强度、刚度、模态、流场、热、电磁场等）进行仿真，在优化设计、改进性能的同时，也能降低成本。在个性化定制需求盛行的今天，设计需求及其变更信息的实时获取成为企业的一项重要竞争力，可以实时反馈产品当前运行数据的数字孪生体成为解决这一问题的关键。曾经在实验科学中广为应用的半实物仿真也将在数字孪生体中发挥重要作用。

　　在产品的制造阶段，使用数字孪生体可以缩短产品导入时间，提高设计质量，降低生产成本和加快上市速度。制造阶段的数字孪生体是一个高度协同的过程，通过数字化手段构建起来的数字生产线，将产品本身的数字孪生体同生产设备、生产过程等其他形态的数字孪生体形成共智关系，实现生产过程的仿真、参数的优化、关键指标的监控和过程能力的评估。同时，数字生产线与物理生产线实时交互，物理环境的当前状态作为每次仿真的初始条件和计算环境，数字生产线的参数优化之后，实时反馈到物理生产线进行调控。在敏捷制造和柔性制造大为盛行的今天，对多个生产线之间的协调生产提出更高要求，多个生产线的数字孪生体之间的"共智"将是满足这一需求的有效方案。

　　总之，数字孪生体技术用其强大的仿真和分析能力，帮助实际系统进行监测、优化和决策，提高工业生产的效率和可靠性。随着科技的不断进步，数字孪生体技术将在工业领域发挥越来越重要的作用，推动工业智能化的可持续发展。

2.5　人机交互技术

　　人机交互技术（HCI）指通过计算机输入/输出设备，以有效的方式实现人与计算机对话的技术。本节介绍人机交互技术的相关内容。

2.5.1　概念

1. 人机交互的起源

人机交互的起源如下：

- 1959年，美国学者B.Shackel从人在操纵计算机时如何才能减轻疲劳出发，提出了被认为是人机界面的第一篇文献的《关于计算机控制台设计的人机工程学》的论文。
- 1960年，Liklider JCR首次提出人机紧密共栖（Human-Computer Close Symbiosis）的概念，被视为人机界面学的启蒙观点。
- 1969年，英国剑桥大学召开了第一次人机系统国际大会，同年第一份专业杂志《国际人机研究》（IJMMS）创刊。可以说，1969年是人机界面学发展史中具有里程碑意义的一年。
- 1970年，成立了两个HCI研究中心：一个是英国的Loughborough大学的HUSAT研究中心，另一个是美国Xerox公司的Palo Alto研究中心。
- 1970－1973年，出版了4本与计算机相关的人机工程学专著，为人机交互界面的发展指明了方向。
- 20世纪80年代初期，学术界相继出版了6本专著，对最新的人机交互研究成果进行了总结。

从此，人机交互学科逐渐形成了自己的理论体系和实践范畴的架构。

2. 人机交互为何应用在工业数字孪生中

随着世界各国智能制造技术的不断发展，制造业的信息化水平正在逐步提高。为了提高产品生产率，及时处理生产过程中的突发事件，制造业企业必须加强生产车间各模块的管理和控制措施，提高企业对生产过程的控制能力。

加上数字化时代的到来，制造业领域也逐渐迎来了数字孪生技术的发展，而且消费者对产品的个性化要求越来越高，导致企业在生产过程中面临越来越庞大的数据需求和数据结构，这使得企业难以管理和分析数据。因此，在制造过程中，如何有效、及时地反馈生产车间设备的使用状态和提供故障预警，成为当前智能制造行业的一大难题。大数据、人工智能、物联网、边缘计算等现代先进信息技术的发展，推动了传统制造向智能制造的转型。智能制造最关键的特点是自主性和主动自我优化。

新兴人机交互技术的AR/VR具备三维可视化效果，正加快与几何设计、仿真模拟的融合，有望持续提升数字孪生的应用效果。在"AR + CAD""AR + 三维扫描建模""AR + 仿真"等领域，目前都实现了应用落地。工业数字孪生体会感知大量来自物理实体的实时数据，借助各类人工智能算法，数字孪生体可以训练出面向不同需求场景的模型，完成后续的诊断、预测及决策任务，甚至在物理机理不明确、输入数据不完善的情况下也能够实现对未来状态的预测，使得工业数字孪生体具备"先知先觉"的能力。而工业数字孪生技术是指通过建立现实世界与数字虚拟世界的联系，实现实时仿真、预测和优化，以提高工业生产效率和质量。虚拟现实技术的发展带来了全新的人机交互模式，提升了工业数字孪生可视化效果。

因此，人机交互技术得以在工业数字孪生应用的原因如下：

（1）人机交互技术在工业数字孪生技术中提供了直观的可视化界面。通过虚拟现实和增强现实等技术，工业从业人员可以用更直观的方式观察和操控数字孪生系统。他们可以通过戴上VR头盔进入一个虚拟的工厂环境，实时观察生产线的运行情况，并进行操作和调整。这种直观的可视化界面使工业从业人员能够更好地理解工业过程，快速做出决策。

（2）人机交互技术还提供了自然语言处理和语音识别等技术，使工业从业人员可以通过语音与数字孪生系统进行交互。他们可以通过语音命令获取特定的信息，如查询设备状态、获取生产数据等。同时，数字孪生系统也可以通过语音合成技术将分析结果和建议反馈给工业从业人员，实现更便捷的沟通与合作。

（3）人机交互技术还包括手势识别和触摸交互等技术，使工业从业人员可以通过手势或触摸屏与数字孪生系统进行交互。他们可以通过手势操作来调整参数、旋转模型或放大/缩小视图，从而更灵活地控制和操作数字孪生系统。这种直观的交互方式简化了工业操作的复杂性，提高了工作效率。人机系统模型图如图2-16所示。

总之，人机交互技术在工业数字孪生技术体系中发挥着重要作用。工业数字孪生依靠数字化等技术构建数字模型，利用物联网等技术将物理世界中的数据和信息转换为通用数据，将AR/VR/MR/GIS（增强现实/虚拟现实/混合现实/地理信息系统）等技术完全结合，再现数字世界中的物理实体。在此基础上，将工业数字孪生描述，诊断预调整/预测，利用AI、大数据、云计算等技术的智能决策等常见应用赋能到智能制造的行业。由此可见，人机交互技术是工业数字孪生生态系统的底层核心技术之一。其必要性主要体现在工业数字孪生生态系统中的海量数据处理和系统自我优化，使工业数字孪生生态系统有序且智能地运行，是工业数字孪生生态系统的中心大脑。

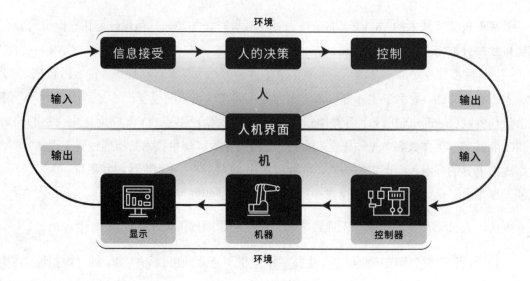

图 2-16   人机系统模型图

3. 什么是人机交互

一个多学科的实践，注重用户（人）和计算机之间的交互，以及计算机交互界面的设计。HCI领域的研究人员观察了人类与计算机交互的方式，并设计了使人类以新颖方式与计算机交互的技术。系统可以是各种各样的机器，也可以是计算机化的系统和软件。人机交互界面通常是指用户可见的部分，用户通过人机交互界面与系统交流并进行操作，小如收音机的播放按键，大至飞机上的仪表板或是发电厂的控制室。

人机交互技术研究了人类使用或不使用计算机工作时系统和基础设施的运行方式。该领域的许多研究都试图通过提高计算机接口（Computer Interfaces）的可用性来改善人机交互。如何准确地理解可用性，它如何与其他社会和文化价值相关联，何时可以使用，何时可用性可能不是计算机界面的理想属性，等等，这些争论越来越多。

人机交互的目标是生产安全可用的功能性系统。为了让生产的计算机系统具有良好的可用性，研究者必须尝试和了解：

- 了解决定人们使用技术的因素有哪些。
- 开发工具和技术来构建合适的系统。
- 实现高效、有效和安全的交互。
- 把人放在第一位。

在人机交互的整个主题之下是这样一种信念：使用计算机系统的人应该排在第一位。人们不应该为了适应系统而改变他们使用系统的方式；相反，系统的设计应该符合人的需求，即用户中心设计思想（User-Centered Interaction Design）。

人机交互系统的主要组成如图2-17所示。

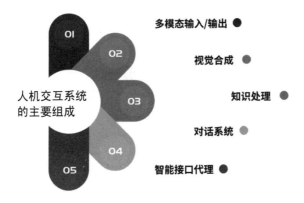

图 2-17　人机交互系统的主要组成

- 多模态输入/输出：多模态输入包括键盘、鼠标、文字、语音、手势、表情、注视等多种输入方式；多模态输出包括文字、图形、语音、手势、表情等多种交互信息。
- 视觉合成：使人机交互能够在一个仿真或虚拟的环境中进行，仿佛现实世界中人与人之间的交互。
- 知识处理：自动地提取有组织的、可为人们使用的知识。
- 对话系统：主要有两种研究趋势，一种以语音为主，另一种从某一特定任务区域入手，引入对话管理概念，建立类似人人对话的人机对话。可通过该系统，轻松把握状态信息。
- 智能接口代理：智能接口代理为实现人与计算机交互的媒介。

人机交互的主要特点如下：

- 基于语音的智能人机交互是当前人机交互技术的主要表现形式，语音人机交互过程包括信息输入和输出的交互、语音处理、语义分析、智能逻辑处理以及知识和内容的整合。
- 与传统用户界面相比，引入了视频和音频之后的多媒体用户界面，最重要的变化就是界面不再是一个静态界面，而是一个与时间有关的时变媒体界面。
- 从向用户呈现的信息来讲，时变媒体主要是顺序呈现的，而我们熟悉的视觉媒体（文本和图形）通常是同时呈现的。在传统的静止界面中，用户或是从一系列选项中进行选择（明确的界面通信成分），或是用可再认的方式进行交互（隐含的界面通信成分）。

结合语音人机交互过程，可以看出人机交互关键点主要有（见图2-18）：

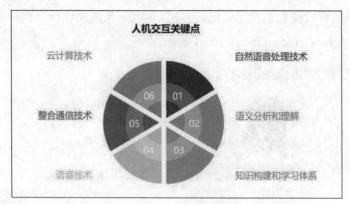

图 2-18 人机交互关键点

- 自然语音处理技术：包括中文分词、词性标注、实体识别、句法分析、自动文本分类等技术。
- 语义分析和理解：包括知识表示、本体理论、分领域的语义网络、机器推理等。
- 知识构建和学习体系：包括搜索技术、网络爬虫、数据挖掘、知识获取、机器学习等技术。
- 语音技术：包括语音识别、语音合成和声纹识别等。
- 整合通信技术：包括跨平台即时通信整合技术、超大负载消息集群处理技术、移动客户端开发技术。
- 云计算技术：包括海量数据分布式存储、统计和分析技术。

人机交互领域的许多研究聚焦于以下几个方面：

- 用于设计新的计算机界面的方法，从而针对所需的属性（如可学习性、可发现性、使用效率）进行优化设计。
- 用于例如通过软件库实现接口的方法。
- 用于评估和比较接口的可用性和其他所需属性的方法。
- 确定用户是人还是计算机的方法。
- 人机使用的模型和理论，以及用于设计计算机接口的概念框架，例如认知主义用户模型、活动理论或人机使用的民族方法论。这些观点可以批判性地反映计算设计、计算机使用和人机交互研究实践基础的价值观的观点。

这一领域的研究人员试图实现的愿景各不相同。从认知主义的角度来看，HCI的研究人员可能会寻求将计算机接口与人类活动的心理模型结合起来。当追求后认知主义的观点时，人机交互的研究者可能会寻求将计算机界面与现有的社会实践或现有的社会文化价值相结合。

HCI的研究人员感兴趣的是开发设计方法、实验设备、原型化软件和硬件系统、探索交互范例，以及开发交互的模型和理论。

2.5.2　技术体系

1. 人机交互技术的发展方向

人机交互技术主要发展方向包括触控交互、声控交互、动作交互、眼动交互、虚拟现实输入、多模态交互以及智能交互等。

1）触控交互

目前有4种技术方式能实现触控交互，即电阻式触控技术、电容式触控技术、红外触控技术和表面声波触控技术。

2）声控交互

语音识别是将音频数据转化为文本或其他计算机可以处理的信息的技术；语音合成就是将一系列的输入文字信号序列经过适当的韵律处理后，送入合成器，产生出具有尽可能丰富的表现力和高自然度的语音输出，从而使计算机或相关的系统能够像"人"一样发出自然流利的声音的技术。

3）动作交互

动作交互分为手势识别和姿势识别。手势识别，手势可定义为人手或者手和手臂相结合所产生的各种姿态和动作，它分为静态手势（指姿态，单个手形）和动态手势（指动作，由一系列姿态组成），前者对应模型空间里的一个点，后者对应一条轨迹。相应地，可以将手势识别分为静态手势识别和动态手势识别。

姿势识别常用的算法有三类：

（1）基于模板匹配的身体姿势识别方法；

（2）基于状态空间的身体姿势识别方法；

（3）基于语义描述的身体姿势识别方法。

4）眼动交互

眼动交互利用人工智能技术提高眼动计算的精度和效率，对人的感知和认知状态进行深入理解，构建"人在回路"的智能人机交互框架，实现用户主导的自动化系统、基于人机共生的AI系统。常用的几种眼动交互方式主要有驻留时间触发、平滑追随运动、眨眼和眼势。

5）虚拟现实输入

文本输入作为重要的交互技术，为应用提供了重要的交互体验。目前已经开发了多种适用于虚拟现实的文本输入技术，主要包括实体键盘技术、虚拟键盘技术、新型输入技术（手部输入技术、圆形键盘输入技术、立体输入技术）。

6）多模态交互

不同形式的输入组合（例如语音、手势、触摸、凝视等）被称为多模态交互模式，其目标是向用户提供与计算机进行交互的多种选择方式，以支持自然的用户选择。相较于传统的单一界面，多模态界面可以被定义为多个输入模态的组合。

7）信息无障碍中的智能交互技术

信息无障碍（Information Accessibility）是一个学科交叉的技术和应用领域，旨在用信息技术弥补残障人士生理和认知能力的不足，让残障人士可以顺畅地与他人、物理世界和信息设备进行交互。

而虚拟现实技术的发展带来了全新的人机交互模式，提升了可视化效果。传统平面人机交互技术虽然也在不断发展，但仅停留在平面可视化。新兴AR/VR技术具备三维可视化效果，正加快与几何设计、仿真模拟融合，使数字空间的交互更贴近物理实体的实现途径，有望持续提升工业数字孪生的应用效果。如西门子推出的Solid Edge 2020产品，新增了增强现实功能，能够基于OBJ格式快速导入AR系统，提升3D设计外观感受，将COMO SWalkinside 3D虚拟现实与SIMIT系统验证和培训的仿真软件紧密集成，缩短工厂工程调试时间；扫描3D模型并转换为AR引擎兼容的格式，实现工业数字孪生沉浸式应用。

2. 人机交互的技术体系

在工业数字孪生中，人机交互技术体系如图2-19所示。

图 2-19　人机交互技术体系

人机交互技术包括多种技术手段，如自然语言处理、手势识别、虚拟现实等，并以此为基础，进一步实现了计算机在人机交互过程中的更加人性化、高效和易用性。

而虚拟现实技术是工业数字孪生的推动力，是一种需要完全沉浸于虚拟环境或情境中的计算机应用程序。在虚拟现实环境中，用户可以通过触觉、声音和视觉等多种感官体验到出色的现实感，并且不受地理位置和物理环境的限制，如图2-20所示。

图 2-20　虚拟现实技术

从理论上来讲，虚拟现实技术是一种可以创建和体验虚拟世界的计算机仿真系统，它利用计算机生成一种模拟环境，使用户沉浸到该环境中。即虚拟现实技术将现实生活中的数据通过计算机技术转变为电子信号，然后将它们与各种输出设备结合，转化为能够让人们感受到的现象，这些现象可以是现实中真真切切的物体，也可以是我们肉眼所看不到的物质。

真正的虚拟现实能够给我们带来与现实世界相同的视觉、听觉，甚至触觉感受，所以也有人说有智慧的世界才是真正的第二世界。当高度发展的人工智能与虚拟现实相结合时，虚拟世界将会拥有生命和智慧，为我们带来更多不可思议的神奇体验。

VR = Virtual Reality = 虚拟现实，俗话说就是"你看到的一切都是虚拟的"。体验者通过佩戴头盔之类的设备，可以看到计算机生成的一个三维的、封闭的、与现实世界隔绝开的空间，将听觉、视觉等感官上的意识代入一个虚拟的世界，有十足的沉浸感与临场感。

AR = Augmented Reality = 增强现实，可以理解为"看到的既有真实世界，也有虚拟世界"。AR是真实世界和数字化信息的融合，通过计算机技术将虚拟的信息应用到真实世界，真实的环境和虚拟的物体可以实时叠加到同一个画面或空间，同时存在。AR的目标是在屏幕上把虚拟世界套在现实世界并进行互动，以此来增强现实环境。

MR = Mix Reality = 混合现实，即VR与AR的结合。MR是指通过全息图将现实环境与虚拟环境进行混合,它是合并现实和虚拟世界而产生的新的可视化环境,在这个环境中虚拟物体和真实物体很难被区分。在新的可视化环境里物理和数字对象共存,并实时互动。

如果用一个区间图来表示这三者的联系,以及它们与虚拟、现实的边界,那么可以表现为如图2-21所示。

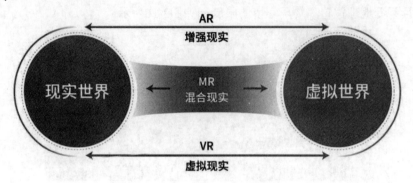

图 2-21   AR、VR、MR 三者的关系

与VR相比而言,MR不会让我们进入一个完全封闭的、虚拟的世界,它会把数字生成的虚拟物件或场景带进我们的现实世界中,因此MR也带来了更为独特的混合体验。

1)VR 的特征

VR的特征如下:

(1)多感知性(Multi-Sensory):所谓多感知性是指除了一般计算机技术所具有的视觉感知之外,还有听觉感知、力觉感知、触觉感知、运动感知,甚至包括味觉感知、嗅觉感知等。理想的虚拟现实技术应该具有人类所具有的一切感知功能。由于相关技术,特别是传感技术的限制,目前虚拟现实技术所具有的感知功能仅限于视觉、听觉、力觉、触觉、运动等几种。

(2)沉浸感(Immersion):又称临场感,是指用户感到作为主角存在于模拟环境中的真实程度。理想的模拟环境应该使用户难以分辨真假,让用户全身心地投入计算机创建的三维虚拟环境中,该环境中的一切物体看上去是真的,听上去是真的,动起来是真的,甚至闻起来、尝起来等一切感觉都是真的,如同在现实世界中的感觉一样。

(3)交互性(Interactivity):交互性指用户对模拟环境内物体的可操作程度和从环境得到反馈的自然程度(包括实时性)。例如,用户直接用手去抓取模拟环境中虚拟物体,这时有手握着东西的感觉,并可以感觉物体的重量,视野中被抓的物体也能立刻随着手的移动而移动。

（4）构想性（Imagination）：强调虚拟现实技术应具有广阔的可想象空间，可拓宽人类认知范围，不仅可再现真实存在的环境，也可以随意构想客观不存在的甚至是不可能发生的环境。

2）AR的特征

AR的特征如下：

- 增强现实技术能有效地将虚拟场景和现实世界中的场景融合起来，并对现实世界中的场景进行增强，进而将其通过显示器、投影仪、可穿戴头盔等工具呈现给用户，完成物理、虚拟世界的实时交互，有效提升用户的感知和信息交流能力。

- 增强现实要求真实、虚拟环境实时交互、有机融合，并且能在现实世界中精准呈现虚拟物体。这与数字孪生技术中物理实体与镜像模型互联互通、虚实融合、以虚控实的特点高度契合，因而被广泛应用于数字孪生中。

- 增强现实的"增强"含义，有三个重要因素：

  （1）现实世界与虚拟世界双方信息都可被利用。
  （2）可实时且交互利用。
  （3）虚拟信息以三维的形式对应现实世界。

3）MR的特征

MR的特征如下：

- 混合现实是增强现实技术的进一步发展，该技术通过在虚拟环境中引入现实场景信息，在虚拟世界、现实世界和用户之间搭起一个交互反馈的信息回路，以增强用户体验的真实感。MR的主要特点在于具有空间扫描定位与实时运行的能力，它可以将虚拟对象合并在真实的空间中，并实现精准定位，从而实现一个虚实融合的可视化环境。

- MR是由数字世界和物理世界融合而成，这两个世界共同定义了被称为虚拟连续体频谱的两个极端。

- 在增强现实和虚拟现实之间实现的体验形成了"混合现实"。

- 在物理世界中放置一个数字对象（如全息影像），就如同它真实存在一样。

- 在物理世界中以个人的数字形式（虚拟形象）出现，以在不同的时间点与他人异步协作。

- 在虚拟现实中，物理边界（如墙壁和家具）以数字形式出现在体验中，帮助用户避开物理障碍物。

2.5.3　小结

随着AR、VR等人机交互界面的高速发展，同时考量经济效益、执行实务性与总体环境趋势，短、中期元宇宙推动数字孪生的工业应用将聚焦于人员培训、远程维修、能源监控及预测性维护。工业数字孪生依赖于高效的人机交互技术，以便工程师和操作人员能够与虚拟模型进行互动。通过使用直观的图形界面、手势识别、触摸屏等技术，用户可以方便地操作和控制数字孪生系统，实时查看和修改虚拟模型的参数和状态。将人机交互技术与其他技术相结合，如人工智能、物联网等，可以进一步增强人机交互的能力和系统的智能化。AI算法可以对大量的模拟数据进行分析和学习，从中提取规律和优化方案；而IoT技术可以将实际设备与数字孪生系统进行连接，实现实时数据的采集和监测。

虚拟实体是物理实体在数字空间中的真实、客观、完整的映射，是工业孪生数据的载体，基于数字孪生的智能系统构建了物理实体的高拟实性虚拟模型，提供了海量逼真的虚拟场景/模型/数据来源、高实时性和可靠的数据传输手段，并定义了智能系统的新范式及新应用，VR、AR、MR技术及智能硬件则依靠三维注册技术、虚实融合显示技术与新兴的智能交互技术，以全新、超现实、更高层次的可视化形式呈现。

未来的人机交互模式会是多模态的。围绕"多模态"是基于多通道或多模态感知理论的手语识别，将面部识别、手势动作识别和手语识别相融合，用以提高手语识别精度。另外，通过多模态手段，可以使机器人获知人类当前的状态。

VR、AR、MR技术为用户提供了包含视觉、听觉、触觉等多感官的体验，形成真实世界中无法亲身经历的沉浸式体验，便于用户及时、准确、全方位地获取目标系统的基本原理与构造、运转情况、变化趋势等多方位信息，帮助用户更好地进行系统决策，最终以一种启发式的方式来改进系统性能，激发创造灵感，将各类应用往更加智能化、个性化、快速化、灵活化的方向发展。

总之，人机交互作为工业数字孪生的引领技术，其作用已经为产业界所普遍认识，多种自然交互技术和新型交互终端相继面世，但图形用户界面仍是交互的主导模式。在新兴技术不断迭代、ChatGPT不断更新发展的情况下，人机交互的研究和开发还有很大空间，自然高效的交互是发展趋势，需要综合地探索自然交互技术的科学原理，建立明确的优化目标，结合智能技术发展高效可用的自然交互技术。

2.6　参考资料

［1］刘大同，郭凯，王本宽等.数字孪生技术综述与展望［J］.仪器仪表学报，2018，39（11）：1-10.

［2］黄海松，陈启鹏，李宜汀等.数字孪生技术在智能制造中的发展与应用研究综述［J］.贵州大学学报（自然科学版），2020，37（5）：1-8.

［3］安世亚太.数字孪生体技术白皮书［EB/OL］.［2021-05-02］.https://www.sohu.com/a/428812355_654086.

［4］中国电子信息产业发展研究院.数字孪生白皮书（2019）［EB/OL］.［2021-05-02］.https://www.518doc.com/p-5250.html.

［5］中国信息通信研究院.中国数字经济发展白皮书［EB/OL］.［2021-05-02］.https://new.Qq.com/omn/20210427/20210427A006OA00.html.

［6］郭亮，张煜.数字孪生在制造中的应用进展综述［J］.机械科学与技术，2020，39（4）：590-598.

［7］陈岳飞，肖珍芳，方向.数字孪生技术及其在石油化工行业的应用［J］.天然气化工（C1化学与化工），2021，46（2）：25-30.

［8］高志华.基于数字孪生的智慧城市建设发展研究［J］.中国信息化，2021（2）：99-100.

［9］张新长，李少英，周启鸣等.建设数字孪生城市的逻辑与创新思考［J］.测绘科学，2021，46（3）：147-152，168.

［10］李欣，刘秀，万欣欣.数字孪生应用及安全发展综述［J］.系统仿真学报，2019，31（3）：385-392.

［11］刘阳，赵旭.工业数字孪生技术体系及关键技术研究[J].信息通信技术与政策，2021，47（1）：8-13.

［12］孪生世界企业联盟，易知微科技有限公司，数字孪生世界白皮书（2022版）.

［13］国家电网.新型电力系统数字技术支撑体系白皮书（2022版）.

［14］贺东东、叶菲、徐作栋.工业数字孪生建模与应用[M].北京：机械工业出版社，2022.

［15］中国电子技术标准化研究院.信息物理系统白皮书（2017）[EB/OL].http://www.cesi.cn/images/editor/20171010/20171010133255806.pdf.

［16］余志强，陈嵩，孙炜等. MBD技术在我国飞机三维数字化设计制造技术的应用研究[EB/OL]. https://www.elecfans.com/d/1957066.html.

［17］数字孪生体联盟标准工作组. 数字孪生体概念和术语体系团体标准实施稿[R]. 2020，12.

［18］安世亚太科技股份有限公司，数字孪生体实验室.数字孪生体技术白皮书（2019）.

［19］李欣，刘秀，万欣欣.数字孪生应用及安全发展综述［J］. 系统仿真学报，2019，31（3）：385-392.

［20］KESQ，XIANGF，ZHANGZ，etal. AenhancedinteractionframeworkbasedonVR，ARandMrindigitaltwin［J］.ProcediaCIRP，2019（83）：753-758.

［21］袁保宗，阮秋琦，王延江等.新一代（第四代）人机交互的概念框架特征及关键技术[J]. 电子学报，2003(S1)：1945-1954.

［22］百度文库.人机交互发展历史[EB/OL]. https://wenku.baidu.com/view/faeda09d0a1c59eef8c75fbfc77da26924c596ee.html.

［23］郭小爽. 人机交互中的动态手势识别及应用研究[D]. 西安电子科技大学，2014.

［24］孟祥旭等.人机交互基础教程[M]. 北京：清华大学出版社，2016.

［25］Golden Krishna.无界面交互：潜移默化的UX设计方略[M]. 杨名，译. 北京：人民邮电出版社，2017.

［26］王剑.增强现实眼控交互技术的研究及应用[D]. 西北工业大学，2015.

第 3 章

工业互联网支持下的
数字孪生车间构建

3

车间管理的理论已提出并发展多年，虽然世界各制造大国对于车间的研究侧重点和背景不尽相同，但其共同目标之一是实现制造的现实世界和信息之间的全面互联与数据的深度融合。我国提出"中国制造2025"战略，大力推动智能制造新模式的研究与探索，推动制造业转型升级，车间作为智能制造的落地先驱，其智能化程度是研究的重点。

3.1 数字孪生车间管理的相关理论

本节将从车间管理的发展及需求、数字孪生车间的概念及应用等方面对车间管理的相关理论进行阐述。

3.1.1 车间管理的发展及需求分析

车间管理的发展以信息化及自动化程度来划分，可分为四个阶段：

第一个阶段是没有信息化手段的干预，仅仅是靠人工在真实的物理环境中对物理实体进行操作，生产的管理依靠人工管理，生产活动的安排及管控依据管理人员的主观经验，通过手动调节的方式调整和优化生产工艺流程。这一阶段的车间管理依据个人经验的情况较为突出，没有生产数据的支撑，主观性比较强，因此在生产中容易出现问题，并难以主动管理，均需要出现问题后被动应对。

随着计算机和信息技术的迅速发展，车间管理也发展至以信息技术为主要管理手段的第二个阶段。该阶段包括多种企业信息及资源管理系统和车间生产的信息管理系统，比如企业的财务管理系统、订单管理系统、人力资源管理系统等，生产车间的设备管理信息系统、产品质量管理系统、物料出入库管理信息系统等。这些系统对生产要素的管理从纸质记录发展到计算机录入，在一定程度上降低了业务管理人员的工作强度，对生产资源进行了量化管理，但是业务数据仍然需要大量人工管理，并且存在相当大的差错率，生产车间的数据仍是人工的阶段性静态管理。除此之外，这些依据某项工作需求而产生的业务系统之间是相互独立的，使得企业决策层无法全面地掌握车间的完整情况，导致难以做出准确的判断与决策。

在第二阶段的背景下，为实现各业务系统的联动管理，ERP（企业资源计划）系统与MES（制造执行系统）被相继提出，初步形成了较为全面的车间整体管理体系，这也进入了车间全面管理的第三个阶段。随着设备的不断更新，从自动化设备发展成为数字化设备，车间管理体系也日趋成熟，但是诸多企业即使使用了先进的数字化设备，但是并没有深入应用，未将设备入网，也未实现设备互联，当面对多批少量的订单时，仍然会出现物料无法及时供应生产、产品质量全周期管理难以实现等问题。将工业互联网技术应用于制造企业，企业可以根据实际需求，围绕具体场景，利用数据，依托车间管理平台，将作业人员、生产设备、生产线与生产环境等车间的要素实现共融，形成跨设备、跨系统的互联互通，并将数据呈现在车间管理平台上，实现生产数据的实时动态采集、统计与分析，并将数据应用于生产决策中，从而提高车间的生产制造效率。

前三个阶段实现了对物理空间的改进，实现了设备的数字化，但是仅仅是物理空间的数据在信息系统进行展示和分析，仍需要将决策与生产指令通过人工进行传达，仍未实现车间管理的实时交互与虚实同步映射，更不能将实时数据进行分析和处理，并反向作用于生产，因此车间管理的发展需要进入第四阶段，即数字孪生车间的构建。

通过车间管理的发展阶段分析可知，传统的车间管理经历多年发展已经形成了完整的车间管理体系框架，但是仍未实现全面的智能化，因此需要在大数据、工业互联网、物联网等新兴技术的支持下进行数字孪生车间的构建。以车间数字孪生系统为核心，连通已有的ERP、MES、WMS（仓储管理系统）等业务管理系统，打通数据壁垒，实现车间内部信息的流畅传输，通过对生产数据的深入应用和分析实现车间制造的生产活动管理、计划预测及管控与优化，使得车间具备虚实联动的良好效果，能实现智能化的排产与调度，车间的业务人员、管理人员及负责企业运营决策的领导都可以从不同的层面、不同的维度及时、实时、准确地了解各设备、各生产线、各车间及企业整体的运行状态及量化的生产效率。通过大量的数据积累后进行数据挖掘，可实现对生产流程、工艺的迭代优化，可以对工厂的整体运行状态进行实时动态调整，从而提升工厂的产出效率及整体效益。人工决策辅以智能优化，以人机交互的协作方式，提升车间生产的智能化程度，实现生产现场的随时随地"监视"与生产设备的智能化"控制"，从而为企业打造真正的数字孪生车间。这也是智能制造的重要基础。

3.1.2　数字孪生车间的概念及应用

2003年，美国密歇根大学的Grieves教授在产品全生命周期的管理课程中提出了数字孪生这一概念。随着数字孪生概念的不断深入研究，美国国防部在航天飞行器的健康维护管理中应用了数字孪生这一概念，并且对数字孪生概念进行了更为细致的定义与描述。他们认为，数字孪生技术对航天飞行器的管理是通过构建和物理实体完全映射的仿真模型来进行的。模型需要包括各维度的实时数据、多尺度的衡量指标以及针对事件全过程的仿真（模型中实时数据是利用物联传感设备获取的以及生产过程中产生的数据），实现对物理实体的全生命周期的过程管理。

通过对数字孪生概念的深入研究及细化定义，不难发现数字孪生具备如下几个特点：

（1）数字孪生是对物理对象的多维度真实数据的汇聚，是对物理实体的真实映射，强调数据及实体的真实性与忠实性。

（2）数字孪生应用场景下的数据，是随着物理对象实际变化产生的，由生命周期的不断更新和历史数据的积累共同组成，强调数据的实时性与历史性并存。

（3）数字孪生技术的应用目的并不仅仅是对物理对象的仿真描述及数据的实时映射，更为重要的是将模型与数据结果进行分析，从而基于模型对物理对象或产生过程进行优化。

车间作为制造业最主要的生产场地，是生产资源、生产过程、生产数据等各类信息及数据的集中产生及汇聚地，从管理角度来看，车间无疑是生产制造管理中的重要单元。对于车间的管理，主要聚焦于资源的管理、人员的管理及设备的管理等，如何实现车间生产的有序进行，如何做到对异常设备的预警及合理推断，如何迅速响应突发事件，使得车间的管理处于稳定、安全及可控的状态，是车间管理的重中之重。

数字孪生车间构建是基于生产设备的数字化、检测设备的实时数据传输等方式，以及硬件设备的支持，将原有的被动发现的管理模式改为主动预警，可降本增效，对生产过程中的异常迅速做出响应。数字孪生车间是基于物理车间与信息空间的虚实交互，通过对人、设备、物料及物品、环境等相关生产资源与生产流程进行仿真、可视化、管理及优化等工作，并可对物理空间的生产设计、工艺流程及生产管控进行信息化管理，实现高效精细、可视化的管理。这样将传统的规划设计及优化转化为精确的仿真设计与优化，通过更可靠的手段来达成降本增效和精细化设计与协同管理的目的。陶飞等提出了数字孪生车间的概念，学者们普遍认为数字孪生技术将成为车间管理发展中的一种新模式，数字孪生车间将在虚拟车间与物理空间实现数据的融合与实时交互。陶飞等将数字孪生的主要组成部分分为物理车间、虚拟车间、孪生数据和车间服务系统四大部分，并且详细地阐述了数字孪生车间的概念、运行模式及构建数字孪生车间应用到的关键技术等。

对于数字孪生车间的研究，众多学者和企业的思路较为一致，均是从数据获取、基于实时映射的物理车间模型的数据管理和历史数据的积累及驱动下的数据挖掘应用，最终实现对车间的生产状态的监测、对生产过程的控制以及生产优化和整体效益的提升。当前对数字孪生理念与技术的应用已经在很多领域都得到了验证。比如Grieves教授在美国国家航空航天局相关系统中应用了数字孪生理念，将物理实体与虚拟模型进行一一映射，通过数字孪生系统搭建仿真模型对物理系统中可能出现的故障进行预测及原因的分析，并积极探求故障的解决方法及整体的优化方案。比如，美国空间研究实验室架构科学研究中心利用数字孪生技术，搭建1:1的飞机仿真模型，结合可能影响飞行的结构偏差和温度模型，进行仿真运行，从而对飞机的各结构寿命进行合理预测。

美国参数技术公司是一家为客户提供研发设计、销售策略制定和个性化软件开发整体解决方案的服务商，该公司可以为生产制造企业按需提供先进的产品，助力其迅速走向并抢占市场。数字孪生概念问世以来，美国参数技术公司结合自身业务需求，基于数字孪生技术，建立虚拟世界与现实世界的实时的、可靠的链接，应用这种链接可以在线为客户提供良好的产品售后服务与支持，并有效提升用户的服务满意度。西门子公司提出的"数字化双胞胎"概念与数字孪生技术如出一辙，也是对制造业的制造车间、仓储等物理对象构建虚拟仿真模型，并整合制造流程及生产系统模型，利用物联设备进行数据采集，实现从产品的前期设计到生产制造再到维护管理的全周期数字化。达索公司针对较为复杂的产品的用户交互需求，在制造业行业、生命科学与医疗行业以及基础设施和保障行业进行探索，建立了数字孪生的3D可视化体验平台，开放给用户并根据用户体验后的反馈对信息世界的设计模型进行更新迭代，进而改造物理世界中的产品实体，这项应用在飞机雷达的研究中进行了验证。

通过对数字孪生理念在各行业中的应用分析可知，数字孪生是一种可以将物理世界及信息充分映射至虚拟空间进行可视化管理的有效技术手段。近些年大家所熟知的工业4.0、中国制造2025、工业互联网等理念在发展过程中面临着车间的物理对象与信息世界的实时交互与充分融合的问题。因此数字孪生车间的概念与应用显得尤为重要。

3.1.3　虚拟车间、数字车间与数字孪生车间的比较

随着车间管理的理论及相关技术的发展,智能车间技术已经从原来的物理空间拓展到了信息空间,期间出现了新的与车间相关的概念,比如较为主流的虚拟车间、数字化车间和数字孪生车间3种车间管理的名词。

虚拟车间是将物理车间中的实体进行建模,比如对物理空间中存在的物料、各类运输及生产设备、生产及管理人员、产品等客观实体创建高精度模型,并对车间的生产行为创建行为模型,对车间的运行及演化规律创建相应的规律模型。虚拟车间可以接收车间服务系统的生产指令,并严格按照规律模型进行仿真模拟,对选定的生产方案下发指令,实时监控直至完成生产活动。这样就可以集成车间的全部生产要素,实现对现实中物理车间在空间上的虚拟信息映射。这样创建的虚拟车间其仿真结果与物理信息是高度一致的,因此,虚拟车间提供的仿真信息较为可靠,不同的工序或不同部门的生产人员可依据这个高度可靠的仿真车间进行协同工作。但是虚拟车间更强调的是从物理空间采集数据构建仿真模型,却很少进行虚拟车间对物理车间的操作控制。因此,虚拟车间常被应用于设备维修或管理教学等,作为指导性的单向输出场景进行应用。

数字化车间强调在信息化的基础上,通过应用机器人或智能制造设备,辅以PLC(可编程逻辑控制器)等智能控制系统,通过网络进行物联设备数据的传输,业务系统对实时数据进行应用。简而言之,数字化车间可实时采集数据并强调数据之间的互联互通,通过采集和呈现的数据对现有的生产流程或管理进行反向优化和提升内部数据价值。对于数字化车间而言,一部分数字化体现在车间生产的控制,另一部分则体现在现场设备管理、数据采集和现场监控。通过数据的积累、沉淀及深入分析,可应用数据进行产品设计的改进、生产工艺流程的优化及生产资源的高效管理。数字化车间实时交互较低,更侧重于数据的采集,并利用数据进行决策支持。

数字孪生车间主要由物理车间、物理车间产生的数据、虚拟车间及业务系统构成,相较于数字车间和虚拟车间来说,数字孪生车间既强调历史数据驱动生产流程及工艺的优化,又注重实时数据的采集与交互,可真正实现信息空间与物理空间的实时交互。

3.2　数字孪生车间构建的总体设计

数字孪生车间的构建不仅仅是对车间的要素进行建模，而是要在数字孪生技术的支持下，对车间进行三维可视化的管理，并依据实时的数据采集及历史数据的大数据分析对车间管理提供优化支持。因此，数字孪生车间的构建应是一项系统的、相互关联及支持的整体工作。在构建前期，需要先对数字孪生车间进行整体设计，明确工业互联网技术在数字孪生车间构建中的应用体现在哪些方面，并确定数字孪生车间的总体架构和在数字孪生的技术支持下的车间运行模式。这对数字孪生车间的建设起到了提纲挈领的作用。

3.2.1　工业互联网技术对数字孪生车间构建的支持

自工业革命以来，随着科学技术的不断发展和生产管理理念的持续进步，加工制造行业的管理前后经过了单机器生产阶段、流水线批量生产阶段以及近些年的信息化手段辅助生产阶段。目前，正处于工业化与信息化相互融合的新阶段，在大数据、数字孪生、物联网等新一代信息技术的推动之下，产生了数字孪生车间的概念。数字化车间的理念和建设方法正被更加广泛、更加深入地应用于加工制造业，使得对加工工艺仿真及设备的可视化管理实现加工制造过程的透明化，大幅提升了加工制造的水平。

数字孪生有两大关键点：一是物理实体和虚拟模型之间的双向连接；二是双向连接必须基于实时数据，物联网技术被认为是数字孪生必不可缺的技术。初期的数字孪生更多的是强调单个物理实体的数字孪生，仅需要物联网技术，并没有通过互联网技术实现设备之间的互联互通。当前的数字孪生应用已经呈现出网络化的特征，应用对象从单个系统演变为系统的集合。在网络化的背景下，工业互联网平台的作用开始被逐渐放大，工业互联网平台对数字孪生车间的构建支持主要体现在以下四个方面。

数字孪生车间实现的主要基础是实现数据融合。数据融合最大的难题是协议兼容性问题。工业互联网平台对数字孪生车间的构建支持第一方面体现在工业互联网平台提供了统一数据采集与处理的接口，可以降低解决协议兼容性问题的成本，实现设备与设备之间、产线与设备之间等的万物互联，并通过新兴的边缘计算等技术解决车间生产管理的实时性与可靠性问题。物理车间中的智能设备或生产线的业务系统等数据通过网络传输层传输至应用层进行数据汇聚及分析处理，最终可将数据发送至1:1建模的仿真虚拟车间。

第二方面体现在降低了建模难度。工业互联网平台不仅可以内嵌大量的机理模型,而且提供了层次化、配置化的建模方法,能够适应海量、变化的网络数据。

工业互联网平台对数字孪生车间的构建支持第三方面体现在具有实时性。工业互联网平台提供适应不同网络应用场景的数据处理机制,提供流批一体的数据计算引擎,能够按需配置数据计算服务,通过网络传输层的数据准确传递、边缘计算的强大快速计算能力以及业务系统与智能设备设施的联动管理,帮助工程技术人员快速建立物理实体和虚拟模型的双向通道,可以实现物理车间与虚拟车间的实时同步,大幅降低实时计算服务的构建成本和使用成本。

工业互联网平台对数字孪生车间的构建支持第四方面体现在基于云的部署模式可以适应不同的计算规模要求。工业互联网对数字孪生车间的构建支持不仅仅是呈现实时虚实同步,也不是要取代现有的软件或者生产体系,更不是要取代现有的架构。工业互联网追求的是"优化",从物理车间实时采集汇聚的数据里面提取价值,将虚拟车间中完成的仿真设计、工艺流程的优化等结果及执行命令可以反作用到物理车间,具体执行还是需要通过现有的工业软件,将数据得到的洞察反馈到生产系统里面中去。这个过程中数字孪生的采集、存储、模型的设计和应用都会变得更加复杂,对系统的软硬件要求也会越来越高。工业互联网平台基于云的部署模式可以有效地解决这类问题。

工业互联网所指的"万物互联"并不是将物理空间中客观存在的实体实现互联互通,而是将客观空间与建立的信息系统空间进行一一映射,并建立实时连接的通道。对于数字孪生车间的外界交互而言,工业互联网技术可以帮助包括从设备到设备,从系统到系统,从设备到系统,从系统到设备等多源异构的数据实现交互,从而真正实现车间内的万物互联。因此,工业互联网技术在数字孪生车间的建设及在车间管理的应用中不可或缺,数字孪生技术的实现也会促进工业互联网技术的发展和应用推广。

3.2.2　数字孪生车间的总体架构

随着企业管理者对新兴信息技术的重视程度的提高,各制造企业都尝试进行合理和定制化的技术与工具的及时配备,摆脱传统的管理模式,利用信息化技术提高管理效率。然而,这仅仅是将物理车间的数据进行了采集,对数据的应用也停留在统计汇总阶段。因此,针对这一发展过程中的问题,需要加入数字孪生这一概念,由此设计基于数字孪生的智能车间的总体架构,如图3-1所示。

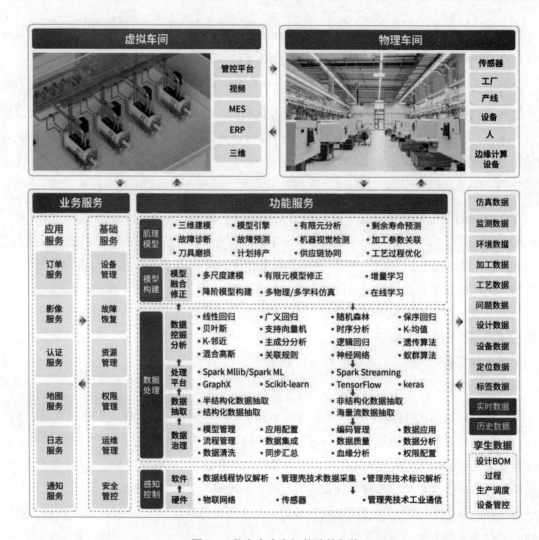

图 3-1　数字孪生车间的总体架构

通过数字孪生的整体架构不难看出，数字孪生车间是基于新一代信息技术和制造技术，将物理车间的实时运行状态同步映射至虚拟车间中，通过车间的业务系统连接物理车间和虚拟车间，并不断进行优化迭代。在实际的生产环境中，通过大量的生产数据的累积，利用大数据分析来模拟优化制造工艺流程，以提高生产效率和质量，降低生产成本，达到生产的管控最优。基于数字孪生的智能车间主要是由已有的物理车间、通过建模构建的虚拟车间、车间实时数据和车间应用服务等几个部分组成。其中物理车间是指车间内现有的物理实体的集合，包括了人员、生产线、生产设备、各类传感器及边缘计算设备等；虚拟车间则是物理车间在信息空间上的实时映射，除了能够展示设备的实时状态和数据之外，还可以接入视频监控、ERP、MES

等应用系统，综合展示分析车间的运行状态。综上所述，数字孪生车间的总体架构主要包括以下几个部分：

1. 孪生数据

车间的孪生数据既有各类传感器及监控设备的仿真、监控、生产流程、车间环境等生产的实时数据和历史数据，还包括了前期的设计BOM（物料清单）、生产过程的管控指令数据及车间内的温湿度、压力、流量、能耗等车间环境数据。车间的生产线可能存在大量的应用不同技术、来源于不同生产厂家的设备或业务系统，各厂商的多类型的设备接入和数据类型解析及格式难以统一。目前，工业互联网常用的多源数据获取技术包括基于OPC的统一架构、Modbus等。为了保证孪生模型与现场的实时交互，稳定、迅速、安全的数据采集方式尤为重要。因此，多源异构数据采集技术是数字孪生车间实现的基础。数据采集后的应用需要进行数据的传输，数字孪生车间中可靠的传输系统与系统架构中的网络传输层相对应。可靠的数据传输是连接数据采集设备与数字孪生和控制系统的桥梁，是整个智能车间的构建基础。可靠的数据传输层主要利用5G高速网络、光纤接入网等接收并汇聚数据。利用人工智能算法等对数据进行精准的分类和预处理，并根据不同功能和不同分任务采用多路径路由算法等进行数据的高速传输和准确分发，通过软件接口实现虚拟实体与服务的双向通信，监控数据实时动态映射，完成直接的指令传递、数据收发、消息同步，通过控制过程实现对物理实体的操作。

2. 功能服务

数字孪生的功能服务包括了感知控制、数据处理、模型构建及肌理模型。

- 感知控制：用于进行软硬件之间的数据交互，既能对硬件设备的状态及数据进行采集感知，又可以通过软件系统对硬件设备设施进行远程控制。
- 数据处理：在对物理车间的设备状态、人员信息、产品信息及物料等生产要素的数据进行有效采集及可靠传输后，庞杂的数据存在着结构不同、接口不同、语义不同等问题。为了实现对多源异构数据的统一接入，就需要进行数据的清洗、分析及处理，提取有价值的信息，并进行标准接口与协议的转换。数据展示层将处理后的数据以可视化的形式（多维的图表、报表、仪表盘等形式）展示给用户，方便用户进行监控和决策。
- 模型构建：模型构建主要是对三维模型进行融合修正处理。形成数字孪生模型后，可以通过仿真技术对物理车间的真实运行情况进行模拟，包括人员的实时操作、机器设备的运转状态、生产流程的进度等，可以为用户提供决策支持。历史数据的积累将反向作用于生活过程，提出优化方案。

- 肌理模型：通过三维建模的构建来建设模型引擎，实现有限元分析、设备故障预测、剩余寿命预测等模型的应用。

3. 业务服务

无论是数据的采集还是模型的创建，其最终目的都是将数字孪生技术应用于各种管理系统，如将模拟仿真与生产计划制定相结合，将设备维护与故障诊断预测管理相结合，将生产的全周期数据进行采集、融合，将各阶段的应用系统进行整合等，通过数字孪生技术更加全面、精准地掌握生产过程，提高生产效率、降低成本，以助力企业在激烈的市场竞争中占据优势。

3.2.3　数字孪生车间运行模式

从车间的管理角度来讲，对于生产的管理一般以生产任务为最小的管理单元，一个生产任务则是由生产要素、生产活动计划及生产过程控制三个方面构成。数字孪生车间的运行可以依据车间要素管理、生产计划管理、生产过程管理三个阶段进行划分，如图3-2所示。本节将从这三个阶段对数字孪生车间的运行机制进行分析和阐述。

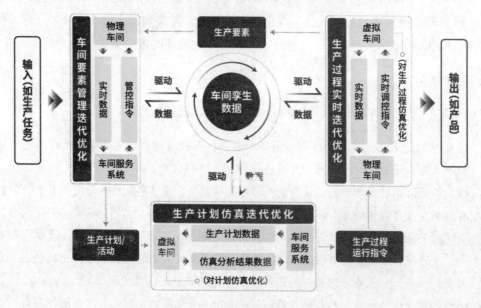

图 3-2　数字孪生车间的运行模式

第一个阶段是对物理车间内生产要素管理的迭代优化，可以反映物理车间与车间各个应用系统的交互过程。在物理车间的运行状态下，当接收到输入信息时，车间的业务应用系统将在输入数据的驱动下进行生产要素的配置及管理,在对不同的业务系统之间的历史数据及新的输入数据进行分析后将提供满足当前任务需求及约束条件下的初始生产要素配置方案。基于数字孪生的车间场景下,则可通过业务系统实时获取物理车间的人力资源、设备状态及物料储备等各类生产要素的实时数据,并且在数字孪生车间平台中进行全要素状态的综合分析及预测评估,根据分析结果可对初始生产要素配置方案进行修正及迭代优化,最终进行方案的对比,选定方案后可在数字孪生平台上以指令的形式通过业务系统下达至物理车间,实现以虚控实的管控效果。物理车间接收到数字孪生平台的管控指令后,按照指令要求将涉及的生产要素调整后开始运行,车间的业务应用系统在运行过程中不断地采集实时数据,并对数据进行评估和预测,当实时数据与设定的生产方案出现允许范围之外的偏差时,虚拟车间的数字孪生平台将结合当前数据对设定的运行方案进行修正,并下发相应的管控指令。通过生产过程中的实时数据采集和对方案的迭代优化,实现对一个生产任务执行过程中生产要素的动态管理,以达到符合约束条件下的最优效果。基于第一阶段的实时数据及管控指令间的相互作用,将得到车间各要素的管理计划,将该阶段产生的数据对接至数字孪生数据库,为后续各阶段的生产计划及执行提供数据基础。

第二个阶段是对生产计划的管理。通过车间的业务应用系统与虚拟车间交互,实现生产计划的仿真迭代优化。在该过程中,主要是通过虚拟车间的仿真优化进行优化,虚拟车间接收了第一阶段生成的初始生产计划,并接收物理车间的实时运行数据以及其他的关联数据,在多种数据的融合驱动下,基于选定的排程周期、滚动周期、排程模式、可容忍时间以及需要模拟的车间布局等关键的生产要素和行为规则模型,对生产计划进行模拟仿真、分析及优化,保证生产计划能够与产品全生命周期各环节及企业各层相关联,并且能够对车间内部及外部的扰动具有一定的预见性。虚拟车间将以上过程中产生的仿真分析结果反馈至车间的业务应用系统,车间的业务应用系统基于这些数据对生产计划做出修正及优化,并再次传至虚拟车间。如此反复迭代,直至生产计划达到最优。基于以上过程,第二阶段得到优化后的预定义的生产计划,并基于该计划生成生产过程运行指令。第二阶段中产生的生产计划的优化过程及结果数据将全部存储至车间的数字孪生数据库,并与已有数据融合作为后续阶段的有力驱动。

第三个阶段是对生产过程的管理。该阶段主要是通过对物理车间生产过程中的数据进行实时监测,并不断地迭代优化,在系统中提供交互与展示窗口,在数字孪生车间中反映物理车间与虚拟车间的交互过程。在该阶段,物理车间接收了第二阶段的生产计划及生产运行指令,按照生产指令开展生产。在实际生产过程中,物理车间会将生产的实时监测数据传到虚拟车间,虚拟车间会将自身的状态依据实时数据进行更新;把物理车间的实时数据与第二阶段制定的生产计划数据进行比对分析，如果这两组数据不一致，则需要以虚拟车间为标准，对物理车间运行的扰动因素进行判别，并将扰动因素作为考虑再次进行生产过程的模拟仿真。虚拟车间基于物理车间的实时监测生产数据、历史的生产数据、实时的仿真比对数据等多维度车间数字孪生数据，对生产过程进行分析、评估、优化及预测，并将最优的生产计划以实时的生产指令的形式对物理车间进行优化管控。经过虚拟车间、物理车间的交互、数字孪生车间的综合比对及实时仿真、反复迭代，可实现生产过程的最优。该阶段产生的数据也将存在数字孪生车间数据库，与已有数据融合作为后续阶段的驱动。

通过以上三个阶段的生产要素管理、生产计划管理及生产过程的管理，对车间生产的动态及静态要素和过程进行管理，并通过物理车间的运行得到生产成品。生产过程产生的数据也将存入车间的各业务应用系统中，并依据指令进行下一个生产任务。通过不同生产任务的三个阶段的迭代优化，数字孪生车间数据库的数据将不断地积累，将这些数据进行汇聚、清洗，并作用于车间的工艺流程优化及布局优化等，可助力于数字孪生车间的不断完善。

3.3　数字孪生车间构建的实施策略

数字孪生车间的建设包含数据建设、软件建设及支撑环境建设等方面。从软件层面来看，既有数字孪生车间管理系统的建设，又有与已有各业务系统的对接；从支撑环境来看，既有车间设备的集成与互联互通，又有车间网络的集成；从数据层面来看，既有基础数据的建库，又有层次化车间的建模和车间仿真运行的逻辑模型建模。因此，数字孪生车间的建设是一项复杂的系统工程，在建设数字孪生车间时，应制定科学可行的实施策略。

3.3.1　统筹规划，服务战略

智能制造是一个智能化的应用系统，也是一系列的服务。从设备的智能化到生产线的自动化，再到工厂的无人化智能生产，这只是企业的手段，并不是企业的目的。企业进行智能化建设的真正目的是降低成本，提高效率和产品质量，从而提高企业的竞争力。因此，数字孪生车间的建设也要在符合企业经营战略的基础上围绕这一目的开展。

数字孪生车间的建设不是千篇一律的，企业需要结合自身的实际需求，基于企业经营战略进行整体设计。设计前期，需要对企业的行业定位、企业规模及发展趋势、企业主营产品及特点、企业的盈利情况、企业的现状及亟待解决的问题和建设的目标进行综合考虑，这些因素对企业的数字孪生车间的建设路径及实施策略起到了决定性的作用。

数字孪生车间建设不仅是数字孪生新技术或数字孪生系统的建设，而是一个综合性工程。在数字孪生车间的建设过程中，需要结合现有生产自动化系统和网络信息化系统的建设现状，综合考虑生产计划调度、生产工艺流程、物料配送模式、精益生产管理、生产安全管理、环保要求等多种因素。因此，数字孪生车间的建设是一个涉及车间多层面，建成后也将影响到企业全层面的综合工程，在数字孪生车间建设过程中，必须具备全局概念和系统性思维。

3.3.2　聚焦痛点，扎实推进

为了降低成本、提高效率、快速响应市场需求，数字孪生车间的建设应从车间实际存在的痛点出发，以问题为导向，从生产管控角度建设数字孪生车间管理系统。该系统将提供设备、工艺等生产要素的管理能力，并可对生产工艺、布局、生产计划等方面进行迭代优化、挖掘潜力，最大程度地提高企业的生产效率和管理水平。

首先，需要分析痛点。针对不同的问题，需要制定不同的解决方案。比如，生产效率不高，可以考虑通过优化生产流程、提高生产设备的自动化水平等方式来提高效率；如果产品质量不稳定，可以从原材料的选择、生产设备的优化、质量控制方面入手，以确保每一步都符合高质量标准；如果生产过程不透明，可以通过引入信息化系统，实现数据共享和监控，以及加强内部沟通等措施来解决该问题。综上所述，建设的第一步是发现问题，并以问题为导向，根据不同的情况制定相应的解决方案。

其次，数字孪生车间的建设并不是一蹴而就的，还需要根据实施方案分步推进。数字孪生车间建设包含不同的建设内容，其建设实施的顺序需要取决于存在的问题、生产的特点、企业的基础及资金投入等多种因素，可先从急需解决的问题出发，或从较为容易解决的关键处着手开展，扎实落实。

3.3.3　以人为本，管理取胜

如前文所述，数字化孪生车间的建设并不仅仅是为了三维可视化，智能制造的建设也并不是单纯地用机器代替人工，而是利用自动化、数字孪生、网络化等新兴技术和建设理念，助力实现高效、绿色、低成本生产及服务，为生产人员对生产过程的管控提供有力抓手。

无论是业务应用系统的建设，还是智能设备的应用，均是以服务于人为出发点，而不是简单地替代人力、减少人力成本。因此，在数字孪生车间建设中，要树立以人为本的建设理念，以更好地发挥人的价值为基本出发点。另外，还要明确数字孪生车间建设的主体与应用对象不同。

车间的生产人员人数众多，可能还存在文化程度偏低的情况。因此，进行数字孪生车间建设时要充分考虑这一类用户的使用需求，建设的系统需要满足易用性、便捷性、安全性等。建设过程中以精益生产为指导思想，以最终使用者为中心，在流程优化、工艺优化等基础上，以自动化、数字化、网络化、智能化为手段，以降本提质增效为目标，以管理优化为突破口。通过数字孪生车间的建设实现精益化、智能化、高效化的生产模式，为企业智能化转型升级在车间层面奠定坚实的基础。

3.3.4 效益驱动，落地为王

在数字孪生车间的建设中，要以提高生产效益为目的。结合智能制造的理念，既要具备技术上的先进性和前瞻性，又要务实可靠，易于落地，充分吸取车间建设和改造的经验和教育，无须过多地加入对生产无作用的自传感设备、不值得信任的自决策分析以及与生产设备不匹配的自执行系统等诸多不符合车间生产实际的技术，所有的建设都将以现状和需求出发，围绕创造最终效益这一根本目的逐步落地。

3.4 数字孪生车间构建的实现方案

数字孪生车间的构建可以分为四个阶段：第一个阶段是以虚仿实，即将物理车间的设备设施及环境因素等进行建模，实现车间的透明化管理及生产要素可视化；第二个阶段是以虚映实，基于第一阶段创建的模型，通过与MES、设备监控系统、物联网集成，建立数据驱动仿真机制，实现实时生产数据驱动的三维虚拟可视化监控，并实现虚拟工厂与物理工厂的融合，即通过在三维虚拟工厂漫游来查看生产计划执行状态、设备状态、质量状态、工艺参数、生产历史、生产绩效等生产实况和生产实绩，打破时间、空间、层级之间的限制，便于车间内各生产周期的统一管理，提升工厂整体的管理效率；第三阶段是以虚控实，该阶段不同于以上两个阶段，是可以通过数字孪生车间对物理车间的生产设备进行指令发送和管控，从该阶段开始，真正地体现了数字孪生车间的可交互这一特点；第四阶段是以虚优实，即利用数字孪生车间对物理车间的实时数据采集，结合虚拟车间的生产模型，将二者建立联系，实现数据的流通，并反向作

用于物理车间的生产过程，实现不断的迭代优化，以计算得到最优的生产计划、生产工艺及生产布局等，为业务赋能。

基于数字孪生车间构建的四个阶段，可明确数字孪生车间的实现首先需要将物理车间的生产要素进行建模，以实现以虚仿实；然后需要进行车间设备的集成及互联互通、车间网络的集成，以保证数据的顺畅流通，实现以虚映实及以虚控实；最后建设数字孪生车间管理系统，提供可视化及交互窗口，实现生产的全要素可视化及生产数据的分析应用。

3.4.1　数字孪生车间设备的集成及互联互通

工信部和国家标准化管理委员会联合发布的《国家智能制造标准系建设指南》中指出，互联互通是智能制造建设架构的智能特征之一。互联互通是通过有线和无线通信技术，将各种设备、系统、网络连接起来，相互交换信息和资源，实现智能化的数据共享和交流。互联互通的概念在各个领域中均有体现，如物联网、工业大数据、智能交通等。通过互联互通，不同类型的设备和系统可以实现互相通信，从而更加高效、智能地运行和管理。

在智能制造领域，互联互通既包括车间内互联，又包括车间外互联。在一个车间内部，各种生产设备和信息化设备之间需要实现互联互通，通过物理网络连接共享数据和资源，实现车间内部的生产和管理的高效和智能化。在多个车间之间，也可以实现生产设备、信息化设施之间的互联互通，以便从工厂层面整体地协同生产与管理，提高产能和效率。因此，互联互通是智能制造中不可或缺的基础共性标准之一。

互联互通除了物理网络连接外，还需要确保不同场景、不同设备和应用之间具有不同的服务方式和信息传输通道，包括物理网络和信息网络等。在离散型制造业中，互联互通可以分为设备互联互通和软件互联互通两个方面。设备互联互通指通过统一的接口框架实现与不同类型的硬件设备和装置之间的有效数据交换，以实现生产线上设备之间的互相通信和协同。软件互联互通则是通过统一的数据中间件为各种应用软件提供数据接口和服务，以便各种应用之间能够高效地交互和协同工作。综上所述，互联互通是数字孪生车间建设中重要的基础设施之一，有助于提高生产和管理的效率和效益。

在车间数字化建设中，设备的集成和互联互通是非常重要的一步。由于现场设备种类繁多、数据库系统异构等实际情况，工业大数据处理确实具有并发数大、异构性强、关联性强、状态复杂多变的特点，这对于数据采集系统建设提出了挑战。然而，在建设好的数据采集系统中，有效地采集、检测、统计和分析车间生产数据，实现对制造现场的有效管理，支持现场自动化控制设备和企业管理层之间的信息互通，是非常重要的。此外，互联互通还应该包括从企业管理层向现场自动化控制设备下达控制指令，以实现制造智能化和优化控制。这种优化结果的产生，通常是基于所构建的数字孪生模型，通过数据分析或推理等方式得出的。因此，互联互通不仅仅是简单的制造资源采集和信息交换，它还可以提供实时的控制和优化，以支持制造过程的智能化和优化。车间网络集成架构如图3-3所示。

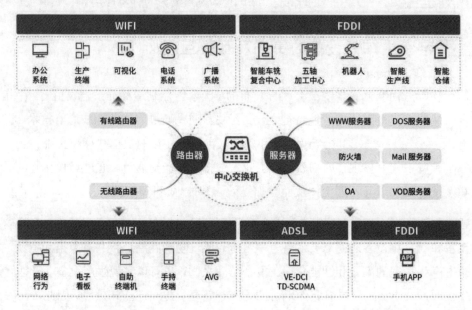

图 3-3　车间网络集成架构

3.4.2　基于数字孪生的数字化车间建模

对物理车间进行1:1的还原仿真建模是实现数字孪生车间的重要环节之一。利用三维建模软件，在仿真平台所提供的标准模型库和定制模型库的基础上，可以构建车间全要素的虚拟映射对象并完成模型轻量化处理。这些对象包括二维、三维模型及相关动画，可以在模型中建立属性信息，对车间内的生产流程进行逻辑预设，并与参数化方式来设置独立要素的属性及运行逻辑，可实现以数据表的方式驱动数字孪生模型的建立。比如，针对生产线，可以建立不同生产设备的虚拟映射对象，并将它们在数字孪生模型中进行拼装和集成，以模拟整个制造流程。在仓储运输模型中，可以建立各种物料的虚拟映射对象和仓库的虚拟映射对象，以模拟物料的入库、出库和库房管理等过程。通过这些模型，在数字孪生模型中可以实现对车间的生产过程及仓储管理过程的快速、准确的仿真,通过数据的积累对生产过程实现反向优化,助力达到制造过程的智能化。本节将对涉及的各类建模以生产线和仓储运输为例进行阐述。

1. 车间对象层次化建模

树形结构是一种常用的表达对象和其组成部分逻辑关系的方式。在数字孪生车间建模中,可以按层级来表达车间内各对象以及对象各组成部分之间的逻辑关系。如图3-4所示,可以将物理车间的管理对象分为生产线、物流、主体仓库和其他可移动设施四种类型,并按照树形结构对这四类管理对象进行细分。其中,生产线包括各种设备、上下料机械手、流水线及线边暂存物等;立体仓库包括堆垛机、货架、传送带等;其他可移动实体包括各种工件、工装载具和机器人等。通过使用树形结构,可以清晰地表达车间内各对象之间的逻辑关系,为数字孪生车间建模提供重要的支持。

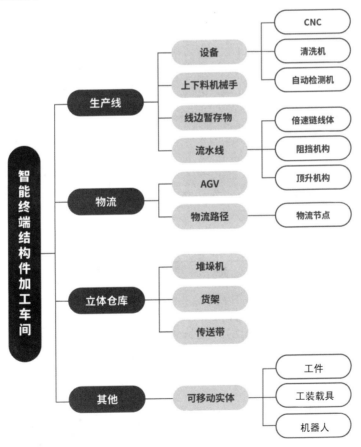

图 3-4　加工车间要素组成

车间内的每一个对象都包含多种属性，包括对象的路径、位置、运行参数、显示图标对象及所属类别等。在数字孪生车间建模中，每个对象的属性值范围应该根据生产实际情况进行设置，并在仿真平台上预先进行对象和属性的编辑。编辑完成后，可以将这些对象保存在对象库中，并记录到对象表中。对象表如表3-1所示。

表3-1　车间对象基本信息表

	对象属性	数据类型	备　注
1	对象 ID	数字	作为该对象的唯一标识码，一一对应
2	对象位置	文本	所处实际位置，用 x,y,z 坐标值表示
4	图标	文本	对象的二维图标，并关联不同的状态
5	三维模型	文本	模型库中该对象对应的三维模型的名称，并可设置多种动画路径
6	运行参数	数字	例如物流调度规则，作为 AGV 对象的属性参数
7	所属类别	数字（ID）	树形图中的上一层对象

2. 基础数据输入与设置

基础输入数据的正确和完备是数字孪生模型准确模拟实际生产环境和生产流程的基础，特别是对于车间内部各种对象的基础数据，如生产线、立体仓库、AGV运输系统等，更需要结合参数化的思想进行标准化处理，统一为便于数字孪生模型的读写和相关数据的设置，并根据实际情况，可以将这些基础数据保存在相应的数据表中，以便进行管理和配置。

以车轮浇铸为例，需要建立生产线、立体仓库及AGV运输等基础数据。表3-2为生产线基础数据，表3-3为立体仓库基础数据表，表3-4为AGV运输系统基础数据表，可以作为数字孪生车间建模的参考数据。

表3-2　生产线基础数据表

步　骤	流　程	基础数据
1	AGV 接收取料指令，将暂存区的铝锭运输至熔炉边	速度：40m/min 转弯 20m/min
2	进行铝锭称重	需 60s/次，精度 0.1g
3	AGV 接收取料指令，将车间废料区的废轮运输至熔炉边	速度：40m/min 转弯 20m/min
4	进行废轮称重	需 60s/次，精度 0.1g
5	AGV 接收取料指令，将外购回收废轮区的废轮运输至熔炉边	速度：40m/min 转弯 20m/min
6	进行外购回收废轮称重	需 60s/次，精度 0.1g

（续表）

步　骤	流　　程	基础数据
7	扫熔炉码开始投料	需 20s/次
8	对即将投入的铝锭扫码	需 20s/次
9	机械臂抓取已扫码的铝锭投入熔炉	速度：1min/托盘
10	对即将投入的车间内废轮扫码	需 20s/次
11	机械臂抓取已扫码的车间内废轮投入熔炉	速度：3min/筐
12	对即将投入的外购回收废轮扫码	需 20s/次
13	机械臂抓取已扫码的外购回收废轮投入熔炉	速度：3min/筐
14	投料完成，机械臂关闭熔炉门	30s/次
15	熔炼	整个过程 3h
16	铝水倾倒至周转壶	整个过程 2h
17	AGV 接受调度，将储存有铝水的周转壶运至压铸设备	速度：40m/min 转弯 20m/min
18	对当前待倾倒的压铸设备扫码	需 20s/次
19	机械臂抓取周转壶进行铝水倾倒	速度：3min/壶

表 3-3　立体仓库基础数据表

序　号	物料运转流程	立体仓库信息	立体仓库数据
	物料组盘	入库物料信息	铝锭，A356-2 标准
		物料入库盘数	70 盘/天
		物料入库策略	依据生产调度
	物料入库	物料移动方式	AGV 运输物料
		物料移动速度	3m/min
		物料码垛方式	巷道堆垛机
		物料入库位置	系统调度指定
	物料堆垛	运输量	3 盘/次
		巷道宽	1m
		巷道长	42m
		运行速度	3m/min
		取料时间	30s/盘
		放料时间	30s/盘
		调度策略	WMS 调度并发出指令
	库位	物料存储地点	WMS 根据体积推荐库位

序　号	物料运转流程	立体仓库信息	立体仓库数据
	货架	库位数	3500
		库位存储容量	9500
		货架总量	5628 个
		货架长度	4.5m
		货架高度	4.2m
		货架宽度	3.36m
		每排货架个数	42 个
		每个高度空间货架个数	3 个
	出库	出库策略	先进先出
		出库数量	52 盘/h
		出库位置	依据 WMS 系统调配

表 3-4　AGV 基础数据表

序　号	数据内容	标　　准
1	ID	AGV 的唯一标识
2	驱动轮系	2 轮差动
3	AGV 行走方式	前进/后退/转弯/横移
4	导航方式	磁导航
5	载重	1000kg
6	货物尺寸	L：2m　　W：2m　　H：1m
7	AGV 装料时间	30s/箱（3 箱同步装）
8	AGV 在线上运行	直线速度 0.6m/s 转弯速度 0.45m/s
9	AGV 卸料时间	30s/箱（3 箱同步装）

以上数据表中的属性和取值可以根据实际情况进行设置和调整。在数字孪生车间建模过程中，可以通过读取这些数据表中的数据，直接配置每个对象的基础属性和相关参数，从而实现数字孪生车间模型对车间生产过程的准确模拟和优化控制。

3. 车间仿真运行逻辑建模

将物理车间系统中的生产物流规则和策略转化为仿真运行逻辑，并在对象Method中编写程序驱动可移动实体在数字孪生车间内部的运转，实现相关规则策略的参数化设置，这是数字孪生车间建模的重要内容之一。同时，通过提炼实际车间对象的运行策略，可以将复杂的生产物流过程变得简单，以流程图的方式展现有助于车间生产流程的优化和改进。以铝制品铸造车间为例，铝制品浇铸流程如图3-5所示，立体仓库运行流程如图3-6所示。

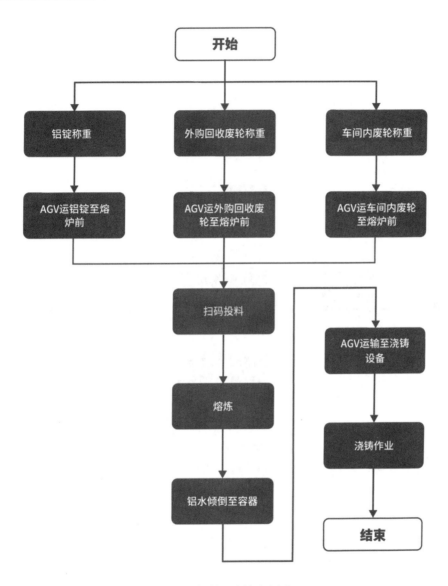

图 3-5　铝制品浇铸流程图

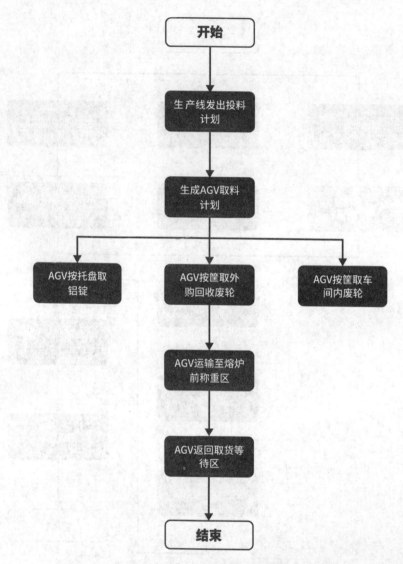

图 3-6　立体仓库运行流程图

　　在数字孪生车间建模中,可以通过编写相关代码和程序,实现这些流程的仿真运行。例如,在驱动 AGV 运输系统运行时,可以按照输入的物料需求信息和运输路径规划,使用基于路径规划算法的代码,实现空闲 AGV 的调用、路径自动规划和自动取送。如图 3-7 所示,在立体仓库中,可以基于仓储管理策略,通过算法和程序实现自动入库堆垛和拆垛出库过程。同时,还可以使用规则引擎等技术,将车间内的生产物流规则和策略进行自动化管理和优化控制,进一步提高仓储的有序管理。

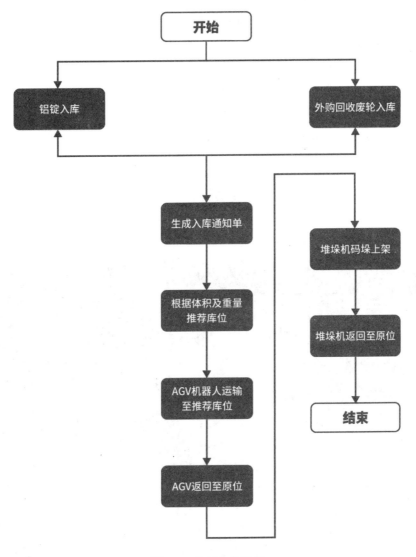

图 3-7　物料入库流程

4. 3D可视化工业建模

在数字孪生车间建模中,完成了车间对象的层次化建模后,按照树形层次化对象进行分类。例如,市面上现有的各类三维建模工具,比较成熟的有Plant Simulation仿真、工业行业应用较广的卓朗的2D/3D编辑器等。本书将以2D/3D编辑器为例,阐述可视化工业建模,针对每一个车间要素进行建模及数字化映射。为便于管理,可以按照大类将整个车间的模型分为生产线模块、仓储模块及可移动设施模块,三个模块之间既可以通过接口的方式进行交互,又可以保障每个模块之间的相对独立性。这样在进行车间调整时,车间模型也可以更灵活地进行对应配置,减轻模型的维护压力,更好地适应实际生产的管理需求。在建立对象模型时,可以采用各种现代化的技术,如三维图形表示、虚拟现实交互和可视化数据呈现等,以实现更加真实和直观的模拟效果。同时,在对象模型中,可以包括各种操作方法和模拟行为,以实现对车间生产过程的细致模拟和优化控制。这种数字孪生车间建模方式,可以为制造企业提供一个虚拟的研发和生产环境,支持数字化工业转型和智能制造的实现。

本书采用的卓朗2D/3D编辑器(见图3-8)是一款基于B/S架构的专业可视化编辑工具,具有强大的项目管理和编辑能力,支持更精细的权限分配、更自由的项目搭建、更全面的开发拓展,应用于各种数据分析与展示场景中,针对行业提供优质的可视化解决方案,满足用户对更自由、更强大、更全面的可视化大屏编辑工具的需求。

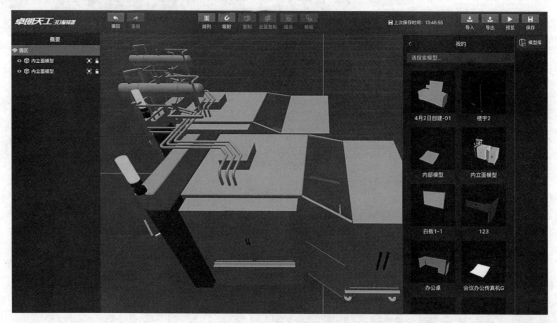

图 3-8　2D/3D 编辑器模型库

在数字孪生车间建模过程中,通过使用2D/3D编辑器、三维建模软件等工具,可以为车间中的各种对象建立三维模型和动画路径,并设置其相关属性和参数,实现对车间生产过程的可视化和直观呈现。这种建模方式不仅可以赋予数字孪生模型更好的直观性和沉浸感,还可以在车间布局规划、干涉检验等方面起到一定的作用。

建立数字孪生车间的1:1还原的仿真模型后,仿真平台可以通过ODBC接口方便地访问数据库中的数据,包括对象库和对象表。其中,对象库存储了车间内各种对象的基础属性和参数配置,对象表存储了对象在数字孪生车间建模中的各个实例和其相应属性。在数字孪生车间建模过程中,根据需要,可以动态地向对象库或对象表中添加、修改或删除相应的数据,以实现车间生产过程的灵活控制和优化。在仿真平台初始化时,会读取数据库中的数据进行解析,并以对象继承的方式自动创建车间静态布局模型,以参数化方式设置运行逻辑、对象图标、三维模型等属性,从而实现数据驱动的数字孪生车间建模。通过将仿真平台与数据库相结合,可以实现对车间生产过程的全面数字化仿真和优化控制,提高生产效率、质量水平和环境可持续性。

在数字孪生车间建模中,三维模型和动画路径通常作为每一种对象的一个特殊属性进行编辑和设置。可以通过三维建模软件建立物理实体的三维模型,然后选择性地对模型进行轻量化处理,以减少运行时的显示压力。对于三维模型中可运动的组成部件,可以将它设置为可动画对象,并编辑其动画路径,关联组件动画,形成一个完整的动作。这样,就可以实现对车间内各个对象三维模型和动画路径的建模和设置,为数字孪生模型的可视化和直观化提供重要的支持。综上所述,数字孪生车间建模旨在构建真实的车间环境和生产流程,并通过数字化仿真和优化实现对车间生产过程的可视化、自动化和优化。

三维模型如图3-9～图3-12所示。

图 3-9　生产车间生产线模型

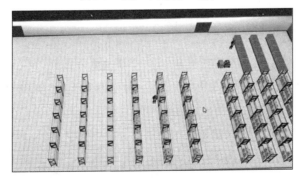

图 3-10　立体仓库模型

图 3-11   生产车间可移动设施模型

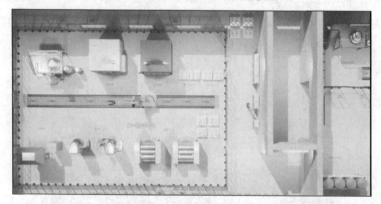

图 3-12   数字孪生车间模型

3.4.3   面向数字孪生的数据采集系统

数字孪生需要物理设备和虚拟模型之间的虚拟现实映射和优化迭代。物理设备的实时数据采集对于在数字孪生环境中实现准确的虚拟和物理同步至关重要;数字孪生车间的数据采集可以为车间的仿真运行逻辑建模提供验证及优化数据,也可为车间的实时动态管理提供基础。因此,需要建设数据采集系统,为互联互通的设备提供数据统一的出口,成为数字孪生车间的数据来源,从而为数字孪生模型的构建和应用提供有力的支持。

1. 数字孪生数据采集范围

从数字孪生车间的构建需求可以看出，车间的实时数据是实现虚实交互的重要基础，明确车间的采集数据是构建数字化车间管理的前提。各类数字化车间的管理需要采集的数据可以大致分为以下几类：

1）车间内生产设备的数据

需要对生产仪器设备进行状态数据和运行参数的实时数据采集。其中状态数据包括仪器设备的开关机状态、故障信息、设备的运行时长、服役时间、检验数据、检验周期等；运行参数则包括了电流、流量、压力等信息。

2）车间环境数据

对于某些精密电子加工等场景，需要确保车间内环境的适宜及稳定，则需要对车间的温湿度、噪声、气压及光照等数据进行采集及监控。

3）车间视频监控数据

对于重点区域的监控，需要采集监控点的信息，并接入车间监控摄像头的视频数据。

4）车间生产数据

对车间生产过程中产生的各类要素状态、流程及各阶段的质检数据进行采集。车间要素的状态及流程数据包括物料、人员、设备、工位、工具等工作状态数据，并可通过扫码、打卡等方式记录物料位置，在工艺流程的数据支撑下，可对生产进行直观的展示。对于质检数据，则包括自动检测设备的图像记录、质检人员的检验报告、产品返修记录等。

2. 数字孪生数据采集系统架构

要建设数字孪生数据采集系统，需要采用数据采集设备及相应的数据采集系统实现数据采集、汇聚及清洗利用等，数据采集系统的整体架构如图3-13所示。本书以较为成熟的卓朗天工工业互联网盒子Troila Box为例，对数据采集系统进行阐述。Troila Box工业互联网盒子可实现对多源设备、异构系统等要素信息进行实时高效的采集和汇聚。

该系统支持接入不同的设备、系统和产品，采集大范围、深层次的工业数据，以及异构数据的协议转换与边缘处理，能够将企业的数据充分利用起来，将数据的价值发挥到最大化。它通过对数据的收集、整理、计算、分析，来为企业提供决策的依据，打破传统体系下的数据壁垒，实现数据的二次开发利用，转化为对企业发展有益的有效信息，从而提高数据的利用率。

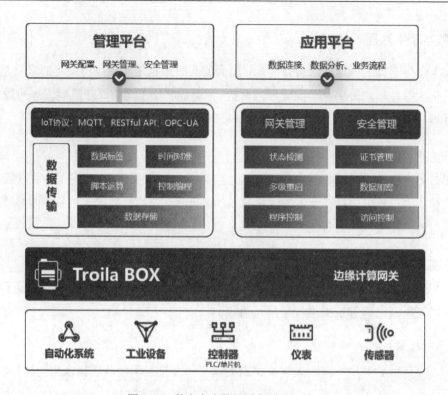

图 3-13　数字孪生数据采集系统架构

3. 数据采集系统软件功能

数据采集系统提供了对工业互联网盒子的配置及驱动管理、监控点的可视化管理、历史数据管理、告警管理等功能，可实现对采集终端及数据的实时管理。

1）盒子配置

系统提供对工业互联网盒子的配置管理功能，盒子ID将按照添加顺序自动编码递增，可实时显示盒子的连接状态，并可对不同应用场景下的盒子进行别名设置，以更适合业务管理人员辨识自己需关注和管理的盒子。例如可进行IP地址、子网掩码、网关地址等的设置与填写，如图3-14所示。

2）驱动管理

系统支持对盒子驱动的管理配置，可添加串口、网口驱动，并可以对已添加的驱动进行筛选查询，既支持单个添加，又支持通过批量导入添加，如图3-15所示。系统将对添加的数据或导入的文档中的每一条数据是否符合相关规则进行检查判断，并对需要修改的数据进行提示。

图 3-14　盒子配置

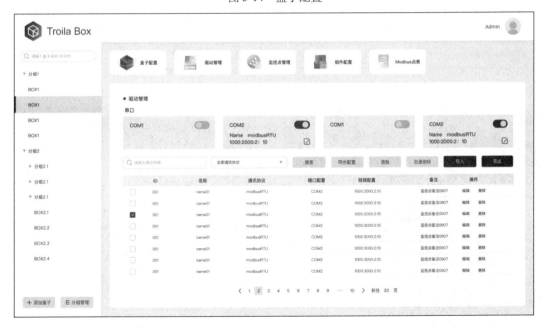

图 3-15　驱动管理

3）监控点管理

盒子连接多个终端监控设备，系统可对终端设备的监控点信息进行管理，可进行监控点的基本信息配置、数据源配置及个性化的数据比例转换等基础信息设置，如图3-16所示。系统可根据空间层级、监测点的类型等信息添加分组，对监控点进行组别设置，以满足实际管理需求，如图3-17所示。

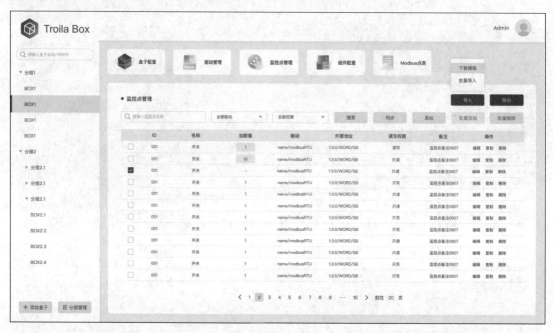

图 3-16　监控点管理

图 3-17　监控点分组管理

4）组件配置

系统提供组件配置功能（见图3-18），可将监控点采集和解析过的数据发送到其他应用系统供其使用。

图 3-18　组件配置

5）历史数据管理

系统可提供监控点历史数据是否记录存储的配置，并可在监控点的历史登记中添加需要同时比较的监控点，如图3-19所示；可对已设置历史数据存储的监控点进行历史数据的查询，如图3-20所示；可将历史数据的变化进行多维度的图表展示，如图3-21所示。

图 3-19　历史数据配置管理

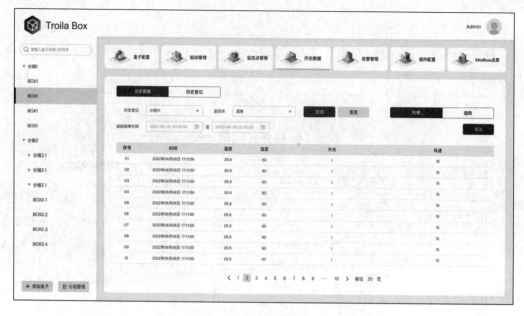

图 3-20　历史数据的查询

图 3-21　历史数据趋势分析

6）告警管理

告警管理模块可提供监控点告警阈值的设置及告警数据的存储和查询。监控点告警配置可为监控点配置告警/恢复规则，如果很多监控点的告警规则相同，可使用告警模板进行统一配置，如图3-22所示。告警管理可展示历史产生的所有的告警数据，支持根据当前状态（已恢复/未恢复）、严重程度、监控点分组、告警产生/恢复时间进行快速查询，如图3-23所示。

图 3-22　告警配置

图 3-23　告警历史数据查询

4. 数据采集系统硬件支撑

本书所阐述的卓朗天工Troila Box工业互联网盒子产品是一款自带PLC协议的工业物联网数据终端,主要解决工业设备物联、数据采集及远程监控等难题。该网关采用高性能的工业级32位处理器和工业级无线模块,以嵌入式Linux操作系统为软件支撑平台。卓朗天工Troila Box工业互联网盒子支持多种工业协议(见图3-24):支持MQTT,支持在线调试,适用于各种工业数据采集的项目;支持DHCP,支持VPN功能,支持虚拟串口,支持协议转换,适用于各种需要通过4G上网的场景,为下游有线设备提供网络接入端口。该终端具备如下功能及特点:

图 3-24 Troila Box 架构图

(1)设备通信:内置有线、4G联网方式,外置WIFI联网方式,串口可以灵活配置RS232或者RS485。

(2)可设置联网优先级。

(3)链路协议:自主研发数据安全链路协议,确保数据通道安全;支持PPTP、IPSec、L2TP、OpenVPN等通用VPN协议。

(4)数据采集:支持市面上90%以上的各品牌型号的PLC;支持在线、离线两种工作模式。

（5）边缘计算：支持JavaScript、Lua等语言的在线边缘计算模型开发；通过边缘计算模型对实时数据进行二次运算和分析；运算和分析结果在天工数采平台上呈现和应用。

3.4.4　数字孪生车间管理系统

数字孪生车间是在智能设备的基础上构建的数字化、网络化和智能生产的动态生产模式，通过实时数据采集和历史数据的积累挖掘，充分发挥人的作用，切实做到"降本提质增效"，有效地提升了企业的竞争力。数字孪生车间建设要以实际需求为牵引，以经济效益为驱动，以成功落地为导向，根据不同行业、工厂、车间的信息化程度，面对当前亟待解决的痛点各个击破，并全局一盘进行数字化孪生车间的建设及应用。比如，可在工厂的前期规划或提升改造阶段，利用数字孪生车间的管理系统对车间规划方案的仿真进行定量评估和分析，科学地指导车间的设计调整；在生产执行阶段，可利用物理车间的实时数据驱动仿真机制，实现仿真运行和虚实交互的三维模拟监控等。

1. 车间全要素可视化

数字孪生车间管理系统最基础的功能就是车间全要素的可视化，这也是进行虚实交互可视化管理的重要基础。

数字孪生的全要素管理是通过3D可视化的工业建模，将物理空间的生产设备、车间布局等呈现在数字孪生车间管理系统上。通过集成物理车间的设备并实现互联互通，可以建设数据采集系统，将数据采集系统中的物联网传感器数据与三维场景中的单体模型进行关联；将传感器实时回传的数据在车间构建的三维传感器模型上进行展示，通过时刻监测设备的运行，可对设备的异常状态进行阈值设置，提供预警提醒等。车间全要素可视化如图3-25所示。

2. 数据联动及查询统计

通过关联数据采集系统的数据库，数字孪生车间管理系统可以将生产线映射到系统当中并通过大屏幕展示出来，实时对所关注区域的信息（包含产品质量信息、设备状态信息、人员位置、系统生产情况）进行抽取展示，通过实时数据传输将相关数据采集到数字孪生模型中，利用服务器进行并行处理，实现虚拟空间映射，并且在这个基础上进行监测和数据分析，从而优化系统生产，如图3-26所示。

图 3-25　车间全要素可视化

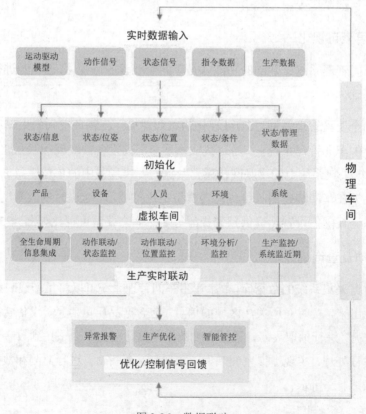

图 3-26　数据联动

数字孪生车间的三维模型中，每个车间要素均拥有自己的属性信息，系统可提供在三维场景中的点击查询，包括生产设备、车间的附属设施及可移动物的信息查询等。除基本信息之外，数字孪生车间还支持对进行数据采集的生产要素的运行状态及历史数据按照时间、编码、设备名称等进行查询，并可对查询的数据进行个性化的图表展示及趋势分析，还可根据需要与三维场景进行交互浏览展示，全面发挥了平台三维可视化、互联互通的功能，如图3-27所示。

图 3-27　查询统计

3. 生产排程优化

从车间的整体来看，其运行的过程体现出比较清晰的流程性和系统性，面向车间生产过程的数字孪生管理，并不仅仅是进行建模展示，车间生产过程的内在逻辑也是影响生产的重要因素，其中最为典型的是生产资源的优化配置，最常见的生产资源就是时间的管理，也就是生产排程。

当前绝大多数的商业软件中的生产排程均基于供应链约束理论，通过同步考虑多种有限能力资源的约束，依据各种预设规则，通过数学算法，最终给出相对最优的生产计划。但是，它很难面对不确定的需求进行排产计划的制定。同时，若订单产生变化或生产执行过程中出现扰动因素（常见的有机器故障、人员变动、紧急插单等），则需要依赖计划管理人员的经验进行判断并手动调整生产计划，响应速度和准确程度有待考证，并且将影响计划执行效率和资源的利用率。由此可见，动态的排程与生产调度是降低各类扰动因素影响的关键。

周期滚动排产优化，如图3-28所示。

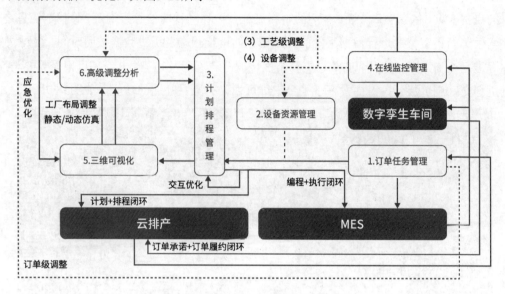

图 3-28　周期滚动排产优化

　　排产阶段，通过数字孪生车间管理系统中的虚拟车间模型和车间的仿真运行逻辑，基于数据系统的数据还原车间的实时运行状态，并通过历史数据的分析，建立生产过程的关键节点和运行规律，对可能出现的异常及运行时间等情况进行预演、统计及分析，为当前车间的订单和排产计划的可行性评估提供数据支撑和决策依据。

　　生产运行阶段，对执行中的计划进行进程跟踪和可视化展示，并依据实际生产现场的生产进度、物料状态、设备状态、人员状态等非计划变化信息，分析其对生产节拍的扰动情况。一旦出现扰动超限的情况，就根据现场动态调度方法，对人员安排、工序执行顺序、站位选择以及资源选择进行动态调整及优化，从解集中自动选择一个可执行性最高的排产方案，形成生产作业计划与物料需求计划，并将该计划下发至所有相关工段，保证对动态环境下的制造生产过程能进行有效的优化控制。同时利用数字孪生场景，对扰动因素及当前的排产计划和实时的执行进程效果进行可视化展示，如图3-29所示。

4. 车间布局规划及优化

　　传统的车间布局规划是通过二维图纸或者搭建静态模型来实现方案的对比和选择，基于数字孪生的车间生产布局，可以依据人、机、料、法、环和精益布局法则，结合数字孪生的技术优势，进行新车间的布局规划和已有车间的布局优化，如图3-30所示。

图 3-29　生产排程优化

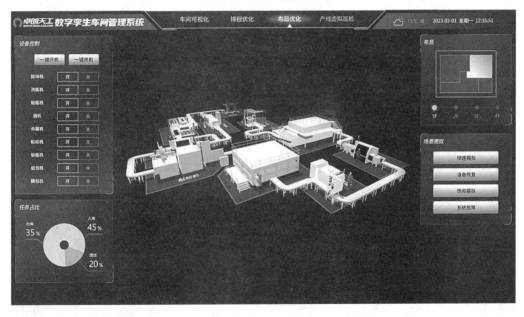

图 3-30　车间布局优化

数字孪生车间管理系统中的3D可视化建模包含了更多的数据属性,包括机械设备、资源和车间人员、生产节拍及故障信息等。2D/3D编辑器具备专用模型库,可以实现车间的快速规划设计和可视化搭建,只需简单地拖、拉、拽就可以搭建出生产线雏形,并可根据需求进行精细化的调整和修改。数字孪生车间管理系统对车间布局的规划及优化可支持结合仿真软件进行工艺合理性和生产线合理性的验证,基于生产线的工艺仿真和生产及物流流程仿真对车间的规划方案进行整体的仿真运行,计算并分析仿真的数据,获取车间规划方案系统效能指标;可对欠缺的环节进行有针对性的调整改进,对车间布局规划的方案进行定量的数据分析,并支持导出为标准的AML文件供上下游相关应用进行调用。除此之外,数字孪生车间的布局维护难度低,可与实际车间的变化同步更新,使得车间布局始终保持当前的状态,以更精准地辅助生产资源配置和生产策略的制定等。

5. 加工工艺仿真

基于工艺仿真的数字化生产方式已经成为现代制造业转型升级的重要手段之一,能够极大地提升制造业的竞争力和市场占有率。在数字孪生车间的应用中,工艺仿真通过对产品的加工产线、数字样机和装配流程搭建3D模型和运行逻辑模型,实现三维可视化的从产品的零部件加工到组件装配的全过程仿真。建立产品生产流程和生产资源的三维模型后,可以在设计阶段就对多个设计方案进行模拟实际生产过程的多维度对比,比如生产周期、节拍、所需生产要素等,再结合现有条件进行方案甄选。工艺仿真可将合格的设计模型投入车间的产品生产,其核心就是利用计算机图形学及核心算法,涵盖了机加工、铸造、表面处理、工装设计、装配等多个专业的工艺过程的规划和仿真的应用场景,如图3-31所示。

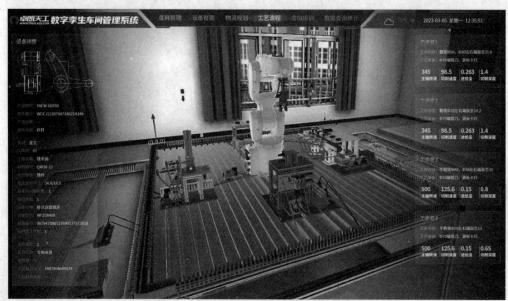

图3-31   加工工艺仿真

数字孪生车间管理系统中，装配工艺的仿真是在虚拟车间中，根据已设计好的装配工艺流程，建立产品零部件的三维模型和装配流程的逻辑模型，然后对每个零件、组件及成品进行实时定位，对其移动过程、夹紧状态及装配的全流程进行仿真。装配工艺仿真还可以为制定合理的生产计划和现场作业指导提供参考，使生产过程更加精细化和智能化。在数字孪生车间管理系统中通过映射展示及干涉因素检查，对已确定的装配方案的仿真模型及其实际装配状态进行对比分析，对出现的问题进行告警，并可迅速定位至告警区域，明确告警原因，以帮助工艺设计人员迅速找到干涉原因，分析并优化其装配流程。总之，装配工艺仿真是现代制造业不可或缺的一环，它可以有效地提高生产效率、降低生产成本、提高产品质量和减少生产中的风险。

数字孪生车间管理系统中，机械加工的工艺过程仿真是在虚拟车间中依据设计好的加工工艺流程，对加工产线、物料进行三维建模，是对铸造、锻造、切削、热处理、焊接这样的工艺机理的模拟。通过材料学、传热、固体力学、流体力学等科学计算来模拟工艺实施的可行性、效率和效果，从而对加工工艺进行优化和改进。相比于传统的试验和实际生产过程，机械加工工艺过程仿真具有成本低、时间短、风险小等优点。而数控加工仿真则是对数控程序进行模拟校验，并不考虑物理机理和工艺实施的可行性。数控加工仿真可以帮助制造业企业校正数控程序，减少人为操作失误和机器故障，提高加工精度和效率。总之，机械加工工艺过程仿真和数控加工仿真可以帮助制造业企业提高生产效率、减少成本、加快新产品的研发进程，是现代制造业中不可或缺的技术手段。

数字孪生车间管理系统中还可进行人机交互工艺仿真。在产品设计和生产过程中，人工操作往往是重要的环节，人机交互工艺仿真是近年来新兴的一种仿真技术，它涵盖了人、环境和机器设备等因素并对其进行模型化处理，将人体生理特征和姿态动作、人机界面、机器控制等因素综合考虑到产品设计和生产过程中，对人机交互的场景进行全面模拟，以评估人机交互的效率、舒适性和安全性，并结合人机工程学的各种评价标准和算法对人机交互效果进行评估和优化。这种仿真可以帮助企业对产品的人机交互设计进行量化评估，提高产品的舒适性、安全性和易用性，同时还可以减少开发过程中的试错成本和时间投入，减少生产中的风险和成本，提高企业的市场竞争力。

数字孪生车间管理系统中的加工工艺仿真可以帮助制造业企业有效降低成本、提高生产效率、缩短各个生产阶段的周期、提高产品质量和减少浪费。同时，工艺仿真还可以在设计之前快速评估不同加工和装配方案的优劣，减少试错成本，优化工艺流程。此外，工艺仿真还可以在生产过程中识别和解决潜在问题，降低生产中的风险。

6. 设备管理

在制造业中，设备是生产过程中不可或缺的一部分。通过对设备状态和工艺参数的监控和优化，可以更好地保证产品的质量和生产效率。因此，基于设备状态和工艺参数，实现对产品加工质量的保证，是数字孪生在制造业中的一个重要应用场景。

数字孪生车间管理系统可以通过基于设备状态和工艺参数的数字模型，对产品生产过程进行细致的监控和预测分析，以及根据当前状态进行工艺参数的优化和自适应调整，如图3-32所示。通过数字孪生分析推理模型，可以实现工序执行过程的状态监控，以及工序产品工艺质量的预测分析。这种基于数字孪生的设备管理应用场景广阔，特别是在设备状态和工艺参数的监控和优化方面，数字孪生车间管理系统可以通过将所有独立设备和建设设备进行层次化建模和三维模型搭建，实现对设备的快速检索、设备的空间定位和详细属性信息查看，并可关联设备的安装指导手册、设备归属信息及设备运维手册等相关文档，实现空间、属性及设备档案的挂接。运维人员在系统中即可实现对设备的整体管理，了解设备资产情况。

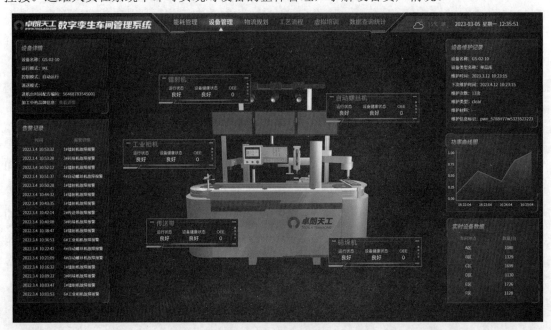

图 3-32　设备管理

1）设备及备品备件的基础信息管理

数字孪生车间管理系统对设备信息的管理是通过层次化的模型构建，将设备单体化建模，录入设备的分类、名称、编码、设备保养周期等基本属性信息，建立设备与车间、生产线的层次化静态数据库,可在三维车间中通过点击进行属性的查看。通过物联设备或智能设备的数据采集和上传,并将其设备实时运行状态在虚拟车间中进行映射,可实时准确跟踪设备情况,支持对设备实时状态的显示及查询,建立清晰、动态的设备数据库。通过设备的基础信息及动态信息管理,可助力企业及时掌握设备的损益状态,实现设备管理的动态管理,为设备维护、决策等提供基础数据。

数字孪生车间除了可以进行设备级的模型构建外,还可进行设备相关的备品备件的层次化建模,将设备与其备品备件进行挂接,通过维保的工单及备品备件的使用情况来进行数量的动态更新及实时展示。

2）设备监控及远程管理

通过智能设备的运行数据回传或加装物联感知设备,对设备的运行管理、设备的维护信息、设备关联的零配件状态等进行实时监控,监控生产过程中的设备实况,形成设备运行数据库,可进行数据的查询及统计,可通过运行趋势及阈值设定进行设备异常情况的报警,充分发挥实时监控及历史数据的分析,为设备管理、车间管理,乃至厂区管理等多层需求提供数据支撑及决策支持。

在设备的实时监控过程中,若判断设备出现异常,则在数字孪生管理系统中可通过点击报警信息进行故障设备的迅速定位,支持通过自动复位或规定动作控制或切换手动控制等方式对异常设备进行远程控制。

3）数据查询统计

数字孪生车间管理系统提供设备的数据统计分析功能,可支持设备的基本信息查询、统计和实时监控状态的调取,以及报警信息的查看、统计,可为设备的运行、维保、告警及故障的处置提供决策支持。

4）设备维保管理

数字孪生车间管理系统通过实时获取设备上的传感器数据,实现设备生产过程中的状态感知和实时状态监控。根据设备的历史数据和机理模型,数字孪生车间管理系统可以进行设备故障诊断和预测,并可根据设备维保周期及当前监测信息进行联动分析,提供预警及预保养、设备巡检计划,有效防止“过度维修”或“维修不足”问题的发生;通过设备故障诊断和预测进行精准维修,保障设备的可靠性。

7. 能耗管理

工业车间能耗监测管理平台可以通过声光、平台列表、微信端、电话等多种方式对多种异常进行预警，包括通讯异常、设备异常、超过能耗阈值等多种情况，并对预警事件进行保存，提供预警检索、查询、统计和分析功能。

综合能耗管理包括对工业车间的各种用能进行动态监测，对实时数据进行能耗分析、节能计量、能耗费用、成本核算、分析报告等。能耗监测管理平台对各项能耗设备进行单独管理，方便运行人员查询和统计。此外，数据报表可以进行筛选和导出，便于保存。图形展示方式包括曲线图、棒图、饼图、工况图等。能耗管理如图3-33所示。

图3-33   能耗管理

能耗监测管理平台以工业企业正常生产为前提，降低整体的能耗使用成本，协调调度各项能耗流向，实现工业车间节能管理要求，推动智能化能耗管理。

数字孪生车间系统可以实现对车间设备和生产线能耗的实时监测和预警。

首先，数字孪生车间系统可以与车间的能耗监测设备进行连接，实时获取各个设备和生产线的能耗数据。然后，系统可以对这些数据进行实时分析和处理，根据预设的能耗阈值进行报警和预警。一旦某个设备或生产线的能耗超出预设值，或者存在其他异常情况，系统就会及时推送预警消息给相关人员。预警消息可以通过各种形式进行呈现和传播，如声音、图像、文字提示等，以便相关人员随时接收和处理预警信息。

同时,数字孪生车间系统还可以对车间能耗进行分析和统计,生成报表和数据图表,以便使用者更好地理解能耗情况。通过对能耗数据的分析,可以清晰地识别高能耗设备和生产线,制定出相应的节能措施,进一步提高车间的能耗管理水平。因此,数字孪生车间系统可以帮助企业实现节能减排,提高运营效率和生产质量,降低企业成本,提高企业竞争力。

8. 实时物流规划及配送指导

数字孪生车间管理系统可以在车间内实现生产物料及成品运输的物流规划和配送指导,优化物流流程,提高线边存储和运输效率,如图3-34所示。数字孪生车间管理系统可对物料和产成品进行建模,对接物料运输设备、生产线或WMS系统等进行物料或产成品的全面实时监测和可视化管理。数字孪生车间管理系统可以根据车间的生产计划和物料需求预测,通过对车间物流过程逻辑的建模,模拟加工设备、物料缓存区、物流设备等运作情况,综合考虑生产线运行中物料阻塞、水平节拍不平衡、设备等待等问题,自动规划最优的运输计划,同时对运输设备及运行状态进行实时监测和调整,确保物料及时送达目的地,最大化降低运输时间和成本。

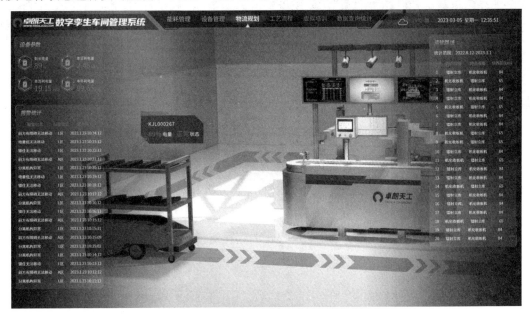

图 3-34 实时物流规划及配送指导

9. 虚拟巡检及远程运维

数字孪生车间的虚拟巡检是指在车间内部建立数字孪生仿真模型,对车间内的设备和设施进行模拟巡检,以帮助企业及时发现设备故障和安全隐患,减少因设备故障和事故造成的损失。

基于数字孪生技术和传感器技术,在数字孪生场景中按照虚拟巡检路线进行场景漫游,检测过程不需要对实际设备进行停机或工作,可以对不可见部位的设备进行检查,也可以在关键巡检点查看巡检设备的实时状态数据、环境数据、摄像头数据,如图3-35所示。对车间进行虚拟巡检,能够提升巡检的效率,同时降低车间实地巡检的体能消耗和危险地段巡检事故的发生概率。

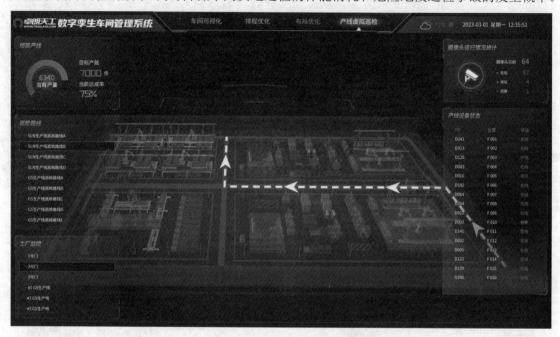

图 3-35   生产线虚拟巡检及远程运维

数字孪生车间的虚拟巡检可以有效避免人员进行设备巡检所带来的安全风险,并且无须耗费额外的人力和时间。同时,通过对设备数据的准确分析和对不同设备之间关系的深度探索,企业可以更好地掌握数字孪生车间中设备的运行情况,及时发现并解决问题,提高车间的生产效率,促进企业的健康发展。数字孪生车间提供的远程运维可主动给企业提供精准、高效的设备管理和远程运维服务,缩短维护响应时间,提升运维管理效率。

10. 虚拟培训

数字孪生车间管理系统的虚拟培训的应用体现在两方面:

一方面,针对钢铁冶金生产、高温铸造生产等作业温度高、工况复杂、危险系数高的生产环境,按照国家安全生产方针和法律法规的明确规定,未经安全生产教育和培训不合格的从业人员,不得上岗作业。数字孪生车间管理系统依据安全生产要求及法律规定,通过收集智能设备产生的原始信息，经过后台的数据积累以及专家库、知识库的迭代复用，进行数据挖掘和智能分析，基于1:1还原的生产场景和生产流程，应用虚拟现实技术逼真地呈现实际生产环境和安全要点，将安全操作规程、易发事故及应急处理流程、安全演练等融入其中，通过全面认知培训和技能实践使从业人员快速提升安全素质和相关能力。

　　另一方面，由于流程行业生产连续、设备不能停机、安全生产要求高等特点，无法为新入职的设备管理、工厂检修等技术工程师提供实操训练环境，而基于数字孪生的仿真培训为现场工程师提供了模拟操作环境，可实现对车间设备操作维护、加工工艺、生产安全等的虚拟培训，能够快速帮助工程师提升技术技能，为他们真正开展实际运维工作提供基础训练。虚拟培训如图3-36所示。

图 3-36　虚拟培训

3.5　数字孪生车间的构建效果评估及分析

　　数字孪生车间的构建，不仅仅是车间要素的可视化，而是从生产设备的互联互通开始，汇聚生产数据，实现对生产过程的全过程监管和远程控制，达到生产协同管理的效果；通过生产数据的积累，对车间仿真运行逻辑和生产流程等持续进行迭代优化，最终反向作用于生产，优化生产流程；通过成功构建数字孪生车间，企业在车间管理方面将会有质的提升，为企业智能化转型升级奠定良好的基础。

3.5.1　设备互联互通，实时数据汇聚

数字孪生车间构建的第一步就是完成车间各类设备的物联互通，将车间的设备数据、模型数据、生产计划数据、物流数据等通过自动化采集、条码扫码采集、终端输入采集等方式传输至数据采集系统；在数据采集系统建立车间的生产运行、效率管控、质量管控及风险管控等多维度的指标体系，实时汇聚车间的全要素、全业务、全流程物理与信息融合数据，并进行汇总、存储、清洗及分析，在数字孪生车间管理系统的车间孪生数据的驱动下，可实现生产全流程数据的可视化展示及数据应用，可将实时的生产数据作为生产调度管理的重要参考。

3.5.2　生产协同管理，问题智能预警

通过在数字孪生车间管理系统中接入各类生产设备及业务系统，将生产计划、排产信息、派工信息及人员状态、物料信息、质量信息等纳入统一监管体系，使用信息化手段，实现各类生产信息的共享和协同，做到车间层面的计划更加精准、精益化生产和精细化管理，并将生产流程、告警信息及各类预测趋势进行可视化展示。

通过将生产过程从串行管理转变为协同生产模式，有助于及时监测生产过程中可能出现的问题。首先，这可以在生产过程中提供实时告警，以便在设备、人员等与生产计划或其他状态出现异常时立即采取行动。这些异常包括车间生产过程中设备的工况、生产节拍、物料信息、人员在位情况和能耗等实时状态的感知及告警。其次，基于数字孪生系统的虚拟仿真运行可以帮助我们结合物理车间的实时生产状态进行虚实对照，对偏离计划或异常的工艺流程信息进行即时反馈差异，并对差异的历史环节追溯分析原因。

3.5.3　持续迭代优化，支持精准决策

数字孪生的可视化车间的本质是将物理车间的原始数据进行采集，保障数据信息的全面性和时效性，并基于车间的仿真模型实现数字孪生车间管理系统上的对称性和可视化。通过数据分析，车间的原始数据转化为支持决策的数据集，以满足生产的业务需求和逻辑的集中展示，助力当前的生产决策，从而提升项目管控能力。在对当前生产管控及反映的基础上，数字孪生根据实时变化的物理环境，实现滚动的运行决策和迭代优化。目前，在自动驾驶领域中的虚拟

仿真环境便是对这一概念的灵活应用。随着产业数字化的提升和AI算法的丰富与不断成熟，数字孪生在工业场景下的生产制造方向的应用也将拥有广阔的前景。

3.6　本章小结

数字孪生车间作为一种车间运行新模式，对实现工业4.0、工业互联网、云制造、中国制造2025等先进制造模式和战略具有重要的推动作用。本章以生产车间为单元，对数字孪生车间的构建进行了描述，从车间管理理论开始，论述了车间管理的重点及难点，充分讲述了数字孪生车间的构建必要性；以数字孪生车间运行模式和数字化车间构建等理论与实践经验为指导，进行了数字孪生车间构建的总体设计，并对数字孪生车间的实施策略、构建方案及预期效果进行了阐述。数字孪生车间的建设是数字工厂建设的基础，数字孪生这一新兴技术在车间管理方面的应用可以提高车间生产效率，减少能耗，提升产品品质，提高服务水平，实现智慧化管理，从而推动企业实现技术升级，提高企业的竞争力。

3.7　参考资料

[1]赵阁阁.基于数字孪生的烟包立体仓库半实物仿真调试与运行优化平台[D].广东工业大学，2019.DOI:10.27029/d.cnki.ggdgu.2019.001590.

[2] 陶飞，张萌，程江峰等. 数字孪生车间——一种未来车间运行新模式［J］. 计算机集成制造系统，2017，23（1）：1-9.

[3]关辉. 面向智能终端结构件加工的数字孪生车间关键技术研究及应用[D].华中科技大学，2019.DOI:10.27157/d.cnki.ghzku.2019.000818.

[4]CANADAY H，李韵. 数字孪生技术的关键在于数据[J]. 航空维修与工程，2019（10）：15-16.

[5]张霖. 关于数字孪生的冷思考及其背后的建模和仿真技术[J]. 系统仿真学报，2020.32（4）：1-10.

［6］陆剑峰，王盛，张晨麟等.工业互联网支持下的数字孪生车间[J].自动化仪表，2019，40（05）：1-5+12.DOI:10.16086/j.cnki.issn1000-0380.2019040030.

［7］马瑾.从"数字工厂"到"数字零售"——对数字化产业链演变的理解与思考[J].中小企业管理与科技（下旬刊），2021（12）：170-172.

［8］刘康俊．基于三维虚拟仿真的数字化车间建模优化研究[D].华中科技大学，2017.

第 4 章

构建基于数字孪生的智慧工厂

随着世界范围内信息技术的迅猛发展，大量的企业将先进的信息技术应用于生产制造领域。其中，以智能制造为核心的智慧工厂已经成为现代制造企业发展的主流趋势。数字孪生技术作为智慧工厂中的核心技术之一，被广泛应用到工厂的生产管理中。

传统的工厂管理模式往往采用平面式或文字式的方式进行管理，这种模式让管理者难以真正了解工厂中各个环节的运行情况，也很难发现问题和瓶颈。而数字孪生技术则提供了一种直观、交互、沉浸式的三维空间模型，让管理者可以更为直观地了解工厂中各环节的运转情况。数字孪生技术是通过建立一个与现实世界中的物理对象完全相同的、数字化的虚拟对象，使管理者可以在虚拟环境中进行仿真和模拟实际操作，以便更好地了解问题和优化生产流程。

数字孪生技术的应用不仅可以大幅降低运维成本，还能有效提高生产效率。在数字孪生技术的支持下，工厂管理者可以快速地发现并解决生产中的问题和瓶颈，从而提高生产效率和质量。此外，数字孪生技术还可以帮助管理者提升员工的安全意识，确保员工在安全的环境下工作。

数字孪生技术是智慧工厂中不可或缺的一部分。通过应用数字孪生技术，工厂管理者可以更好地了解工厂的运行情况，更快速地发现和解决问题，最终实现工厂的全面数字化。数字孪生技术的应用将推动智慧工厂的发展，为制造业带来更高的效率和更强的竞争力。

4.1 制造业工厂的发展现状浅析

什么是制造业工厂？制造业工厂的发展现状又是怎样的呢？本节就来浅析制造业工厂的发展现状。

4.1.1　制造业工厂的定义

随着信息化和网络化技术的日新月异,我国工业正逐步迈向新型化发展道路。在此背景下,绿色制造、柔性化制造、集成制造和智能制造等新名词不断涌现,反映了制造业发展的脉搏和趋势。那么,究竟哪些行业属于制造业呢?

根据《中国国民经济行业分类》,制造业是指经过化学或物理变化,成为新产品的制造过程。无论是通过动力设备进行的机械制造还是利用手工进行的生产制作,都属于制造业的范畴。本门类共涉及31个大类行业,包括食品加工、化工制品、家具制造、金属加工、医药制造、交通设备等领域。

工厂从概念上又可分为狭义的工厂和广义的工厂。狭义的工厂即生产车间,仅仅是制造业中生产环节的一部分。而广义的工厂指的是制造行业内的企业,具备研发设计、生产加工、仓储物流、销售售后等全流程的职能。本章所提到的工厂即为制造行业的广义工厂。

4.1.2　制造业工厂的发展历程

回顾全球制造业工厂的发展历程,已历经了三个阶段,现在正处于第四个阶段,也就是工业4.0的阶段。

第一阶段:蒸汽机时代即工业1.0时代

18世纪后期的产业变革以蒸汽机的发明为特征。这次工业变革的结果是机械生产取代了手工劳动。社会的经济形态从以传统手工农业或小型手工业为基础,转型为依靠蒸汽机等机械设施制造的工业经济模式。这一转变为制造企业奠定了基础,促使企业采用作坊式的管理模式。

第二阶段:电气化时代即工业2.0时代

20世纪初期到60年代,工业领域经历了第二次重大变革,形成了以生产线生产为特征的阶段。福特·斯隆基于劳动分工和科学管理的理念,开创了流水线和大批量生产模式。泰勒在生产系统和工作方法的分析与优化领域做出了巨大贡献,创立了科学管理理论。通过对制造系统的功能分解,他推行标准化、流程化的管理模式,将科学管理作为核心。这一阶段的变革大大提高了生产效率和产品质量,推动了工业生产的进一步发展。

第三阶段：电子信息化时代即工业3.0时代

在20世纪50年代，第一台大型实用计算机的问世成为电子信息化时代的标志。电子信息化时代在电气化时代的基础上，增加了计算机在工业中的使用，使制造过程的自动化程度大幅度提升，良品率、生产效率等生产指标都有了明显的改善，甚至是机械设备的寿命都得到了前所未有的提高。在这个时期，工厂开始使用由电子信息技术、自动化技术构成的机械设备进行生产（如单片机、PLC等）。从此，人类的生产作业活动不断被机器替代，不仅包括重复性的体力劳动动作，还涉及一部分决策性质的工作。生产组织形式也从工厂化转变为现代大工厂，人类进入了产能过剩时代。在工业3.0时代，制造业企业深度推进5S、QC等标准管理，使得岗位划分更加标准化。

20世纪50年代，自动化技术、计算机技术、微电子技术在全球范围内得到快速发展，同时也推动了制造技术向高品质、柔性生产的方向发展。从20世纪70年代开始，受到市场多样化、个性化的影响，制造技术在面向市场、柔性生产的新阶段，引发了生产模式和管理理念的革新，出现了计算机集成制造、精益生产等模式。

第四阶段：智能化时代即工业4.0时代

21世纪开始，制造业将步入"分散化"生产的新时代，即工业4.0时代。这个阶段，工厂通过先进的数字技术实现智能制造，企业运用高度自动化和智能化的设备、工具与系统快速适应市场需求，实现更快速、更灵活、更高效的制造流程，以满足个性化需求和快速响应市场的变化。数字技术和物联网技术的应用，使得制造企业可以更加智能化地进行生产，逐渐实现工业自动化向智能化的转变，提升了工厂的生产效率和产品质量，推动了制造行业的转型升级和发展。

工业生产与物联网、大数据、云计算、数字孪生等新兴技术的结合，将实现工厂自动、柔性、智能生产，让工厂可以与终端需求直接对接。这些先进技术的应用，将引导企业的生产组织形式从现代大工厂转变为虚实融合的工厂，在满足市场需求的同时，通过信息化的技术手段实现工厂管理模式的革新。

4.1.3　制造业工厂目前所面临的问题

当前，中国现代化制造工厂的自动化、信息化程度都相对较高，ERP、MES等各种系统的部署和软硬件的联合应用，都使得工厂的管理手段更为智能。但是由于各类系统相互独立、信息不透明、数据可视化程度不高等问题，导致工厂生产运营过程中的庞大数据无法得到有效的融合与应用，反而增加了工厂管理的工作量。常见的问题如下：

1. 管理分散、数据调用难

工厂的信息化、智能化改造往往是分步实施的，因此在企业内形成了多个独立的业务系统平台。企业的管理人员在使用这些业务系统时，往往需要查询多个系统才能统计出所需的完整数据，这种分散式的管理模式将大大降低管理者的决策效率。

2. 缺少工厂/车间现场智能分析模型

现有的生产管控系统依托智能化设备来监管生产活动，其主要任务是采集生产数据，监管生产过程，但因缺少分析模型，无法实现现场智能分析的目的，无法做到在虚拟环境模拟仿真生产活动，更无法优化生产过程。

3. 缺乏支撑智能分析的工业大数据

虽然企业生产经营管理系统众多，但没有建立好底层的数据汇聚平台，当企业想深度挖掘工业数据进行智能分析时，这些无法互相通信的数据导致系统无法为企业提供智能决策方面的数据支持。

4. 生产过程缺乏可视化监控

数据可视化的呈现效果较差，导致管理人员无法实时、全面、准确地得知各生产及相关环节的实际状况，更无法及时进行排查及处理。

针对当前制造业工厂所面临的一些问题，为了实现更高效的生产管理，企业可以将工厂内部的生产网、企业内的经营网和企业外的互联网相结合。通过这种方式，企业对生产实时数据和企业运营数据进行充分挖掘，并通过整合业务专家的专业知识图谱，利用数字孪生的表现形式为工厂的管理决策者提供数据分析和应用支持。

4.2　数字孪生智慧工厂的设计思路

如何建设数字孪生智慧工厂呢？本节通过阐述数字孪生的建设目标，进而引出数字孪生智慧工厂的设计思路。

4.2.1　智慧工厂的发展

随着工业4.0时代的到来，对生产过程、生产流程进行数字化系统构建，已经成为工业领域的重大趋势。基于这个大的背景，企业管理者都在积极寻找有效的实现路径，以期望在工业4.0时代找到企业高速发展的方向和方法。数字化的解决方案的确能够为企业带来巨大价值，但是，在过去引入这些先进技术（如数字孪生、人工智能等技术）的成本高昂，收益与投入不相匹配。随着信息存储成本与计算成本的降低，数字孪生在工厂的应用案例与潜在收益持续上涨，并转化为商业价值，数字孪生技术在智慧工厂中的应用也越来越广泛。现代工厂按其信息化程度可分为以下5个进阶阶段。

1. 互联工厂（Connected Factory）

可以通过4G/5G、WiFi、PON等通信方式实现设备数据采集和车间联网，也称为M2M（Machine to Machine）。这是实现智慧工厂的基础，只有把数据的基础打牢，智慧工厂的建设才能取得实效。

2. 透明工厂（Transparent Factory）

这个阶段已经有了一些信息化的系统，如SCADA系统、视频监控的智能识别系统等。可以实时展现设备、生产、质量、能耗、环境、工人行为等数据，实现工厂运营的可视化；数据可以从企业工厂、车间到设备层层钻取，将需要决策和审批的数据发送到相应负责人的移动终端，实现数据的透明化。

3. 数字工厂（Digital Factory）

这个阶段工厂已经实现了MES/MOM系统的集成应用，通过系统可以进行工厂设备的布局仿真、物流仿真、人因工程仿真、装配仿真和机器人运动仿真等。离散行业企业可以应用数字拣货系统（DPS）进行分拣；流程行业企业可以实现自动化控制；工厂会具备智能巡检的系统，并推进能源管理的数字化。

4. 智能工厂（Smart Factory）

这个阶段工厂会应用高级计划排程系统（APS），基于实际设备状态和产能自动排产；应用柔性制造系统（FMS），实现多机器人协作和人机协同的柔性生产，尽量减少换型次数，缩短换型时间；开展机器视觉应用，实现AI质检；实现厂内物流及时配送；流程行业企业应用

APC系统实现流程优化控制；应用VR/AR系统实现操作员培训（OTS），辅助设备运维；实现IT/OT融合。

5. 智慧工厂（Intelligent Factory）

数字孪生是这个阶段的特点，构建数字孪生型智慧工厂，持续优化工厂运营；软件定义制造过程，工厂可重构；可以实现设备故障的预测、产品质量的预测等多种预测分析，并依据预测的结果进行模拟优化，最终实现工厂的高效、节能、低碳、绿色运营。

4.2.2　数字孪生智慧工厂的建设目标

数字孪生智慧工厂更加强调基于工业物联网平台的应用，将数字孪生、物联网、大数据、云计算、边缘计算等新兴信息技术与工厂生产的全过程相融合，使工厂生产自动化、信息化、智能化，提高工厂的生效能效和管理效率。

实现工厂的数字孪生并不是一蹴而就的，按照数字孪生在工厂中的应用成熟度，其在工厂中的应用会有6个阶段目标，如图4-1所示。虚实共生是数字孪生在工厂应用的最终目标。

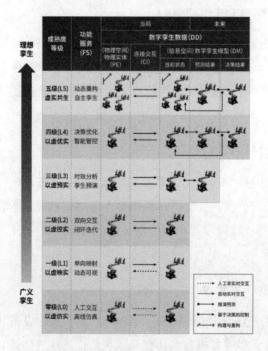

图 4-1　工厂数字孪生的 6 个阶段

1. 以虚仿实（L0）

以虚仿实是利用数字仿真技术对物理实体进行描述和刻画。特点是人工交互、离线仿真，能够从几何、物理、行为和规则等多个维度对物理实体的各种属性和特征进行单方面或多方面的描述，进而可以在一定程度上替代物理实体进行仿真分析或实验验证，为实际应用和实践提供了强有力的支持。

2. 以虚映实（L1）

以虚映实是利用数字孪生模型实时复现物理实体的状态和变化过程。特点是单向映射、动态可视，由真实且具有时效性的物理实体相关数据驱动运行，能够同步展现与物理实体相同的运行状态和过程，输出相同的结果，从而使得监测物理实体的过程不再受时间、空间和环境等诸多因素的限制。这一技术突破了监测物理实体过程中的限制，为物理实体的实时监测和应用提供了有效的技术手段。

3. 以虚控实（L2）

以虚控实是利用数字孪生模型间接控制物理实体的运行过程。在以虚映实的基础上，增量建设由数字孪生模型到物理实体的数据传输通道，实现虚实实时双向闭环交互。特点是双向交互、闭环迭代。这一技术使得物理实体具备了远程可视化操控的能力，从而进一步突破了空间和环境对于物理实体操控的限制。

4. 以虚预实（L3）

以虚预实是指利用数字孪生模型预测物理实体未来一段时间的运行过程和状态。数字孪生模型能够通过与物理实体的实时双向闭环交互，动态反映物理实体当前的实际状态。特点是失效分析、孪生预演，能够利用所描述的显性机理和数字孪生数据所蕴含的隐性规律，实现对物理实体未来运行过程的在线预演和对运行结果的推测。这一技术使得未知的事物能够被转化为预知，将突发和偶发问题转变为常规问题。

5. 以虚优实（L4）

以虚优实是指利用数字孪生模型对物理实体进行优化。特点是决策优化、智能管控，不仅能够基于实时反映物理实体的运行状态，结合数字孪生数据预测物理实体的未来发展，还能够在此基础上利用策略、算法和前期积累沉淀的知识，实现具有时效性的智能决策和优化。同时，基于实时交互机制，可以实现对物理实体的智能管控，进而提高物理实体的运行效率和节能减排效果，促进可持续发展。这种技术可以应用于各种物理实体的优化和管理。

6. 虚实共生（L5）

作为数字孪生工厂的理想目标，要实现物理实体和数字孪生模型的自主构建或动态重构，需要基于双向交互实时感知和认知对方的更新内容，同时利用3D打印、机器人、人工智能等技术，实现两者间的动态一致性。这一技术可以帮助数字孪生工厂实现低成本、高质量、可持续的运营。在这种理念下，数字孪生工厂将不再是一个静态的模型，而是能够动态适应实际生产环境的自适应系统。物理实体和数字孪生模型之间的双向交互可以帮助数字孪生工厂逐步实现自主构建和动态重构，并保证数字孪生模型和实际物理实体的长时间一致性。这种实时感知和认知的方式可以大大提高数字孪生工厂的效率和可靠性，从而带来更高质量和更短周期的生产。虚实共生也是当前数字孪生技术应用的最理想目标，如图4-2所示。

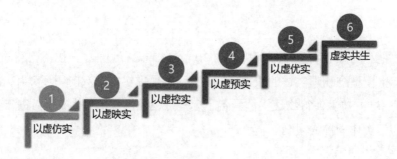

图 4-2　工厂的数字孪生目标

数字孪生智慧工厂最终可以实现工厂的设计验证和工厂生产过程的可视化。通过数字孪生构建出的虚拟工厂，对物理实体工厂实施远程运维管理，为物理实体工厂提供全生命周期的追踪，最终实现工厂的智慧化决策。

4.2.3　数字孪生智慧工厂的总体规划

工业数字化转型是我国加快推进产业升级的战略要求，有助于提升我国制造业的整体竞争力。数字孪生技术作为推动实现工业企业数字化转型的重要抓手，在工业生产活动中的各个环节起到了重要作用。

建设数字孪生的智慧工厂可以实现资源调配、智慧化生产。通过数字孪生模型的实时监测和管理，可以减少停机时间和维护成本，提高产品质量和可靠性，减少废品率和成品库存，从而显著提高生产效率和降低生产成本。数字孪生模型基于真实工厂搭建虚拟工厂，实时反映真实工厂各个方面的运行状态，以实现真实工厂的孪生复现。数字孪生工厂可以实现信息化平台多维度的数据贯通，实现基于数字孪生的工厂一体化管控。这样，数字孪生工厂也就可以利用实时数据和智能算法进行更精细化的生产规划和生产过程优化，从而达到智能化、数字化、未来化的目标。

本章引用《数字孪生白皮书》中对数字孪生智慧工厂的设计规划方案，采用4层架构设计，如图4-3所示。

图 4-3　数字孪生智慧工厂系统架构图

1. 基础层

基础层通过传感器检测获取物理过程及其环境的关键数据，包括工厂中的生产设备、附属设施以及基础的数据库，涉及生产数据、环境数据、能源数据、工艺数据等。

2. 数据互动层

数据互动层包含工业数据的采集、传输和处理，工厂数字孪生体通过模型构建、融合、修正和验证，与实体工厂进行数据互通和验证，通过数据层面的深度互动形成数字孪生数据的闭环流通。

数据通过网关进行对接，确保数据的准确性和可靠性。借助该网关，可以实时了解全区重点工作的进展情况，并根据不同工厂管理者的权限及分管主题，使用智能推送向其推送相关数据信息。同时，还会通过该网关对接其他应用，实现数据的共享和交互，进一步提高企业的信息化水平和工作效率。

数字孪生体是对物理对象在虚拟空间的映射表现，通过模型构建、模型融合、模型修正、模型验证等一系列技术手段来实现。模型构建是创建数字孪生体的基础，不断创新的建模技术可以提高对数字孪生的刻画效率（如工厂的建筑、生产线、环境等）。完成模型构建后，需要通过融合技术将这些模型打造成完整的数字孪生工厂，在这个过程会涉及跨领域和跨尺度的模型融合技术，并对建模效果产生重要作用。

模型修正是通过实际运行数据对数字孪生模型进行连续修正，这个步骤是数字孪生体即数字孪生工厂建模精度不断迭代的关键，它包含了数据模型实时修正和机理模型实时修正。通过模型修正，可以提高数字孪生建模的准确性。

模型验证技术是孪生模型从构建、融合到修正的最后一步，只有经过验证的模型才可以应用于真正的生产现场。目前，模型验证技术可以分为静态模型验证技术和动态模型验证技术两大类，通过评估验证现有模型的准确性，可以提高所构建出的数字孪生工厂的可靠性。

3. 应用层

基于采集到的工厂各维度数据，在应用层构建各类的应用，覆盖工厂的全业务流程，如设计、生产、安全、应急等。

应用层提供了业务数据的可视化，实现了大数据业务专题的快速可视化呈现，让数据更加直观、易于理解。通过可视化编排管理功能，数据可视化可以快速构建各个专题的业务运行态势。数据可视化是直接呈现给工厂管理者的应用，包括智慧工厂大屏态势感知仪表盘等，有助于提高工厂企业管理者的工作效率。

4. 策略层

通过应用层提供的基础应用，进行多应用的融合分析，为工厂的发展提供策略性的指导，如生产线的优化、绿色制造、节能减排等。

数据分析是策略层至关重要的一部分，其中包括数据分析算法和业务指标及分析模型管理两大部分。数据分析算法提供了基本的分析算法，例如对比分析、切片分析、切块分析和聚类分析等，以满足大数据指标计算和分析的要求。业务指标及分析模型管理则通过构建业务指标库，对各类标准业务模型进行管理，以满足业务建模的需求。数据分析层的完善，有助于企业更加精准地掌握数据，做出可靠有效的策略决策，提高企业的生产效率和市场竞争力。

4.2.4　智慧工厂实现数字孪生的技术路线

构建基于数字孪生的智慧工厂，通常会有三个关键步骤，即打造工厂数据底座、建立数字孪生工厂模型、部署数字孪生应用平台，如图4-4所示，这也是构建数字孪生工厂最常见的技术路线。

图 4-4　构建数字孪生工厂的技术路线图

1. 打造工厂数据底座

数字孪生工厂是工业领域最新的先进模式，其建立的前提是基于物理实体的数据。全量全要素的数据底座是数字孪生体质量的保障，全面反映了工厂管理的复杂性、客观性和高效性，覆盖了整个工厂的多个对象。数字化的全量数据使管理决策更加精确、快捷而有效。全要素数据体现了工厂管理的全面性、客观性与高效性，只有整个工厂对象的属性描述齐全，才能对生产过程进行全面而准确的跟踪与监测。

工厂的规划设计阶段是工厂全生命周期的源头，因此，在此阶段就要充分理解工厂的管理者对数字孪生工厂的建设需求是什么，尽可能确定需求范围。同时，在规划设计阶段就应开展数据的整理工作，例如工厂的对象类库，建立统一的数据标准和数据质量控制规范。通过采取保密措施，建立数据透明度并缩小数据收集和使用的差距，打造可持续的数据提供链和数据应用体系。

通常，建设一个数字孪生工厂需要依靠集成化的设计平台将不同角色在设计过程中实现协同，保障设计数据与交付数据的互通和互相验证。这为工厂各领域的专业人员提供了一个知识共享、技能互补、优势互补的协同集成平台。通过传递真实设计数据，实现数字化交付，建立清洁准确的数据交付体系，从而保障数字化交付的质量和效率。同时，清洁准确的数据在工厂全生命周期内自动流动，支持设备、产品和生产流程的可持续性，提高生产效率和自动化水平。

要建立数字孪生工厂，必须采集全面的数据以描述物理工厂。为此，制定数据采集统一标准、打通各核心系统的数据对构建数字孪生工厂非常重要。在工厂的设计、物料的采购、生产等过程中，应充分利用信息技术手段，按照采集标准及时、准确地收集所需数据，并通过实时数字化交付传递给下游系统，最大化发挥数字化交付的价值。这也是建设数字孪生工厂过程中非常关键的步骤。

数字孪生工厂的建设需要各专业人员之间的紧密协作。例如，工艺设计人员应在工艺设计集成平台上实现工艺的协同设计，为后续其他专业人员的数字化设计提供支持。其他专业的设计人员则可以通过工程设计统一平台实现全专业的集成化设计，确保设计数据来源的同一性和信息的准确性，如三维的协同设计等。集成化的协同设计还可以为供货商的深化设计提供可靠的数据来源，为数字孪生工厂的建设打下坚实基础。

设备供货商的交付信息是构建设备级数字孪生的重要来源。在制造业工厂数字化转型的初级阶段，供货商的数字化水平和能力参差不齐，大部分企业还未实现数字化制造，无法实现数据的自动采集。因此，供货商数据采集成了工作中的难点。如今，解决这一难题的方法通常是制造企业在加快自身数字化进程的同时，建立与供货商协同合作的供货商数字化管理平台。这个平台将设计的数字化与供货商管理的数字化进行融合，实现设计与供货商数据的共享和传递，确保供货商数据的高效采集和有效管理。这种方法不仅可以提高制造企业自身数字化水平，还可以加强与供货商之间的合作，共同推动制造业的数字化进程。

随着信息技术的发展，对二维码、条形码等的扫描成了快速采集信息的一种常用方式，通过将信息实时传输至工厂的管理系统，明显提升了工厂数据的采集效率和质量，从而进一步提高了工厂管理的效率。

在数字孪生工厂的建设阶段，建立稳定的静态数据底座是非常重要的。在这个基础上，实体工厂中通过对设备进行监测，实现了动态数据与静态数据的统一采集，进而达到对设备或装置进行数据可视化监测的效果。系统通过对大数据的进一步应用,依托人工智能算法等先进技术,可以实现设备和装置的预测、优化和诊断。例如,可以通过对单个电机状态监测、群体电机状态监测实现电机故障诊断和预警,从而提高设备的可靠性和工作的效率。此外,还可以进行设备的腐蚀监测、仪表和电气设备的监测以及故障诊断和预警。这种方式不仅可以提高设备的可靠性和工作的效率,还可以在安全、环保等方面拓展应用,促进工程建设的信息化和智能化进程。

2. 建立数字孪生工厂模型

数字孪生工厂建设的核心是建立一个有生命力的孪生工厂模型。该模型由三维模型、设备控制模型和工艺模型三个部分构成。三维模型主要描述物理工厂对象的外形和物理属性,并能够更好地理解物理实体工厂的实际情况。设备控制模型和工艺模型用来描述物理实体工厂运行的行为和状态,预测和诊断物理工厂状态和故障也正是基于此类模型。将三个模型进行叠加,最终构成具有生命力的孪生工厂,与物理实体工厂形成反馈控制,指导物理实体工厂的优化。通过构建孪生工厂模型,能够更为准确地预测和诊断物理实体工厂的状态,从而提高工厂设备设施的可靠性,促进工厂信息化和智能化发展。

在建设物理工厂的阶段,工厂的三维模型已经能够实现与设计同步建设。随着设计和配套供货商数字化能力的不断提升、模型库的不断积累,三维模型的颗粒度也会根据信息化的发展而不断细化。这不仅有利于提高模型的质量,还将会大幅度降低三维建模的成本。因此,三维模型的建立已经不再是构建孪生工厂的瓶颈,而是为数字孪生工厂的发展提供了可靠而高效的支持。

设备控制模型是构建设备设施数字孪生的核心。例如,对于流程工业中用到的大型关键机组设备,设备的制造商拥有更多的数据和经验,而结合工艺模型及设备控制模型的设备故障诊断应用仍处于在探索的初期。

工艺模型的建立同样是构建孪生工厂的重要一环,也是目前影响孪生工厂构建效果的重要因素。以化工企业的流程生产过程为例,由于大型装置品种众多,生产工艺流程复杂,物质流、信息流、能源流之间的耦合关系也很难确定,因此,出现了一种新型的建模方法——混合建模法,将机理建模和数据驱动建模深度融合。混合模型综合考虑了生产工艺机理和过程信息,在一定程度上避免了单纯机理模型的收敛性和稳定性差的问题。此外,单纯数据模型无法处理的工况变化等弊端,在混合建模过程中也得到了一定的改善,因此混合建模得到了化工行业的重视。

在工艺模型建立之后,应该如何打通设计模型和生产模型之间的断点呢?解决这一问题需要考虑多个因素,包括建立标准化建模流程、推行模型在线调优、数字孪生模型与实时信息系统的数据互通等。对这些环节进行合理化的处置,也是建立数字孪生工厂模型的重点。

3. 部署数字孪生应用平台

为了解决制造业领域多行业、多专业、多系统的复杂管理需求,建立一体化协同平台是数字孪生工厂实现的关键。此类平台基于物联网技术,能够集成工厂设计研发、采购库存、生产交付、售后运维等各个环节,通过协同工作实现数字孪生工厂的全生命周期管理,依托一体化平台消除数据孤岛,实现工厂的精准化管理。

在一体化平台的支持下,企业的管理者可以轻松实现各个环节工作的协同,并管理不同子系统,实现各个系统之间的信息共享、协同决策和管理优化。这样有助于提高工厂的生产效率,降低制造成本,提高产品质量,并将更加及时、准确和全面的信息提供给企业管理者,帮助企业在市场竞争中取得优势。

该平台的建立可以提高企业数字化运营的水平和管理效率,为企业提供更好的协同工作环境,为单个部门和整个企业提供更高效的数据和信息交流。同时,该平台可以减少沟通成本,提高设备使用效率,降低工厂维护成本。因此,建立一体化协同平台不仅是孪生工厂实现数字化转型的关键,也是制造业数字化发展的必要选项。原因有以下3点:

(1)为打造更加高效的工业生产体系,需要构建基于物联网的交付应用一体化平台。在制造业工厂中,常见的架构模式为"数据源-数据管理平台-核心业务应用",以一体化平台为核心,以生产、经营数据为数据基础,以实现"物理工厂数字化、现场管理可视化、生产运营智慧化"的智慧工厂为建设目标。

一体化平台以企业用户需求为中心,以生产过程监控、生产流程管理和企业经营决策为核心功能,依靠PC端平台和工业APP的应用场景互补,全面助力制造业企业实现信息化、数字化、智能化的升级转型。

(2)为了进一步提升数字孪生平台的跨场景应用能力,需要不断加强平台的技术支撑能力。在不断改进数字孪生平台的服务能力的同时,还需要解决三维模型多跨场景应用的技术难点。目前,行业内普遍采用规模小、独立和松耦合的微服务方式来为一体化平台赋能三维建模能力,以实现数字化交付三维模型的孪生应用。这让工厂的很多场景都实现了可视化的系统应用,如工厂的生产、安全、环保等场景的仿真操作。通过此类场景数字孪生可视化的实践,数字孪生平台的跨场景应用能力将得到进一步的提升,将为企业带来更加高效和智能的服务。

(3)制造业企业基于工业物联网技术,建立数字孪生一体化平台,整合海量的工业技术原理、行业知识、基础工艺以及模型工具,并将这些资源进行规范化、模块化、软件化,进而全面提升平台的数据、技术、业务等服务能力。同时,通过建立工业软件平台的产业生态圈,可以吸引更多的第三方应用开发者投入工业软件开发中,并基于平台开发出适用于特定工业场景的工业APP,逐步完善工业产业生态体系。

通过生产模型+生产数据两个维度对生产管理过程进行优化,实现跨行业的协同设计,实现供应链管理、产品质量管理、设备生命周期管理等众多行业应用。可以相信,数字孪生智慧工厂将为企业的数字化转型注入新的动能。

4.2.5 构建数字孪生智慧工厂的意义

数字孪生智慧工厂可以为企业带来最直接的降本提效的收益:

1. 提高生产效率

数字孪生工厂是一种基于建模和仿真技术的工厂优化方案。通过对实体工厂进行数字化建模,可以对生产线进行虚拟仿真、优化和模拟。数字孪生工厂能够模拟各种生产场景,帮助企业预测可能出现的问题并提供解决方案。数字孪生工厂还可以帮助企业提高生产设备的利用率,通过模拟设备的工作状态和效率,对设备的故障提前预警,变被动运维为主动运维,延长设备的使用寿命,降低设备故障对生产计划的影响,从而帮助企业提高生产效率。因此,数字孪生工厂是提高企业生产效率的一种创新性方案。

2. 降低生产成本

数字孪生工厂是一项可帮助企业降低生产成本的重要技术。它通过建模和仿真技术优化生产流程,减少生产过程中的浪费,降低了成本。数字孪生工厂还可以针对生产设备进行仿真优化,降低设备的维护成本。此外,数字孪生工厂还能优化物流配送,提高物流效率并降低物流成本。数字孪生技术的引入将为企业带来更高效的生产方式,提升企业竞争力,为企业实现高效盈利带来强有力的技术支持。

3. 提高产品质量

数字孪生工厂是企业管理优化的重要手段,可以帮助企业提高产品质量。借助数字孪生技术,企业可以在虚拟环境中模拟和重现真实的工厂生产过程。通过准确建立生产线的数字模型,包括设备、物料和工艺等方面的数据,企业可以快速分析和优化生产过程,精确识别潜在问题,并采取相应措施进行修正和改进,从而使生产的产品质量更为稳定。数字孪生工厂还可以优化企业的管理模式,从而实现生产过程的可追溯性。这有利于企业对生产过程的全面监管,更好地保障产品的质量和可靠性。此外,数字孪生工厂还提供了数据支持,企业可以更好地进行问题分析和数据挖掘,找到报废、返修等产品问题的根本原因,为产品的进一步改良提供指导,为企业的可持续发展提供坚实的支撑。

4. 提高生产灵活性

要提高工厂生产的灵活性,依靠数字孪生技术是一个很好的实现路线。通过建立数字孪生工厂的生产过程仿真,企业可以更好地了解生产过程中可能出现的问题,并及时做出调整,从而提高生产的灵活性和响应速度。数字孪生工厂还可以实时监控和可视化生产过程,有助于企业及时发现并处理潜在问题,优化生产流程,提高生产效率和灵活性。此外,数字孪生工厂还提供了数据支持,企业可以基于生产数据进行实时分析和挖掘,实现对生产环节的精细化管理,更好地满足市场需求。数字孪生工厂是企业提高生产灵活性和响应速度的重要工具,将为企业带来更高效、更稳定、更可持续的生产模式。

5. 提高安全生产水平

数字孪生工厂在提高企业安全生产水平方面发挥着至关重要的作用。通过模型建立和仿真,企业能够准确预测生产过程中可能出现的安全隐患,及时采取措施避免安全事故的发生。对生产安全事故的预测性防护,可以让企业安全管理者更好地了解企业的安全态势,并可以通过数字孪生可视化及时发现问题,更精准的发现问题所处的物理空间位置,以实现快速解决问题,有效提高安全生产水平。

6. 提升企业综合竞争力

随着市场需求和业务模式的不断变革,能否适应这种快速的变化,是评价企业竞争力强弱的非常重要的因素。通过数字孪生工厂,企业可以优化生产流程,提高生产效率和产品质量,同时还能降低生产、物流、管理成本等费用,进一步提高企业的利润率和市场占有率。数字孪生工厂还可以通过数据挖掘的方式为企业提供深入的市场研究，为企业制定科学合理的市场策略提供准确的数据支持，从而提升企业的竞争力。数字孪生工厂可以帮助企业迅速适应市场变化，实现可持续发展。

此外，数字孪生工厂还支持科学地制定安全管理方案。通过对生产过程进行深入分析和评估，数字孪生工厂可以提供可靠的安全决策依据，确保生产过程的安全可控。因此，数字孪生工厂在帮助企业提高安全生产水平方面具有重要作用。

4.3　数字孪生在智慧工厂中的应用场景

随着市场端需求的变化，生产过程也越来越复杂，导致生产设备增多、人力成本上升、对系统管理水平的要求越来越高。因此，借助信息化、数字化的技术手段对工厂进行智慧管理成为现代化工厂发展的主要趋势，数字孪生技术也在工厂的数字化进程中如雨后春笋般涌现。数字孪生的应用场景包括工厂运营管理涉及的多个方面，如生产工艺设计、生产过程控制、仓储物流管控、工厂设备管理、能耗监控及优化、安全应急管理等，如图4-5所示。

图 4-5　数字孪生在智慧工厂中的应用场景

4.3.1　基于数字孪生的生产工艺设计系统

本节以机械加工行业为例，介绍数字孪生在该行业工艺设计中的应用。

1. CAPP与数字孪生

工艺设计是在考虑时间、成本和质量等多方面目标的基础上，结合生产资源（如机床设备、刀具夹具、人员配置等）的实际约束，制定从原材料到成品的加工路线和工艺参数的决策过程。

计算机辅助工艺设计（Computer-Aided Process Planning，CAPP）是在产品制造工艺设计领域应用信息技术的一种方式，它是实现智慧工厂数字化的核心之一，同时也是连接CAD和CAM的桥梁和纽带。

作为工厂工艺设计重要的一环，CAPP经常面临两个挑战。一是现有CAPP系统不能及时响应复杂制造环境的动态变化，是一种静态的加工工艺方案，因此实时性较差。二是目前CAPP应用的深度有限，不能有效利用产品在整个生命周期内的数据来优化工艺设计并积累工艺知识。未来随着制造业数字化转型和新技术的发展，CAPP将融合数据挖掘、模型推理等技术，实现对制造过程全方面的智能化管理和控制，为实现智能制造提供重要支持和保障。传统机械加工行业CAPP的工艺决策流程如图4-6所示。

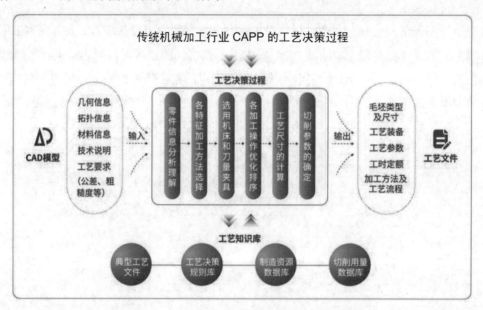

图 4-6   传统机械加工行业 CAPP 的工艺决策流程图

传统的CAPP主要依靠计算机辅助设计系统（如CAD）输出产品设计信息，并根据工艺知识库协助工艺设计人员做出相应的决策判断。这种方法虽然提高了工艺设计的效率，但实际应用中仍存在一些突出问题。例如，工艺决策主要在生产准备阶段做出，一旦工艺文件固化，就不能及时考虑加工偏差动态对工艺决策的影响，导致工艺执行时出现异常。因此，CAPP需要结合数据挖掘、模型推理等技术，融入产品全生命周期数据来优化工艺设计，并实现智能化的工艺管理和控制，为实现智能制造提供重要的支持和保障。

在机械加工和装配等工艺环节中，工艺设计是非常重要的环节。为实现工厂智能制造，工艺设计的决策、推理和优化需要充分考虑产品全生命周期的数据。因此，急需通过技术手段对数字化制造过程中的数据进行有效管理和利用。数字孪生作为实现工厂智能化的关键技术，能够实现对多源异构动态数据的融合和管理，为研发、生产、设计等活动带来新理念以及更佳的可视化效果。数字孪生在工艺设计环节的应用已有很高的价值体现，例如基于数字孪生的三维工艺设计系统和工艺知识挖掘系统，这些系统可以为CAPP带来新的思路，并推动其进一步发展。

2. 基于数字孪生的三维工艺设计

为了满足数字孪生环境下的工艺设计需求，本节引入实作模型（as-build model）的概念，实作模型属于数控加工中工件的加工状态模型。在以实作模型为建模基础的前提下，建立基于数字孪生技术的三维工艺设计系统的方案架构，如图4-7所示。该系统架构由数据层、技术层和功能层三个层级组成。

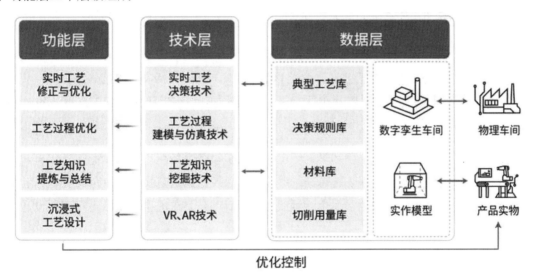

图 4-7　基于数字孪生的三维工艺设计系统架构图

1）数据层

图4-7所展示的架构中，数据层被划分为两个主要部分。第一部分是工艺知识库，其中包括典型工艺库、决策规则库、材料库和机床的切削用量库等。这些知识库存储了与工艺相关的信息和规则，为数字孪生工厂提供了基础的参考和指导。

第二部分是孪生数据，由实作模型和数字孪生车间组成。通过动态的数据交互，数字孪生车间能够有效解决传统工艺设计系统难以考虑的制造资源限制的问题。这种集成和融合的方式使得数字孪生车间能够更加准确地模拟和预测实际生产过程,从而提供更好的决策支持和问题解决能力。

实作模型是数字孪生车间的核心组成部分,它基于实际生产过程中的数据和反馈信息,对生产过程进行建模和仿真。通过实作模型,数字孪生工厂可以动态地监测和分析生产数据,并根据需要进行优化和调整。数字孪生车间实现了物理车间、虚拟车间与产品实物数据的集成和融合,即使现实中的制造资源发生了变化,系统也可以通过动态的数据交互进行状态上的同步。

2)技术层

基于数据层建立的各种应用技术,部署在系统架构的技术层。这里包含了实时工艺决策技术、工艺过程建模仿真技术、工艺知识挖掘技术和虚拟现实/增强现实(VR/AR)技术。例如发动机的装配工艺,可以使用实作模型和VR/AR技术在虚拟空间中进行自动布局和设计,从而缩短生产准备周期,提高装配的质量和效率。

3)功能层

基于数字孪生技术的三维工艺设计系统具备丰富的功能,包括实时工艺修正与优化、工艺过程优化、工艺知识提炼与总结等。通过对这些功能的使用,可以极大提高工艺设计的效率和精度,解决传统工艺设计系统实时性差和应用浅的问题。

通过实时工艺修正和优化,数字孪生环境下的工艺设计系统可以及时调整工艺流程,从而提高生产效率。利用工艺知识提炼与总结,系统可以深入挖掘工艺知识,并为未来的工艺设计提供指导,让设计师可以使用数字孪生沉浸式工艺设计系统,在虚拟环境中进行工艺设计,进而提高设计效率和准确性。

3. 面向数字孪生的工艺知识挖掘

高效地挖掘企业的工艺设计知识,并积累成为企业的专业知识库,提升工艺设计水平,是CAPP发展的重要方向。工艺设计知识通常会隐藏在大量的数据和实践经验中,不易通过显性方式表达,因此,必须采用适当的知识挖掘手段和工具进行知识发现,不断开拓新的知识领域,持续提升企业的工艺设计能力。

通过数字孪生技术可以有效地管理产品全生命周期的数据信息,它可以为工艺知识挖掘提供有力的数据支持。基于数字孪生技术的工艺知识挖掘,将产品全生命周期的数据以数字孪生体的形态反馈到虚拟空间。在此基础上,可以通过数据挖掘技术,对历史过程的工艺设计经验进行数据挖掘，形成高度可用的工艺知识数据。利用数字孪生技术，可以回溯物理空间，指导产品生产设计的全过程。基于数字孪生的工艺知识挖掘流程如图4-8所示。

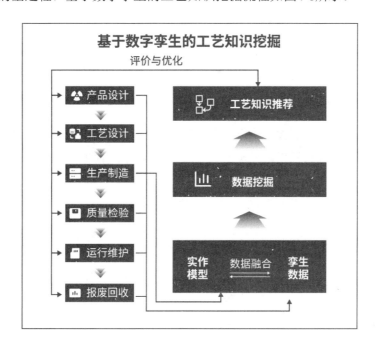

图 4-8　基于数字孪生的工艺知识挖掘流程图

数字孪生技术有效地实现了全生命周期的产品设计、制造和检验数据的积累，完成了虚拟和实物的映射。这也为解决计算机辅助工艺设计发展过程中的实时性差、无法为产品全生命周期服务等问题提供了解决思路。通过结合实物模型和数字孪生车间，可以实现基于数字孪生的实时工艺决策，同时监测和管理生产要素的实时状态。该技术的应用有助于企业实现数字化转型和升级，提高企业的竞争力。

4. 系统价值

在工艺设计过程中，工厂所面临的诸多问题正借助数字孪生技术找到了新的解决思路，其意义如下：

（1）实时工艺决策：数字孪生技术可以通过与实际生产工艺的数据交互，实时刻画和响应各生产要素的实时状态。通过分析和挖掘这些实时数据，可以提供实时的工艺决策和优化方案，帮助工程师及时调整工艺参数，提高生产效率和质量。

（2）工艺知识挖掘：数字孪生技术可以对产品全生命周期的数据进行高效且全面的挖掘和分析。通过分析生产过程中的数据，可以提取出潜在的工艺知识和规律，进一步积累和迭代工艺知识。这些工艺知识可以用于优化生产过程，提高产品的质量和稳定性。

（3）虚拟试验平台：数字孪生技术可以建立虚拟试验平台，代替传统的实际试验。在这个虚拟试验平台上，可以对不同的工艺参数和条件进行模拟和优化，从而降低实际试验的成本和风险。通过不断进行虚拟试验和优化，可以提高工艺设计的效率和准确性。

基于数字孪生的生产工艺设计系统，具备提高工艺决策技术实时性和预测性的能力，并可快速实现工艺知识的挖掘与积累，为推动计算机辅助工艺设计的快速发展助力。

4.3.2　基于数字孪生的生产过程监控系统

当缺少直观有效的技术手段时，对制造工厂的生产过程管理只能从结果中进行后分析。生产过程中的大量关键数据对生产管理者来说就是一个"盲盒"，这个盲盒中有生产设备的状态、进度、物料的位置等关键数据，这些数据对分析生产效率、提供生产决策至关重要。因此，采集这些生产过程数据，并且通过一套可视化的生产监控系统实现生产透明化，是生产管理者的核心诉求之一。

生产的过程监控系统需要基于实时数据驱动，并注重可视化效果的展示。数字孪生技术在此方面有着广泛的应用空间。数字孪生系统可以实时将物理系统的运行状态反馈至数字模型，通过模型分析优化生产过程，有效提升效率，降低成本。数字孪生系统还能够实现智能化生产，利用数据分析与预测技术提前检测生产过程中的问题，并快速进行调整，避免发生故障和产生延误，更全面提高生产管理水平。数字孪生系统与生产监控系统的相互协同，可以进一步提高企业的竞争力。

1. 系统架构

基于数字孪生技术的生产过程监控系统总体架构如图4-9所示，主要包含的内容如下：

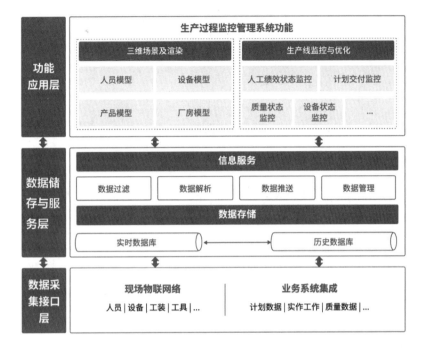

图 4-9　基于数字孪生技术的生产过程监控系统架构图

1）数据采集接口层

数据采集接口层主要的价值是对生产线上的动态数据进行实时采集，并与业务系统（如生产执行系统MES）集成，为生产过程可视化监控系统提供有效的数据源。生产过程的动态数据涉及的维度较多，包括设备数据、工装或工具数据、生产进度数据、工人工时数据以及生产的质量数据等。其中的设备数据、工装数据、进度数据等都可以通过现场的智能设备或传感器进行数据的采集和上传，部分数据还需要物联网的标签（如RFID、阅读器等）采集，其他的数据则需要通过与其他的业务管理系统进行数据对接来获取，例如质量管理系统QMS、生产执行系统MES等。

2）数据存储与服务层

数据存储与服务层主要的作用是对数据进行基础处理。为了保障数据的准确性和有效性，需要数据过滤服务对大量数据进行过滤。数据解析服务通过一些系统预定义的协议对基础数据进行识别，并将数据匹配到系统中为数据管理和数据推送服务，实现统一的数据应用管理。

3）功能应用层

从功能应用层面，可以将基于数字孪生的生产过程监控系统分为两大功能部分。一是在虚拟空间中实现三维场景的建模及渲染,构建数字孪生工厂或车间。为了实现三维立体监控的效果,系统需要对生产过程中的各类元素进行建模,以支撑实时动态的过程监控。

二是实现生产过程的优化,这是数字孪生的高阶应用。要实现更好的优化效果,系统通常需要进行海量历史数据的学习和训练,通过实时监控和历史经验学习来实现闭环反馈。此项功能常用在生产计划的监控和优化、质量状态的监控和优化等方面。

2. 系统功能

基于对生产过程的数据采集以及对工厂的三维场景建模,可以建立一套实时监控的管理系统,该系统可以实现实时数据与三维模型数据的关联和映射。通过数字孪生技术,可以将实时数据与虚拟模型属性进行同步更新,以保持画面的实时性。例如,生产线的状态变化都可以实时反映在三维虚拟监控画面中,使生产管理者可以直观地了解生产线的状态,借助各种监控数据的提取方法,实现生产线的综合看板和交互式监控;通过选择不同的视角、分析历史数据或模拟不同的场景,来进行生产线状态的分析和优化。基于数字孪生的生产过程监控管理系统核心功能如图4-10所示。

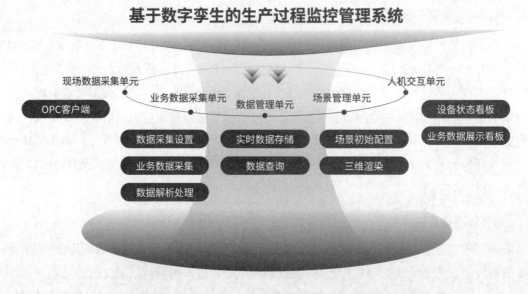

图4-10　基于数字孪生的生产过程监控管理系统核心功能

1)现场数据采集单元

随着时间的推移,工厂、企业的管理者越来越重视实时监测生产线参数的重要性,以提升生产效率并对现有流程进行优化。为了实现这一目标，生产过程监控管理系统往往通过系统流程图的形式展示生产线的实时状态。工厂的管理者无须亲自到工厂现场，也能够了解整个企业不同控制系统和生产现场的运行情况。此外，借助互联网技术，管理者还可以通过远程访问工厂的生产数据来实时进行监控和控制。这一系统的优势在于，有助于企业管理层及时发现生产线异常情况，及时调整流程和参数，提高生产效率并降低损失。

为了实现数据的实时采集，需要通过与SCADA系统的集成来对现场数据进行采集和监测。现场数据采集系统SCADA如图4-11所示。此外，数据采集主要采用OPC协议，并通过现场数据采集模块作为OPC客户端来连接OPC服务器并获取数据。当数据采集完成后，系统会对数据进行解析、推送以及管理，用以提高数据的可用性，以便于系统对数据的后续使用。

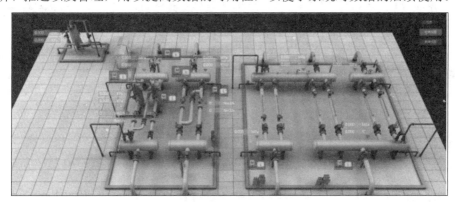

图 4-11　现场数据采集系统 SCADA

2）业务数据采集单元

业务数据采集单元包含三个重要功能，分别是业务数据的采集设置与配置、业务数据的通信与采集、业务数据的处理与解析。在业务数据采集设置过程中，企业的系统管理人员可以通过系统软件快速地配置所要连接的业务系统，通常会涉及IP地址、端口号、登录用户信息等。系统可通过Web Service或API接口等方式访问MES、APS、ERP等生产或业务管理系统，获取生产计划、生产进度、产品质量、成本等数据信息。在获取数据后，系统会对数据进行解析处理，将其转化为便于展示和分析的三维数据结构，以供后续的功能模块使用。

3）数据管理单元

数据管理单元的主要功能是提供实时数据的存储和调用，并对历史数据进行统计，提供数据分析服务。单元内也包含了基本的数据查询功能，可以让使用人员快速调取历史数据记录。

4）场景管理单元

该单元用于场景初始配置和场景三维渲染，包括对场景中涉及的数控机床、机械臂、机器人等设备的状态进行初始设置。场景三维渲染支持虚拟对象和车间场景的即时更新显示，同时还支持各种动画和特效的即时更新显示。激光镭射机床的三维渲染效果如图4-12所示。

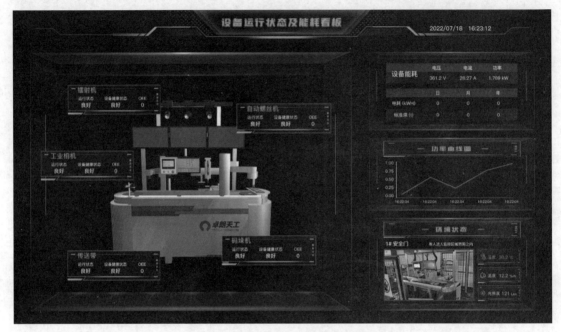

图 4-12　激光镭射机床的三维渲染效果

5）人机交互单元

该功能模块致力于开发一系列UI界面，位于三维窗口主场景中，实时展示生产线各种状态及指标信息，并提供图形、图表等可视化手段。管理人员可以轻松查看、分析数据。其中，看板包括设备状态看板和业务数据看板两类。设备状态看板展示设备状态和各项实时数据，业务数据看板包括生产数据看板、产品质量看板、人工绩效看板等，以支持用户深入的业务分析，如图4-13所示。

3. 系统价值

在智慧工厂的生产过程监控管理中，数字孪生系统的应用价值按成熟度可依次体现为监控分析、问题诊断、仿真预测和智能决策四个等级。

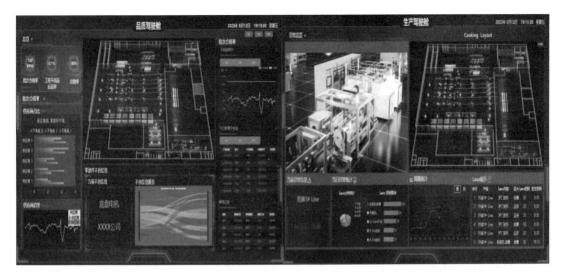

图 4-13　生产车间数字孪生及数据看板

1）监控分析

系统实时地将生产车间的过程数据反映到数字孪生的虚拟车间,实现生产线的可视化实时监控,能够直观地观察生产线的各个节点的运行状态,及时发现异常情况并采取相应处理措施。

2）问题诊断

通过对生产线历史数据的分析,可以诊断生产线运行指标出现偏差或错误的原因。引入大数据分析方法,如聚合分析、离群分析等方式对数据进行比对分析,确定潜在的问题,帮助技术人员进行故障诊断和定位,提供合理的纠正措施,提高生产线的稳定性和可靠性。

3）仿真预测

将实时监测到的生产过程数据、计划数据、设备状态数据等与数字孪生虚拟生产线进行关联,并通过系统在虚拟空间中进行生产过程的实时模拟仿真。通过仿真的结果对现实进行预测,提前预测生产线及生产车间的状态,帮助工厂的管理者和企业的决策者理解生产状态,为优化生产策略提供科学的理论支撑。

4）智能决策

通过对工厂、车间、生产线以及各种设备设施的建模,可以实现对生产过程管理的智能、科学决策。例如,可以利用智能排产调度算法来优化当前的生产计划,确保各生产要素的合理使用;利用积累的产品质量大数据,分析优化产品质量的机会,并提供优化建议,以提高产品的质量等。

这四个方面的价值在功能等级上逐渐上升，并最终帮助企业实现全面的生产管理，提高生产效率和降低生产成本，为企业的决策者和操作者提供决策支持和优化策略，从而增强企业的竞争力。

4.3.3　基于数字孪生的物流仓储系统

物流就像是工厂里的血管，把各种营养输送到对应的器官里。营养对应原材料或物料，器官对应工厂各车间的生产线，一旦工厂的物流出现问题，将对工厂的运转产生巨大的负面影响。但由于物流系统的特性限制，其通常具有复杂性高、成本难以预测等特点。传统的信息化物流系统建设模式需要经过长时间的设计和规划，当面临问题需要调整时，难度非常大。在集成复杂的物流系统时，需要全局考虑每个环节的协调性，并进行充分而完善的前期规划。由于不同系统的设计和施工往往是独立完成的，信息可能会在传递过程中丢失，同时施工调试人员也难以完全理解设计人员的意图，因此意外出错的风险难以避免。

1. 工厂物流的关键场景

数字孪生技术可以在物流领域实现系统规划，促进设计人员和建设人员的协同工作。物流过程通过科学细化处理也可以形成一套数字孪生模型，并通过该模型对物流的实体系统实现虚拟化构建。以人工智能为核心的仿真模型可以在历史数据和虚拟仿真环境的基础上进行即将发生的运行状况模拟，对工厂的物流系统运作进行快速调校和持续升级，从而使物流系统达到最佳的运行状态。

数字孪生理念与虚拟仿真环境的结合不仅可在物流系统领域实现系统规划，还可以在制造业工厂的数字化建设方面产生很多应用，例如大型仓储中心管理和物流智能化设备与系统研发设计等领域。

智慧物流仓储中心是物流中的关键场景，也是目前最适合应用数字孪生的场景之一。常见的智慧物流仓储中心涉及设计、建设、运营等多个步骤，将所有的步骤合在一起，就可以将物流仓储中心看作一个工业产品的完整生命周期。因此，可以将智慧物流仓储与工业产品形态进行类比，这样便于更好地理解智慧物流仓储中心数字孪生系统。对于智慧物流和数字孪生的理解，概括起来为三个关键词，即"全生命周期""实时/准实时"和"双向"。

智慧物流仓储中心的全生命周期指的是数字孪生系统需要贯穿仓储中心的设计、建设、生产、运营，甚至报废的全生命周期过程。这不仅限于生产过程中的优化，还包括能够帮助用户更好地使用产品。通过数字孪生系统，可以对设备和车间、厂区物流网络进行数据建模和数据采集。从单纯的AGV（Automated Guided Vehicle，自动导向车）的生命周期数据采集，到厂区物流系统的设计、安装、施工和运维的可视化，都会有数字孪生技术的应用空间。

实时/准实时、双向类比于堆垛机的仿真技术。数据经由仓库设备调度系统（Warehouse Control System，WCS）不断获取虚拟仿真的反馈信息，并随之改善虚拟仿真的数据参数。通常会引入人工智能技术进行数据驱动式的训练。数字孪生物流系统各要素的关系如图4-14所示。

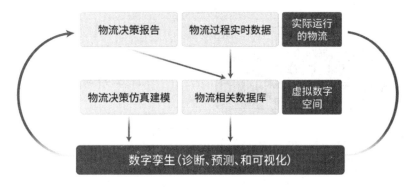

图 4-14　数字孪生物流系统各要素的关系图

2. 实现物流的全生命周期管理

下面主要介绍物流中的三个重要场景是如何通过数字孪生技术实现物流的全生命周期管理的。

1）构建基于数字孪生的物流仓储中心

数字孪生物流仓储系统是目前先进的物流管理手段,可用于在实际仓储物流的管理中建立基于仓库空间数据和设施数据的虚拟模型。该系统利用传感器、采集器、模拟器等对人员、物资、AGV机器人、传输带等设备进行模拟，以实现对仓库存储实体大小、类型、存储特性以及搬运轨迹等数据的分析，从而优化仓储中心的规划布局，提高仓储中心空间的利用率，提升物流的流转效率。

基于数字孪生的物流仓储中心的一个非常重要的应用就是仓储环境的三维可视化,通过构建仓库立体的三维模型，可以实现对仓储中心的环境、布局以及附属建筑物等多个方面的运营情况的立体展示。即使在不同场景切换和再次调整的情况下，模型仍能够被清晰直观地呈现，便于企业管理者进行全面的监管和控制。此外，配备视觉选择AR/VR眼镜，还能够显著提高盘点和拣选等仓库作业的效率和准确性。

数字孪生物流仓储系统还可以通过物联网技术和数字孪生可视化技术集成多种安防管理系统的数据，包括视频监控、电子巡更、门禁、消防等，构建仓库虚拟安防地图。借助仓库虚拟安防地图，管理者可以直观掌握仓库安防状态，实现对仓库安全风险的实时监控和预防。在发生安防报警时，数字孪生物流仓储系统可以通过安防监控平台直接在"3D地图"上定位风险，同时实时可视化显示预警信息，以提高仓库安防响应效率。常见的数字孪生仓库系统架构如图4-15所示。

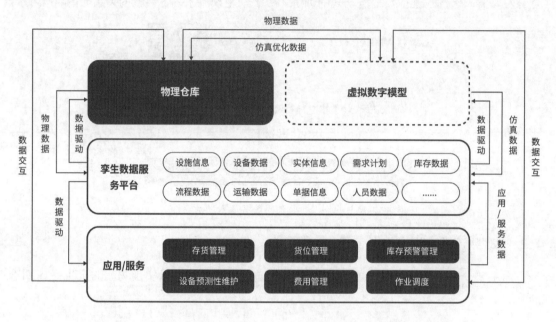

图 4-15　数字孪生仓库系统架构图

企业物流数字孪生仓储中心的关键在于人工智能的应用。该系统以数据驱动为主要特点，并以测试、验证和优化人工智能系统为关键环节，通过为物流流程中的每个环节创造一个数字孪生模型来实现物流实体系统的虚拟化，以便全面掌握物流仓储中心的运营情况，并做出正确的决策。

数字孪生仓储中心具有规模庞大的特点。它以仓储中心的三维模型为基础，与仓储中心的各种传感物联网数据、实时库存数据和运营过程产生的数据进行数据交互，形成实时监控，帮助管理者更快更全面地掌握当前的运营情况。通过仓储中心的三维模型，可以对中心的布局进行虚拟调整，并结合实时信息和运营数据模拟出不同方案下的运营情况。当这些数据累积到一定程度后，再进行仓库运营模拟，就能更加准确地仿真模拟调整后的情况。数字孪生系统可以帮助设施管理人员测试和评估布局更改或引入新设备的潜在影响。这样的模拟评估可以帮助管理者预测改变的影响，提前识别潜在问题，并制定相应的优化和改进策略，帮助减少不必要的浪费。

除了宏观方面的优化调度外，数字孪生在装配前线方面也能够为一线员工提供赋能。员工可以通过可穿戴设备和虚拟现实工具识别二维码或条形码来显示货物信息并完成拣选。基于大数据计算，数字孪生可以帮助员工找到最佳的前往路线，并以增强现实的形式呈现在眼前，从而提高员工效率。例如在货箱拣取搬运的场景中，操作工人佩戴AR眼镜，通过眼镜自动扫描箱子上的条形码或二维码，快速完成货物拣取的信息确认工作，从而提高工作效率。

通过数字孪生技术的应用，一线操作人员的工作流程可以进一步优化，减少出错率，提高工作效率，实现数字化生产，为整个生产系统提供更强的支撑和保障。

2）基于数字孪生的厂外物流管理系统构建

对于运输敏感、高价值的大型设备，数字孪生技术在运输过程的输送状态监测方面发挥了巨大作用。利用安装的传感器，可以实时收集设备状态信息，如温度、包装方向、冲击和振动等，从而通过建立虚拟模型，支持从外部传感器收集的数据推断内部设备状态，预警因碰撞或高温等因素造成的设备损坏风险。数字孪生在物流车辆监管方面的系统应用如图4-16所示。数字孪生技术的应用，可以帮助企业更好地掌握设备运输过程中的安全状况，加速损坏风险的排查和处理，以保护企业资产的安全性。

图 4-16　数字孪生在物流车辆监管中的应用

在厂外物流的场景中，管理者最常遇到的问题就是当链路复杂、节点多且需求不够完全时，如何提升信息传输的速度和精确度，如何降低因个别因素的变化而导致的信息误差。数字孪生技术应用于物流管理中，可以有效地解决供应链管理中的问题。例如，数字孪生技术可以通过构建实际物理环境供应链的数字孪生模型,使物资管理人员能够清晰地了解供应链中的各个节点关联实体之间的数据联系,实现供应链在运行过程的可视化、信息链条通畅无阻、物力资源统筹管控。数字孪生技术的应用可以使企业更好地掌握供应链的动态变化,灵活应对供应链中的各种挑战和问题。

此外,数字孪生技术的应用可以帮助企业进行厂外物流路线仿真,快速找出最优的供应链管理策略和更合理的供应链运作流程,实现用数据驱动业务。数字孪生技术的应用可以推动仓库管理和供应链的升级变革,助力企业实现数字化、智能化转型,打造具有市场竞争力的供应链体系。

通过建立以人工智能为核心的仿真模型,运用历史数据和数字孪生虚拟仿真环境,模拟即将发生的运行状况,并借助AI算法实现数据训练和深度学习。系统对不同场景的物流系统运作进行快速调校和持续优化,输出当前最优的物流系统数字孪生模型。

3)基于数字孪生的厂内物流管理系统构建

厂内物流指物料或成品在各个车间的流转,利用数字孪生的三维可视化技术生成与工厂场景完全吻合的三维虚拟场景,并且可以随时监控厂间物流设备的状态,及时发现异常故障,实现对工厂空间的有效管控,提高工厂的生产及运营效率。

目前,为了实现上面的效果,基于数字孪生的智慧物流工厂可视化与数据服务技术系统应运而生,该系统包括静态三维模型构建模块、数据采集模块、服务平台模块、模型库管理模块、三维模型动态化模块、故障报警模块、历史回溯模块和AGV系统模块等。

通过这个系统,可以快速构建一个逼真的数字孪生模型,为工厂的智能化运营打下坚实的基础,实现精准的管理和监控,并提供全面的数据服务支持,从而为企业的转型升级提供强有力的技术保障。基于数字孪生的厂内物流管理系统流程如图4-17所示。

静态三维模型构建模块是系统的一个基础性模块,它利用目前领先的技术手段,可以快速而精准地建立出厂区内物理实体设备以及场景的静态三维模型。这样,系统就可以高度还原真实的厂区环境和设备布局,从而为后续构建数字孪生模型和进行数据采集建立底层基础。

数据采集模块是系统中极其重要的组成部分,该模块可以对厂区内各种物理实体设备的数据进行采集、统计和推送,确保系统可以实时获取到全面的设备运行状态数据。这些数据将在后续用于数字孪生模型的预测和分析,为物流系统的仿真模拟推演提供数据保障。

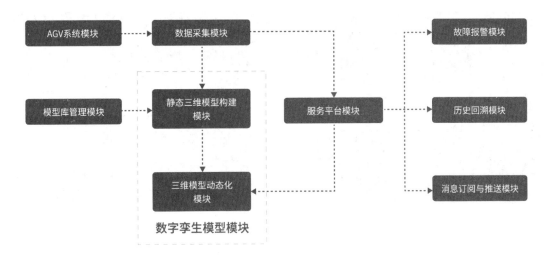

图 4-17　厂内物流管理系统流程图

服务平台模块是一个完整而强大的数据管理平台，兼容多种数据传输协议和方式，可以快速并真正地将采集到的数据传输、整合并存储起来，实现对工厂各种数据进行统一管理和维护。该模块是链接业务端和数据端的关键环节。

模型库管理模块是一项非常重要的管理模块，它可以帮助我们更好地维护建立好的静态三维模型。利用模型库管理模块，我们可以随时更新或替换现有的模型，精细管理各类模型的版本和升级，从而有效保障数字孪生模型和可视化操作系统的稳定性与可靠性。

三维模型动态化模块旨在实现智慧工厂厂间物流的动态建模和动态展示，从而得到动态三维模型。数字孪生模型模块利用静态三维模型和动态三维模型构建数字孪生模型，从而获取物理实体设备的物流状态信息。

消息订阅与推送模块负责订阅、判断和推送物流状态信息。

故障报警模块基于物流状态信息实现对设备故障的实时报警。

历史回溯模块通过对物流设备的运行状态的历史数据的统计与分析，辅助调查当前异常情况发生的原因。

系统基于数字孪生技术、三维可视化技术和数据服务技术，能够打通数据通道并实现对厂区内物流工厂运行过程的可视化与数据服务，相较于现有技术其性能更为出色。通过厂内物流系统可以实时查看工厂环境和物流过程的状态，及时监视、分析和推理设备状态的变化，并实现决策功能，从而帮助规避故障风险。厂内物流环境的三维可视化效果图，如图4-18所示。

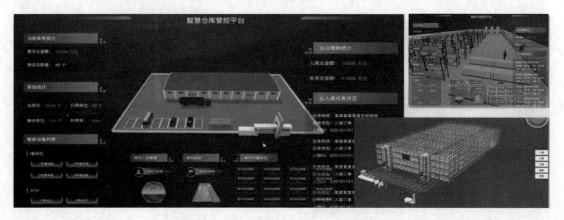

图 4-18　厂内物流环境三维建模效果图

系统具有高效性、实时性和保真性等特点，高效性主要表现在静态三维模型和 AGV 路径优化方面，实时性主要体现在数据采集、消息订阅和推送方面，保真性主要体现在动态化渲染三维模型方面。

4.3.4　基于数字孪生的设备管理系统

在工厂生产线中，重要设备的故障可能会突然发生，导致制造车间停工等问题，从而造成大量人力物力浪费，给企业带来不小的损失。此外，由于设备种类繁多，设备运行信息和维修记录等缺乏统一的管理，设备运维面临很大的困难，时效性也无法得到有效保障。传统的设备点检方式需要大量的人力投入，耗费大量时间，效率较低。同时，在维修设备时，存在着监控盲区无法覆盖和处在高危环境下的设备维修安全风险等问题。

在这种情况下，基于数字孪生技术的设备管理系统就显得尤为重要。数字孪生技术的特点是能够打通数据通道并实现对工厂运行过程的可视化与数据服务，实时监控设备的运行状态和维修情况，帮助规避故障风险。数字孪生设备管理系统通过三维可视化技术，实现了设备状态动态显示，可以快速发现和解决设备故障问题，提高了设备运维的时效性。同时，系统还实现了设备信息的统一管理，高效地进行设备点检和维修记录，大大提高了设备运维效率，降低了人力成本。此外，数字孪生设备管理系统还能够通过可视化技术实现对高危环境设备的自主检测和维修，从而更好地保障工作人员的生命安全。

1. 系统架构

系统基于数字孪生技术、物联网技术等，将用户设备管理的实景作为应用场景，构建同比例的设备数字孪生体，建立设备的生命周期电子管理档案，实现设备的全生命周期管理。系统采集现场设备的运行数据（如温度、振动、压力等）与历史数据进行对比分析，并保持物理实体与数字孪生体的实时同步，从而为设备提供预防性运维解决方案。设备可视化管理系统架构如图4-19所示，系统在设备故障分析、寿命预测、远程管理、工艺培训、智能巡检、远程运维指导等场景有较好的应用。通过对设备的全生命周期进行数字化管理，设备故障可以更快速地被发现和解决，预测性维护方案也能够大幅度地降低维护成本，并且大大提高了设备运维效率，增强了用户体验，减少了运维成本，强化了企业核心竞争力。

图 4-19　设备可视化管理系统架构图

为了构建稳定、高效且具备可靠性的设备虚拟模型，首先需要对设备数据进行分类。设备数据大致分为设计数据、制造数据以及现场运行数据。其中，设计数据包括设备的基础信息、物理/几何数据、工艺数据等，制造数据包括测试数据、运维数据等，现场运行数据包括设备运行数据、监测数据、环境数据、异常数据、相关人员与管理数据等。设备数字孪生模型构建方法如图4-20所示。

为了体现孪生数据模型的数据类型，通常可以将设备物理要素属性数据、设备运行动态数据、关联因素与约束数据、运维管理数据、专家知识与行业标准数据等数据类型都纳入其中。

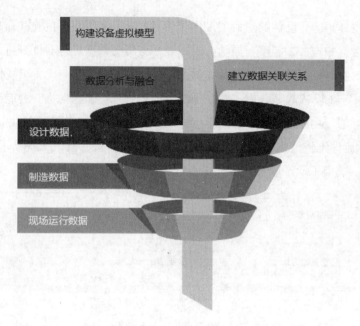

图 4-20　设备数字孪生模型构建方法

为了方便存储与管理，在孪生数据模型设计中可以采用基于设备构件级的数据标准模式，也就是将设备、管线、结构等构件视为单独的对象，存储与其相关的所有属性以及各个对象之间的关联关系。这样做不仅能够更好地展示设备结构和组成，也便于数据管理。

对原始数据的预处理操作也非常关键，目的是获得一致、准确、高质量的数据资源，从而构建数据仓库并存储到设备大数据平台上实现融合。这些预处理操作包括数据清洗、集成、归约、变换等，采用关联规则、相关系数等先进的数据分析方法，提取与业务强关联的过程数据。这样能够为保障设备安全运行提供可靠、可复用的数据资源，有助于提升设备运维效率、降低运维成本，进而提升企业的核心竞争力。

2. 核心功能

1）设备信息可视化管理

通过数字孪生技术对设备信息进行可视化管理，可以实现对设备的信息搜索、位置确认和信息查询。通过建立设备的数字孪生体，可以快速查询和设备相关的信息，包括设备原厂信息、设备的寿命周期、设备的维修保养记录、设备的负责人员信息等。这些快速可查的信息和设备定位为管理者提供了便利，有助于提高设备管理的效率和准确性。

2）设备维修作业可视化管理

基于数字孪生技术，可以实现机电设备维修全过程的综合透明化管理，提高设备维修的工作效率，降低运维成本，并最大程度延长设备使用寿命。通过展示设备的维修、巡检、保养信息等基本档案信息，并透明化维保人员日常运维工作，系统的目标是持续优化设备运行情况，以达到最佳的管理效果。

3）设备管线可视化管理

制造业工厂，尤其是流程工业，厂区内往往布局了大量的与设备关联的管道、管网。为了有效地管理这些设施，需要以设备孪生的虚拟模型和数据模型为核心，用它们来展示，管线的基本信息，如管道材质、关联的设备、参数、位置、设计和使用的年限等。同时，按照各类管线的建模划分管线属性，以便可视化展示管线在设备作用区域的分布情况。还可以通过在线查看设备的运行数据、监测仪表的数据和关联设备的异常或故障信息，为设备的管理提供保障。如果设备出现异常或故障，那么利用孪生模型在线摸排设备关联的管线通道，可以快速发现并处理问题，从而避免设备故障扩大化带来的不良后果，确保人身和财产安全。

3. 系统价值

当数字孪生技术应用于工厂设备智能管理系统之后，就可以实现设备信息的可视化管理，对工厂生产过程中的各种设备进行全面监控和管理。工厂可以将孪生模型集成到设备和工艺的设计和制造过程中，这样可以实现对设备的全生命周期管理，包括设备的使用、维护、维修和更换等。

通过数字孪生设备管理系统，企业的设备管理部门可以实时监测各类设备的运行状态和数据信息，并了解设备的运行情况和潜在故障风险，及时发现和解决问题。在工厂生产过程中，数字孪生技术可以实现全过程的数字化监测和分析，精准预测业务需求和资源需求的变化，通过大数据分析深入了解生产瓶颈和生产效率等问题，为工厂的生产和管理提供重要的数据支持。

另外，数字孪生技术还可以通过远程监控和控制，实现对设备的自动化管控，从而可以减少人为操作工艺，优化生产效率，提高生产质量，并降低生产成本。整个工厂设备智能管理系统的应用不仅可以深刻影响制造业的发展模式，而且在工厂生产效率和质量提升等方面也将发挥重要的作用，为企业带来更高效的管理和更高的生产效率。

4.3.5　基于数字孪生的能耗监控及优化系统

为了适应低碳高效的生产模式，我们需要从产品制造、加工、装配和运输等全周期、全要素的生产制造流程出发，对智能制造仿真生产线的能耗进行评估。这个评估过程可以分为三个层次：工艺级、车间级、产品级，对不同层级的车间进行能耗评估。

产品能效评估是一项全生命周期的能效评估分析，该评估反映了所有要素和周期中能源的最大利用率。制造产品的能效评估需要考虑产品的设计、生产管理、销售和维修等不同阶段的能源消耗，精确计算各个阶段的能效，并通过优化分析来最大化能源利用率和生产效益。

工艺参数和能耗数据是评估能效的核心数据，需要通过对这些数据的深度分析，结合多指标优化分析、等效模型等方法来进行综合评价，找出能源消耗的薄弱环节和优化空间，从而提高生产效益。通过对智能制造仿真生产线的能耗评估和产品能效评估，实现低碳高效的生产模式，从而为企业带来更高的产出和更好的经济效益。

1. 系统架构

基于数字孪生的制造过程能耗评估系统为工厂提供了实时、全方位、多层次的生产能耗评估和优化方案，能耗监控及优化系统架构如图4-21所示。

整个架构大体可分为两个部分，分别是物理空间和虚拟空间。物理空间又分为物理实体层和感知层，主要包括各种耗能单元的实体；而虚拟空间又分为数据库层、评估层、优化层，主要作用是完成能耗的评估和优化。

基于数字孪生的能耗监控及优化系统是一种全面的、高效的、智能化的能耗评估和优化方案，为企业提供了可靠的技术支撑，促进了企业的能源利用优化、生产过程的节能减排和经济效益的提升。

1）物理实体层

物理实体层包括所有可能影响生产进程、机床效率等的物理实体要素，这些要素构成了制造的实体过程。这些要素通常分为3类：

（1）物料资源：如加工所需的原材料、加工成品、半成品组件、生产的辅助材料等。

（2）人力资源：如现场的设备操作人员，生产的管理人员，负责安全、质量、检验的其他人员等。

图 4-21　基于数字孪生的工厂能耗监控及优化系统架构图

（3）生产设备：如车床、铣床、钻床、CNC数控等。

在整个系统中，物理实体层作为闭环反馈作用到的层次，需要对虚拟空间输出的优化结果进行实时响应，将实体的最新状态以模型的形式在虚拟空间进行反映，并持续优化，将通过代码生成的各类数据全部存储到孪生数据层。

2）感知层

感知层通过RFID、识读器、智能电表、红外传感器、通信网络等设备设施，对生产过程的多源异构数据及能耗数据进行采集。这些多源异构的数据包含了固定数据、动态数据，感知层可以使用不同的方式进行获取。该层的核心作用就是采集物理空间内的各种与能耗相关联的数据，为能耗的评估和优化提供基础。

3）数据库层

数据库层是工厂能耗监控及优化系统的基础数据支撑，通常会以云平台为承载，对工厂相关的能耗数据进行储存。这里构建了一个全面的数据库集合，同样也为虚拟模型和物理实体提供存储的空间。各类的能耗物料清单在这里形成自己的专属数据库，如工厂ECBOM库、工程ECBOM库、制造ECBOM库等。

4）评估层

评估层是工厂能耗监控及优化系统的核心层，该层最主要的目的是要为当前能耗情况进行综合评估。通过对已建立的能耗模型、各类的能耗物料清单库、实时的能耗监测分析、历史的能耗经验数据这一系列的数据进行整合，提供准确的能耗情况评估。评估过程是一个多学科、多尺度的决策过程，需要大量的历史数据进行充分的自学习，并在虚拟空间中进行历史能耗的大数据分析，形成能耗经验知识库，用以提升评估准确性，并提供耗能过程的可视化展示，让管理者直观了解能源流向趋势。

5）优化层

优化层是工厂能耗监控及优化系统的高级应用层，用于提供工厂生产制造的全生命周期的能耗优化决策。基于能耗现状的评估结果和ECBOM转化模型，分析模型结果，发现能耗问题和瓶颈，并给出优化改进方案以降低能源消耗。同时，数字孪生空间的孪生体也会不断地更新数据，反馈并控制生产过程中的各种机具、设备，并调优各机具、设备的运行参数（如转速、转角、润滑液使用、刀具类型等），形成闭环的能耗监控及优化。

2. 系统功能

1）能耗评估

基于数字孪生的生产过程能耗评估，是指在物理空间内对工厂的生产过程不同阶段的能耗进行统计和分类，并在数字孪生的虚拟空间中进行分析、预测、优化的过程。整个过程的信息流如图4-22所示。

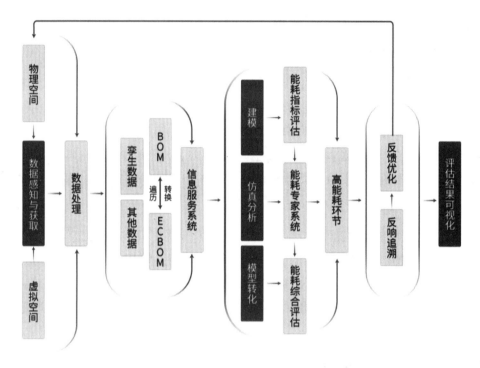

图 4-22　基于数字孪生的能耗监控评估流程图

首先，系统根据物理工厂构建出数字孪生体虚拟工厂，分别形成了物理空间和虚拟空间。感知和采集设备对上述空间进行数据的获取，获取的海量数据通过系统进行处理。因数据量大且繁杂，在处理数据的过程通常会选用大数据的筛选技术、清洗技术和整理技术等。处理后的数据具备了更高的可用性，系统提取能耗的特征数据，并将特征数据进行分类，包括BOM数据、ECBOM数据、孪生数据和其他可用数据等。

孪生数据以及其他可用数据在信息服务系统中进行仿真和优化，而BOM数据和ECBOM数据则需要进行数据转换、数据遍历，为工厂中的能耗特征综合评估提供信息化、数字化的技术手段。通过上述的信息服务过程，系统可以为工厂管理者提供全面的生产能耗状况，并进行优化。最终，评估与优化结果可以通过反馈机制及时上传，优化反馈指令也可以实时下达，从而在物理空间中产生实际的响应，达到更好的能耗效果。这一方法的实践效果已经得到了广泛认可，也在制造业中取得了良好的应用效果。

2）用能反馈

数字孪生技术是数字化时代的一项重要技术，基于数字孪生的生产过程能耗评估反馈机制为制造业工厂的能源高效利用提供了新方向。在数字孪生技术的支持下，制造业工厂能够更好地实现物理空间数据的采集和获取,同时也促进了数字孪生体的BOM、ECBOM数据随着时间的变化,并可以实现多维度用能情况的实时更新。

信息服务系统在虚拟空间中对生产中的能耗过程进行预测、仿真和优化,并反馈至物理空间的实体中。结合实际的生产过程,实现对能耗、资源的重新合理分配,从而实现物理空间的用能调度和优化。系统可以直观展示高耗能环节,并在虚拟空间对生产过程的用能过程和能耗情况进行预测和仿真,生产过程的能耗也通过系统实现了被监督和优化。通过数字孪生技术,真实的物理动作的数据被搜集并反馈给信息服务系统,以及时更新模拟模型并产生准确的预测和优化结果。

反馈机制实时上传物理空间高能耗信息,并下达反馈优化指令,物理空间中的设备和系统按照下达指令实施操作控制,将虚拟空间中的优化结果实现到实际物理空间中,达到更加高效的能耗优化,如图4-23所示。这种基于数字孪生的制造服务能耗评估反馈机制有效地增强了制造服务能耗的监控与控制,提高了能源利用效率和服务质量,同时也拓展了数字孪生技术在制造业中的应用领域。

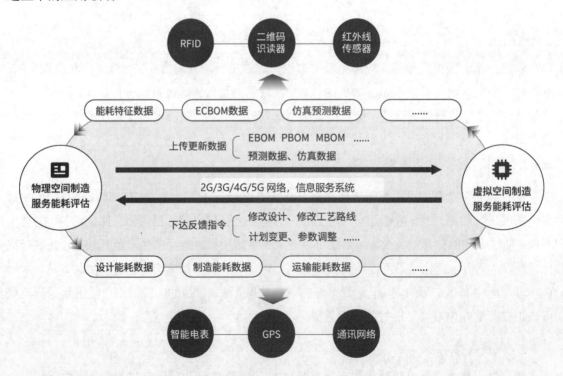

图4-23 基于数字孪生的制造服务能耗评估反馈机制

3. 系统价值

（1）降低能源消耗和成本：通过对设备的能耗进行监测和分析，可以找到能源浪费和耗能高的设备，及时发现问题并排查，从而降低能源消耗和成本。

（2）提高设备效率：通过对设备的能耗进行分析，企业可以了解设备的工作情况和效率，从而优化生产计划和制定维护决策，进一步提高设备的效率和生产水平。这有助于企业在更短的时间内生产更多的高质量产品，提高企业的生产效率。

（3）环保减排：从能源消耗的角度出发对生产设备进行监测和分析，有助于实现环保减排，降低对环境造成的影响，具有社会效益。

4.3.6　基于数字孪生的生产安全应急管理系统

制造业工厂涉及多种繁复的工序和复杂多样的生产设备，在生产过程中，可能会存在电击、高温、有毒气体等危险因素，一旦发生安全事故，就会对工人的生命安全和企业形象带来严重影响。因此，国家和企业都高度重视安全生产，将是否发生安全事故作为评估企业生产运营水平高低的一项重要指标。

基于数字孪生和地理信息技术的安全可视化管理正逐渐渗入工厂的生产环节中。数字孪生建立了工厂的虚拟模型，使得生产运行过程可视化，企业工人可以通过数字界面得知设备状态和生产环境。与此同时，地理信息技术将设施信息与地理位置绑定，实现对特定区域危险因素的有效预警和隐患排查。这一数字化手段使得企业公共辅助、生产过程和生产线区域的危险信息在三维模型中得以实时展示和传递，实现报警信息的联动展示，提高了安全生产的效率，保障了生产过程的安全可靠性，维护了企业生产和社会发展的正常秩序。

1. 系统架构

如何保障工厂的生产安全一直是企业和政府关注的焦点，而生产安全应急管理平台的出现为监控和管理生产安全提供了新的手段和想象空间。

该平台建立在工厂三维模型的基础上，通过三维激光扫描技术获取全厂物体表面的三维数据，并通过逆向建模软件生成三维模型。平台以真实厂区为基础，将资产、设备、管道、作业区域和人员等进行直观展现，通过对厂区内实时数据的分析，及时预警安全隐患，大大提高了工厂生产的安全系数。

在虚拟场景内,工厂的天空、雾、场景画面的真实度等都可以得到很好的模拟和还原,利用三维漫游技术、碰撞检测技术、光线追踪技术、虚拟仿真技术等实现对场景的深度仿真,可以更加准确地模拟出复杂的生产和操作过程。

生产安全应急管理平台架构如图4-24所示。该平台包括基础设施层、平台服务层和业务应用层。基础设施层是建立平台的基础硬件环境,包括主机网络资源、摄像头、定位设备等。平台服务层依托数字工厂基础信息平台,为业务应用层提供地理信息资源服务、物联网数据服务、三维引擎、AI视频识别等。业务应用层则是面向用户的应用级产品,直接向用户提供具体的功能实现,比如监控、预警、数据统计和分析等。生产安全智能监控平台的出现,为制造业企业的生产安全注入了新的活力和动力。

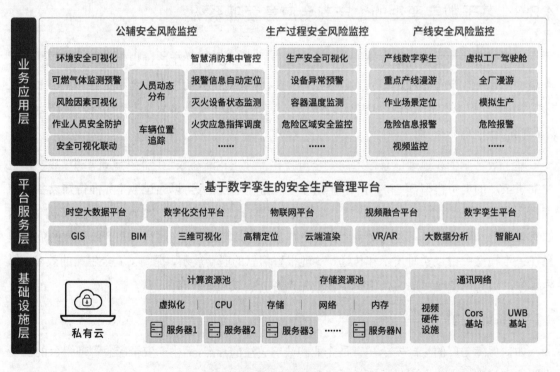

图 4-24　生产安全应急管理平台架构图

2. 系统功能

工厂生产安全应急管理系统是为保障生产安全所设计的一种监测和管理体系,主要围绕安全风险监控及应急管理两个维度进行构建,从而在保障工人生命安全和工厂经济效益方面发挥着重要的作用。

在安全风险监控方面，系统主要包含公辅安全风险监控系统、生产过程安全风险监控系统和生产线安全风险监控系统。公辅安全风险监控系统主要针对厂区内的用电、供水、供气和消防等基础设施进行监控，确保设施运行稳定和安全，降低事故风险。生产过程安全风险监控系统主要关注生产过程中的设备运行状态、操作人员操作情况、材料使用情况等，确保生产过程的安全和质量。生产线安全风险监控系统则主要监控生产线各个关键环节，如传感器、传动装置等，确保生产线的稳定性和安全性。

在应急管理方面，系统不仅能快速、准确地响应各种风险，而且还能针对事件进行分析和处理，最终保障事件得到妥善解决和控制。

工厂生产安全监控系统实现了从全局到微观、从公辅到生产甚至到生产线的安全风险监控以及应急处置管理。

1）公辅安全风险监控

用能安全：系统结合工厂三维地图，系统不仅能够直观呈现用气、用热等管网重点监测点位的能源实时数据，还可以让管理人员更加清晰地了解各计量点位的准确位置，以及厂内用气或用能管网的实时状态（见图4-25），使得气体能源的相关信息不再是零散分布的数据，而是被有效整合在了三维地图上。此外，系统还可以辅助气体能源管理的生产与运维，并帮助管理人员更好地把握整个生产过程。

图 4-25　用气管网数字孪生状态监控

当然，系统在安全监测上也有着很重要的作用。例如，针对气体泄漏监测预警、排水器巡检事故处理、重点阀门周边信息查询等问题，系统可以通过"一张图"的形式展示系统识别到的安全隐患，让管理人员可以更直观地发现问题并及时进行处理。

现场作业人员佩戴的定位手环也为系统提供了重要的监测数据。依靠实时采集人员定位数据和心率状态，管理人员可以通过手环远程响铃，提醒作业人员注意安全防护。这为管理人员全面掌控现场作业人员的安全状态提供了很大的帮助，特别是当作业区域可燃气体浓度异常时，系统可以通过穿戴设备上的气体报警器自动上报人员空间位置，并提供周边关联风险因素图像信息，可燃气体放散周边的人员分布信息等，为生产车间的各项环境指标提供可视化联动实时展示，通过各项指标的变化趋势来分析生产车间的环境态势，为生产线安全生产、高效生产提供全景视图。

消防安全：由于工厂生产环境的特殊性，发生火灾和发生爆炸的风险较高，这不仅危及人身安全，同时也会对工厂的财产造成重大损失。因此，消防安全一直是工厂管理中的一项重要任务。针对工厂面积大、消防设施分布广、自动报警系统分散的特点，消防集中管控系统基于物联网技术，实现了对大范围厂区内消防报警主机的集中管控。

系统利用三维模型和实时在线监测烟感、温感等消防检测终端，能够全程监控火灾报警信息。当火灾或爆炸事件发生时，系统会自动发出警报并提供具体位置信息，然后寻求救援和提供灭火措施。系统还可以通过实时监测室外消火栓、消防水箱、消防水泵和自动灭火设施的状态，辅助日常设备维护和危急时刻的指挥调度。通过系统与设备三维模型的结合，在设备出现异常时，系统能够快速告警并自动定位，从而及时排除隐患，确保消防设备始终处于最佳工作状态。

此外，消防集中管控系统还具备远程监控、智能分析等功能，可以根据历史数据和用户需求进行消防箭头疏散路线的自动推送，配合安全培训、演习等计划，大大提高了工厂消防安全的应对能力和预判能力。消防集中管控系统的应用不仅大大提高了工厂消防安全的智能化、信息化水平，还为安全生产提供了坚实的保障。消防系统数字孪生效果如图4-26所示。

人员安全：员工智慧管理系统是一种针对企业员工管理的信息化工具，通过统一的管理门户，建立智慧考勤管理、智慧门禁管理和员工动态管理等专项应用。该系统不仅提高了企业员工管理的效率，还为员工的智慧化管理提供了便利和支持。

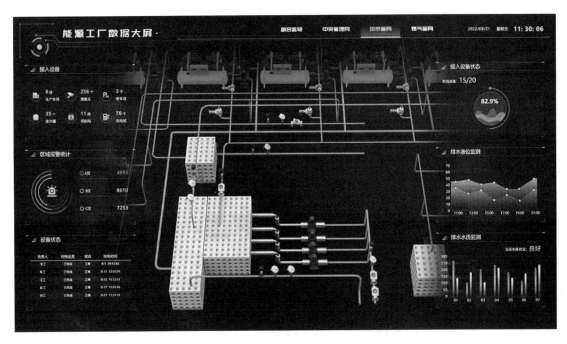

图 4-26　消防系统数字孪生效果（图片来自网络）

该系统通过建设面向员工的智慧移动服务平台与员工智慧管理系统对接，实现了员工门禁、员工考勤、员工动态看板等多项功能。例如，在员工门禁方面，系统可以统一管理员工通行权限，实时监测员工通行信息，避免人为盲区造成的安全隐患；在员工考勤方面，系统可以自动生成考勤报表，提高员工考勤管理的准确性和效率；在员工动态管理方面，系统可以监控员工动态，及时掌握员工流动情况，为企业管理提供依据，如图4-27所示。系统不仅可以帮助企业提高员工管理效率，还可以在紧急时刻提供重要支持——通过实时监测员工分布情况，帮助企业实现紧急调度，减少事故损失。

2）生产过程安全风险监控系统

该系统的运用在工业生产中起到了重要的作用。系统在三维场景中建立电子围栏，实现对工厂作业危险区域、运输铁路沿线和高炉作业危险区域的安全监控。在工业生产中，生产设备、运输线路和高温高压等因素都是潜在的危险源，因此，有效地防范和控制工业生产过程中的各种风险，保障生产安全是非常重要的。生产过程安全风险监控系统通过采用电子围栏和智能识别技术，可以有效地监控现场人员的穿戴和行为、生产设备的安全距离和高度，并对可能造成危险的潜在因素进行实时监控，避免安全事故的发生，如图4-28所示。

图 4-27　企业人员管理系统（图片来自网络）

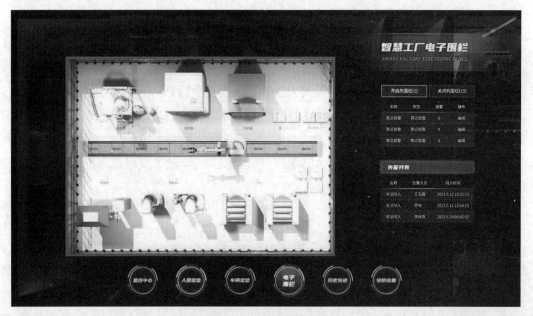

图 4-28　数字孪生在电子围栏系统中的应用

　　同时，当工人的活动范围超出电子围栏范围时，系统也能够及时报警提醒，从而保障员工的人身安全。系统的报警功能可以实时性地对高危区域内人员活动产生的危险因素进行显示和报警，从而实现全方位的安全监控。此外，配合视频智能识别技术的使用，该系统可以在不影响生产效率的前提下，实时、准确地监控人员和工业设备的状态，并在发现异常情况时第一时间采取相应的措施，保障工业生产的安全和高效。

3）生产线安全风险监控系统

下面通过介绍钢铁行业中对生产线的安全风险监控管理来体现数字孪生在这个场景中的价值。高炉冶炼是钢铁生产中不可或缺的重要环节，对于工厂管理者来说，确保高炉冶炼过程的安全、高效和稳定是非常关键的。数字孪生通过整合物理模型、传感器数据、运行历史状态等信息，模拟高炉冶炼的全生命周期过程，提供全面的运行状态分析和优化方案，从而提高生产安全性。

数字孪生系统基于高炉三维模型，对高炉上料、喷煤、炉顶、渣铁、可燃气体除尘等不同系统进行虚拟仿真，基于高炉本体模块对炉内冶炼区域分布、风口区域、实时数据和炉况评分等进行可视化呈现，以实现对高炉的全面监控和运行状态分析，如图4-29所示。数字孪生系统还可以结合实时监测数据，实现全天候对高炉的监测和控制，通过炉况指标的实时监测实现高炉运行质量的自动诊断和优化。

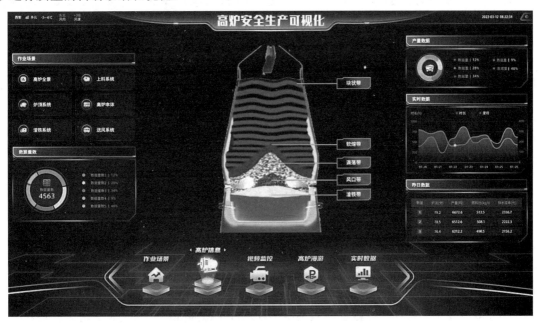

图 4-29　高炉安全监控数字孪生效果

在高炉运行期间，突发状况是不可避免的，数字孪生系统的应用可以帮助生产商及时掌握炉内情况，监测高炉的运行状态，采集监控设备返回的数据信息，并在主界面与高炉附近同时进行危险信息报警，从而预防事故的发生，并在最短时间内采取相应措施进行处理。这不仅可以确保高炉冶炼的安全和稳定，提高生产效率，还可以减少工人的人身伤害和设备的损坏，大大降低生产成本，提高企业的经济效益。

4）安全应急预案

数字化预案管理的实现可以提高企业的预案建设和应急处置效率，缩短应急处置时间，避免因处置不当而导致生命财产发生损失。

数字化预案管理采用电子化方式记录和管理预案，并将预案与相关信息、责任人和应急资源进行关联。通过事前对各种事故可能发生的情况进行分析，预先设定好各项预案，并将这些预案输入系统进行管理，以便在实际应急情况发生时及时调出相应的预案和处置流程，并通知相关责任人进行处置，避免因处置不当而导致生命和财产发生损失。

当出现报警信息时，系统会自动弹出报警提示框，并自动跳转至报警位置，同时联动周边视频监控和相关负责人。通过数字孪生技术对工厂建模，方便地显示建筑物逃生路线和紧急出口、危险源、人员位置、设施分布等，也可以接入消防车、救援车的实时位置以及无人机侦察画面等，以提高应急处置效率和准确性。

通过对工厂的数字孪生三维建模呈现应急服务站点配置，与应急指挥平台实时共享数据，为企业提供专家咨询评估服务，为工人提供应急科普、安全体验、安全培训等服务，为工厂提供专业培训及应急事件演练服务，不断提升企业的安全意识和应急能力。

3. 系统价值

（1）提升安全管理水平：数字孪生系统是一种虚拟建模技术，可对工厂环境、设备及人员进行模拟。通过数据采集与分析，数字孪生系统可以帮助企业发现并预测潜在的安全风险，提升企业的安全管理水平。

（2）减少安全事故发生概率：通过数字孪生技术，企业可以对实际工厂环境进行实时监测和模拟，发现潜在安全风险，以便及时采取正确的防范和控制措施，有效降低安全事故发生的可能性。

（3）降低安全事故损害：数字孪生系统可以通过模拟演练，帮助企业制定安全应急预案并进行应急响应演练，从而有效降低安全事故的损害程度，避免财产和人员受到损害。

（4）提高企业经济效益：数字孪生系统可以根据企业的运营情况，采取科学的优化调整，降低设备损坏和停机时间等损失，提升生产效率，进而提高企业的经济效益。

数字孪生的生产安全应急管理系统，可以从多个方面提升企业的安全管理水平，降低安全事故发生概率和损害程度，从而提高企业的经济效益。

4.4 本章小结

基于数字孪生技术的智慧工厂作为智能制造的载体，在传统制造业数字化转型升级中发挥着不可替代的作用。数字孪生智慧工厂通过物联网技术实现数据层面上的互通，并基于建模技术构建虚拟工厂，结合人工智能等先进信息技术对工厂进行全面的监控、评价和优化，从而提升企业的总体运营管理能力。本章对制造业工厂的发展现状进行了综述，展示了当前工厂发展所面临的问题，并通过建设数字孪生的智慧工厂来解决问题。为了帮助读者更好地理解数字孪生智慧工厂的建设情况，本章还介绍了智慧工厂中的典型数字孪生应用场景。

4.5 参考资料

［1］中国电子技术标准化研究院，树根互联技术有限公司.数字孪生应用白皮书［EB/OL］.http://www.cesi.cn/202011/7002.html.

［2］陶飞，张辰源，戚庆林等.数字孪生成熟度模型[J].计算机集成制造系统，2022，28（5）：1267-1281.

［3］于勇，胡德雨，戴晟等.数字孪生在工艺设计中的应用探讨[J].航空制造技术，2018，61（18）：26-33.

［4］陶飞.刘蔚然，刘检华等.数字孪生及其应用探索[J].计算机集成制造系统，2018，24（1）：1-18.

［5］蒋帅，朱鹏超，唐志勇.计算机辅助工艺设计——开目CAPP教程[M].西安：西安交通大学出版社，2014.

［6］高伟，殷国富，成尔京.机械制造工艺序列中的知识发现方法研究[J].机械工程学报，2004，40（5）：121-125.

［7］孙元亮，马文茂，张超等.面向数字孪生的智能生产线监控系统关键技术研究[J].航空制造技术，2021，64（8）：58-65.

［8］钟珂珂，郭具涛，何其昌等.实时数据驱动的生产线状态监控与效能评估技术研究[J].航空制造技术，2017，60（7）：51-55.

［9］常仕军，何卫平，和延立等.基于工作流的生产过程监控系统设计与实现[J].航空制造技术，2009，52（22）：92-97.

［10］国防科学技术工业委员会.数控设备综合应用效率与测评HB7804－2006[S].2006.

［11］BTIM物流数字孪生.数字孪生-智慧仓库规划建设的未来[EB/OL].https://zhuanlan.zhihu.com/p/128942072.

［12］杨洋.数字孪生技术在供应链管理中的应用与挑战[J].中国流通经济，2019（6）：58-65.

［13］黄慧鸿，李梅，谭道桓等.H卷烟厂的智能仓储数字孪生管理系统[J].中国物流与采购，2022（10）：44-47.

［14］胡培，王路路，韩焕.基于数字孪生的智慧物流工厂可视化与数据服务技术系统：N202210948793.4[P].2022.

［15］徐思秋.基于数字孪生的机电设备智能可视化管理方法研究[J].区域治理，2020.

［16］张荣，李伟平，莫同.深度学习研究综述[J].信息与控制，2018，47（4）：5-17+30.

［17］韦彦华.论机电设备的运行管理与技术改造[J].山西建筑，2009（18）：346-347.

［18］王秀莲.加强设备状态管理降低设备维修费用[J].中国设备工程，2006，2（2）：18-18.

［19］黄圆圆.基于数字孪生的制造服务能耗评估方法研究集[D].武汉科技大学，2020.

［20］孙贺，夏唐斌，石易达等.基于数字孪生的返工型生产系统能耗在线优化[J].计算机集成制造系统，2023，29（1）：14.

［21］胡小梅，朱文华，王宇颖等.高能耗企业能效综合评估系统设计研究[J].计算机工程与设计，2009，30（17）：4081-4084.

［22］黄爽，臧中海，袁怀月等.钢铁企业安全生产智能监控平台[A].第十三届中国钢铁年会论文集-11冶金自动化与智能化[D].北京，冶金工业出版社，2021：1-7.

［23］王艳军，李朝奎，路立娟.地理空间信息技术在智慧城市中的应用思考[J].湖南科技大学学报（自然科学版），2014，29（04）：69-73.

［24］尚宝麒.大数据环境下视频智能分析技术的应用探究[J].中国管理信息化，2021，24（07）：171-173.

［25］王倩.制造业服务化、全球价值链嵌入对全要素生产率影响研究——基于中国制造业行业数据[D].河北大学，2021.

［26］百度文库.制造业发展的四个阶段[EB/OL].https://wenku.baidu.com/view/5f62261c2c60ddccda38376baf1ffc4ffe47e222.html?_wkts_=1693534990324&bdQuery=%E5%88%B6%E9%80%A0%E4%B8%9A%E5%8F%91%E5%B1%95%E7%9A%84%E5%9B%9B%E4%B8%AA%E9%98%B6%E6%AE%B5.

［27］陈磊，贺圣茗，迟万军等.工业数字孪生技术研究与应用设计[J].冶金设备管理与维修，2022，40（4）：63-66.

［28］李蕾.以设计为源头的数字孪生工厂建设研究[J].石油化工自动化，2022（004）：05.

第 5 章

应用实例

5

5.1 案例一 数字孪生打造电子电器智能制造工厂

本节以数字孪生打造电子电器智能制造工厂为例，详细介绍数字孪生在企业应用中的实践。

5.1.1 行业背景

随着时代的变迁，电子电器产业逐渐成为国家和地区经济发展的重要支柱，因为电子电器产品具有高技术、高附加值、高创新性等特点，可以成为经济增长的坚实基础。同时，随着人们生活水平的提高和消费需求的增加，电子电器产品的市场需求也在不断扩大，为电子电器产业带来了更加广阔的发展空间。

在电子电器产业的发展过程中，数字孪生技术的应用越来越广泛。数字孪生技术可以帮助电子电器企业实现数字化、智能化、自动化生产，提高生产效率和产品质量，降低生产成本。同时，通过数字孪生技术可以构建虚拟化的生产流程，模拟实验环境，提前发现问题和风险，从而为企业节约时间和资源，提升企业竞争力。

另外，数字孪生技术的应用还可以实现产品的智能化管理，改善产品体验和提高用户满意度。例如，智能家居、智能穿戴、智能医疗等方面的创新产品都是应用数字孪生技术实现的。

5.1.2 项目说明

某电子电器（天津）有限公司是天津市的大型合资企业，专门从事空调机、微波炉、吸尘器、空调、压缩机和电机的生产、销售等经营活动，经过多年的努力，现已成为科研、生产、销售及服务网络遍及全球每一个角落的大型跨国公司。当前公司的智能软件有SRM、PLM、ERP、CRM、MES、WMS、APS，涉及物料采购、产品设计、工厂管理、费用管理、生产管理、仓储管理、设备管理等，初步实现了生产现代化、智能化，完成了工业4.0升级改造。

当前企业领导希望运用先进手段建立一套可视化监控系统，将企业的资产、生产流程、设备、人员等信息数字化后，在平台上进行可视化监控和管理。例如，通过传感器获取设备的开关状态、运行时间、运行效率等数据，并通过三维可视化系统呈现在大屏幕上供领导或业务人员查看和管理。该可视化系统还能制定各种模拟场景，例如生产线的运行状况，以帮助企业更好地管理生产流程。此外，该可视化系统还可以将各种数据以可视化的形式呈现，例如通过柱状图、折线图等方式展现设备的运行效率和能耗情况，以及员工考勤的状态，反映企业的全貌和运营情况。

5.1.3　行业特点

如今电子电器行业以迅雷不及掩耳之势迅猛发展，产品更新换代快，生命周期短，特别是消费电子产品的生命周期不会超过12个月。电子电器制造行业具有以下特点：

（1）离散型制造企业，具有多种生产模式——批量制造、多品种小批量、单件生产，不同生产模式需要来回切换，过程烦琐，错误代价很高。

（2）以订单、合同为核心。按照合同订单的要求进行产品的生产，产品的生产和售后服务成为企业运营的核心工作。产品的质量、价格、性能、交货期、售后服务成为竞争取胜的关键因素。

（3）行业标准多，有ISO、QS、TA、欧标、美标等，各生产环节监管严格。

（4）产品生命周期短，技术创新、产品创新频繁。

（5）生产过程不连续性，一个生产通常被分解成很多个加工生产任务。

（6）产品生命周期短，使得产品生产周期短，容易出现改单、插单的情况，生产管理比较困难。

（7）产品零器件、零配件比较多，型号繁复，生产原料的配套性要求高。

（8）产品质量要求高。

（9）需要追踪生产原材料来源、生产过程信息，甚至需要用序列号追踪。

（10）供应商众多，原材料分类管理难。

（11）做生产计划要充分考虑的因素繁多。例如很多材料具有可替代性，在排产时应充分考虑材料成本、库存数量、补货周期等因素。

（12）产品种类多、批量小，返工频繁，难以进行真正的成本核算。

电子电器制造行业从研发到批量生产，都要求"快"，因为它的生命周期短，而竞争又是十分的激烈，所以企业要想在市场上赢得一席之地，就必须缩短自身产品开发的周期。

5.1.4 项目需求

1. 打造数字孪生工厂

数字孪生工厂已经成为企业实现智能制造的重要手段，它可以实现对各生产空间、生产流程（见图5-1）的三维可视化展示，从而帮助企业更好地掌握生产状况，提高生产效率。

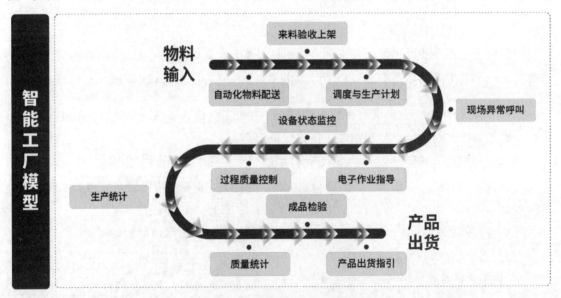

图 5-1　智能工厂生产流程

首先，企业需要建立一个完整的数字孪生工厂，包括车间、生产线、设备、物料等物理空间和物理元素。

其次，企业可以利用虚拟现实技术，将各生产环节进行三维可视化展示。

最后，企业还可以利用物联网技术，实时监控各车间、生产环节的运行状况，以及物料的流动情况，从而更好地掌握生产状况，提高生产效率。

2. 生产管理系统数据和设备数字孪生

数字孪生工厂需对接生产管理系统，并将它与各种智能设备和传感器相连接，通过可视化监管系统实时采集和汇聚各种生产系统数据和工业设备数据。这些数据包括设备的运行时间、温度、压力、湿度、电力消耗等各种硬件设备数据，以及生产流程中的生产线、工位、工作内容、员工信息等生产管理系统数据。

3. 数据多形式可视化监管

数字孪生工厂需要对监管数据进行多种形式的展示，做好生产过程的监管、分析、研判。生产过程可视化、数字化是数字孪生技术中非常重要的一部分，能够帮助企业实时了解和把握生产过程中的各种数据和信息。其中，柱状图、折线图等数据可视化方式可以直观地展示设备的运行效率、能耗情况以及员工考勤的状态，反映企业的管理全貌和运营情况。

- 数字孪生工厂需可视化展示设备的运行效率情况。在数字孪生系统中，根据设备的运行状态和运行数据，可以计算出设备的运行效率情况，并可以将它以折线图的方式展现出来。这样企业管理者可以直观地看到设备的生产效率是否达标，并及时进行相应的调整和优化。
- 数字孪生工厂需可视化展示设备能耗情况。在数字孪生系统中，通过监测设备的电流、电压、频率等数据，可以实时计算设备的能耗情况，并可以将它以柱状图的形式展示出来。这样企业管理者不仅能够看到每台设备的能耗状况，还能对比不同设备之间的能耗情况，并根据数据进行相应的优化和管理。
- 数字孪生工厂需可视化展示员工考勤的状态。在数字孪生系统中，通过智能识别技术可以识别员工的身份信息，记录员工的到岗时间、离岗时间、请假情况等信息，并将这些信息以透明的方式展现出来。这样企业管理者可以对员工的出勤情况进行实时监控，确保员工按照规定的时间出勤和离岗。

4. 生产流程的模拟生产

需通过数字孪生技术建立虚拟实验室，对各种生产流程进行模拟，并在演练过程中不断优化和完善生产流程，以实现最佳的生产效率和质量。此外，通过数字孪生技术将历史数据与新数据进行比较和分析，可以帮助企业管理者更好地评估生产的效率和产品质量，并根据分析结果进行相应的管理和优化。

5. 工厂重点区域及亮点内容三维可视化展示

需通过数字孪生技术将企业的各个生产空间进行全景展示,让客户能够直观地了解企业的产品、生产流程等方面。

此外,通过数字孪生技术还可以协助企业展示过往的生产总结和员工活动,有助于客户更好地了解公司的品牌形象和企业文化。

同时,利用数字孪生展示系统将企业的明星产品进行线上虚拟化展示,利用虚拟现实技术将产品呈现在客户面前,让客户更好地了解产品的特点和优势,从而提升客户的购买意愿和忠诚度。

5.1.5　设计思路

开发一套智能工厂3D数字孪生可视化及数据采集展示系统,实现对工厂生产运营、资材管理、生产管控、硬件设备、品质管控、仓储运输的三维可视化管理。智能工厂系统架构如图5-2所示。

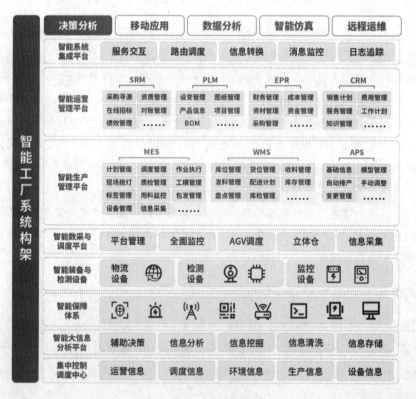

图 5-2　智能工厂系统架构图

1. 打造数字工厂孪生体

利用三维建模工具对工厂各空间进行3D渲染建模（见图5-3），为参观空间及路线展示、标杆产品生产运营总览、生产进度和生产达成展示、品质管控展示、Loss数据的实时展示、预警推送以及相关数据统计与查询提供三维展示载体。具体展示载体如下：

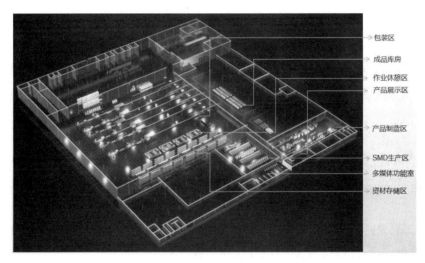

包装区
成品库房
作业休憩区
产品展示区
产品制造区
SMD生产区
多媒体功能室
资材存储区

图 5-3 数字孪生工厂

- 参观空间及路线展示：通过三维建模工具，可以对工厂的各个区域进行精确建模，包括车间、办公区、仓库等。参观者可以通过虚拟现实设备或者实时的三维展示界面进行参观，沿着设定好的路线导航，了解工厂的布局、设备、生产流程等。

- 标杆产品生产运营总览：将标杆产品的生产运营过程进行三维建模，并通过展示界面进行展示。可以展示每个生产环节的状态、生产效率、工艺参数等信息，实时展示生产进度、产能利用率等关键指标。用户可以根据需要调整展示的时间范围，以获得更详细的信息。

- 生产进度和生产达成展示：基于生产数据，利用三维建模工具将生产进度进行可视化展示。可以通过实时展示展示当前的生产进度和目标达成情况，以及相应的预警信息和推送。这可以帮助管理者快速识别潜在问题，及时调整生产计划，确保生产目标顺利达成。

- 品质管控展示：通过三维建模工具，将品质控制的关键指标和流程进行可视化展示。可以展示不同生产批次或设备上的品质指标和不良品率等信息，帮助管理者了解品质情况，并及时采取相应措施。还可以对品质异常进行预警推送，确保品质管控的及时性和准确性。

- Loss数据的实时展示：将生产过程中的Loss数据进行三维展示，如能源消耗、人力投入等。管理者可以通过界面实时了解和分析Loss数据的情况，找到节约资源和提高效率的潜力，制定相应的改进措施。

- 相关数据统计与查询：利用三维展示载体，可以实现对相关数据的统计与查询功能。用户可以根据需要选择不同的数据指标进行查询，如产量、设备利用率、品质指标等。系统还可以生成相关报告和图表，帮助管理者进行数据分析和决策。

2. 线上孪生展示

线上孪生展示是一种通过汇聚生产管理系统数据和采集硬件设备数据来模拟和展示生产过程的技术。它通过实时采集和整合生产管理系统中的数据，结合硬件设备的传感器数据，创建一个虚拟的生产过程模型，以实时反映实际生产线上的情况。这种模型可以提供全流程的生产过程把控，帮助企业实时监测和分析生产状态，预测潜在问题，并做出相应的决策。线上孪生展示通常包括以下5个步骤：

（1）数据采集：从生产管理系统中获取关键的生产数据，如订单信息、设备状态、生产进度、质量指标等。同时，通过硬件设备上的传感器采集实时的生产数据，如温度、压力、湿度等。

（2）数据整合：将从生产管理系统和硬件设备中采集的数据进行整合和处理，以形成一个综合的数据集。这可以通过数据集成和数据分析技术来实现。

（3）建模与仿真：使用整合后的数据集，创建一个虚拟的生产过程模型。这个模型应该能够准确地反映实际生产线上的情况，并能够根据实时数据进行更新和调整。

（4）可视化展示：将建立的生产过程模型以图形化或可视化的形式展示出来。这可以通过仪表盘、图表、动画等方式来呈现。展示应该能够清晰地显示生产状态、关键指标和潜在问题。

（5）实时监测与分析：通过线上孪生展示，企业可以实时监测生产过程中的关键指标和状态。同时，可以利用数据分析技术对生产数据进行实时分析，发现异常情况和潜在问题，并提供预警和建议。

5.1.6　功能展示

1. 数字工厂驾驶舱

数字工厂驾驶舱（见图5-4）的一些关键特点和功能如下：

- 数据汇聚和整合：数字工厂驾驶舱可以汇聚和整合生产过程中生成的各种数据，包括传感器数据、设备数据、工艺参数等。通过统一的数据平台，对这些数据进行整合和分析，以提供全面的生产过程视图。

图 5-4 数字工厂驾驶舱

- 孪生展示: 通过数字孪生技术, 数字工厂驾驶舱可以实现对生产过程的线上孪生展示, 即通过模型和算法将实际生产过程和设备的状态等信息进行实时模拟和展示。这样, 管理者可以在数字工厂驾驶舱中观察和分析生产过程的状态、变化和潜在问题。

- 实时监控和警报: 数字工厂驾驶舱可以实时监控生产过程中的关键指标和状态, 并根据预设的规则和阈值进行警报。当发生异常或超过设定的限制时, 系统会发出即时的警报和通知, 帮助管理者及时响应和调整。

- 模拟和优化: 数字工厂驾驶舱还可用于对生产过程的模拟和优化。管理者可以使用孪生展示中的模型和算法进行仿真和优化实验, 以探索更好的生产方案和决策。这有助于提高生产效率、优化资源利用和降低风险。

- 数据分析和决策支持: 数字工厂驾驶舱提供数据分析和决策支持功能, 帮助管理者从海量数据中提取有价值的信息。数据通过仪表盘、报表、图表等形式进行展示。

2. SMD生产管理驾驶舱

首先, 根据工厂实际情况, 构建SMD孪生空间体(见图5-5～图5-8), 打造SMD生产管理驾驶舱, 按照SMD产线布局、生产流程、生产工艺等打造线上虚拟生产线体, 以满足工厂实际生产需求。其次, 通过对接SMD生产管理系统以及设备边缘网关, 获取生产数据和设备数据, 形成系统联动, 实现设备的远程监控和管理, 以提高生产效率和质量。最后, 不断改进和完善SMD生产驾驶舱, 以满足工厂实际生产需求, 提高生产效率和质量, 为客户提供更优质的产品和服务。

图 5-5 SMD 数字孪生空间

图 5-6 PBA 外观检测

图 5-7   PBA 性能测试   图 5-8   PBA 流转

3. 产品制造管理驾驶舱

首先，根据工厂实际情况打造产品制造管理驾驶舱，构建产品制造空间数字孪生体（见图5-9和图5-10），按照生产线布局、生产流程、生产工艺等打造线上虚拟生产线体，以便更好地掌握生产过程，提高生产效率。其次，通过对接产品生产管理系统和设备边缘网关，获取实时的生产数据和设备数据，形成系统联动，实现自动化控制，提高生产效率。此外，还可以通过数字孪生空间体实现虚拟模拟，以便更好地掌握生产过程，提高生产效率。

图 5-9   产品制造线体   图 5-10   产品质检设备

4. 产品包装管理驾驶舱

根据工厂实际打造产品包装管理驾驶舱，构建产品包装空间数字孪生体（见图5-11和图5-12）。它通过按照包装生产线布局、包装流程、包装工艺等打造线上虚拟生产线体，对接生产管理系统以及设备边缘网关，获取产品包装实时数据和设备数据，形成系统联动。它不仅可以实现实时监控，及时发现和解决问题，保证包装质量，提高企业效益，还可以实现智能分析，根据实时获取的数据分析出生产状况，提出改进建议，提高生产效率。构建产品包装空间数字孪生体是智能制造的重要组成部分，可以有效提高企业的生产效率，提升企业的竞争力。

图 5-11 包装线体 1   图 5-12 包装线体 2

5. 资材管理驾驶舱

根据工厂实际打造资材管理驾驶舱,构建产品资材管理空间数字孪生体(见图5-13和图5-14)。它通过按照资材管理布局、资材管理流程等打造线上虚拟管理空间,对接资材管理系统以及设备边缘网关,获取资材管理实时数据和设备数据,形成系统联动。这种资材管理模式可以有效提高资材管理的效率,提升资材管理的质量,更好地满足企业的生产需求。

图 5-13 资材运输   图 5-14 资材仓储管理

6. 产品展示驾驶舱

公司的产品类别丰富,但是应该如何向客户充分展示公司的产品信息呢?我们可以通过打造线上产品展示驾驶舱(见图5-15和图5-16)来解决这个问题。线上产品展示孪生空间可以帮助公司充分展示其产品信息,比如产品的图片、介绍、价格等,这样客户就可以更加清楚地了解公司的产品。此外,线上产品展示孪生空间还可以为客户提供更多的选择,比如可以按照价格、品牌、功能等筛选产品,从而更好地满足客户的需求。总之,通过打造线上产品展示孪生空间可以帮助公司充分展示其产品信息,更好地满足客户的需求,提升客户的购买阈值,从而提高公司的销售业绩。

图 5-15 产品展示驾驶舱 1   图 5-16 产品展示驾驶舱 2

7. 仓储管理驾驶舱

根据工厂实际情况打造仓储管理驾驶舱，建立线上仓储管理孪生空间（见图5-17），以提高仓储管理的效率和展示能力。线上仓储管理孪生空间不仅可以帮助企业更好地管理仓库的库存、出入库等，提高仓储管理的效率，还可以帮助企业更好地管理库存货物，制作质量、安全、成本、配送等报表，并支持管理者进行库存分析等。此外，线上仓储管理孪生空间还可以帮助企业提升展示仓储管理的能力，让管理者更直观地了解仓库情况。

图 5-17 智慧仓储

8. 多媒体休息空间驾驶舱

公司为员工打造了非常舒适的多媒体休息空间，通过建立线上多媒体休息管理孪生空间（见图5-18和图5-19），实现对多媒体空间内电视、投影仪、音响等设备的远程管控、监管和展示，为员工提供一个更加舒心、安全的休息空间。

图 5-18 多媒体休息空间 1   图 5-19 多媒体休息空间 2

9. 虚拟生产管理

通过数字孪生技术构建虚拟生产管理系统，利用3D建模和流程模拟对生产空间、设备和环境进行仿真。该系统能够与生产管理系统和设备管理系统进行无缝对接，便于创建具有各种数据和指标的生产环节、设备和流程模型。

借助虚拟实验室，可以模拟生产管理过程，实现在不同生产环境下参数的控制和优化。通过这种方式，企业管理者能够更全面地了解整个生产流程，从而实现更高效的生产管理。

5.1.7　应用成效

运用数字孪生技术对各物理空间、生产设备、运输设备等进行三维建模，对各个工段、重要设备、运转流程等进行复原，不仅可以通过线上实时展示工厂生产状态、质检状态、包装状态，还可以精准展示工厂各类产品以及工厂多元企业文化。

通过对接生产管理、设备管理等各类系统，可以实时反映产品生产过程情况、生产进度、设备运行情况等。当设备出现异常（如故障、短路冲击、过载、过温等）时，系统会进行实时告警，辅助管理者直观掌握设备运行状态，及时发现设备故障问题并进行设施抢修，以最快时间恢复生产。同时，系统集成各质量检测系统数据，对进料、在制、成品、发货等不同环节进行层层监测和把控，辅助进行生产质量纠正和追溯。此外，系统还支持具体车间点选查看，可详细查看当前车间的在岗工人和订单数据等，辅助管理者实时掌握生产数据、把握生产进度，降低运营成本并提高生产效率。

5.1.8　实施过程

数字孪生工厂项目的实施过程可以大致分为以下几个环节：

1. 需求分析和确定

首先，需要对该电子电器制造工厂的需求进行分析和研究，了解工厂物理空间结构，项目建设目标、范围、应用场景、功能、效果等，以确保项目的可行性和有效性。同时，根据需求分析的结果，确定数字孪生工厂的实施方案、目标和计划。

2. 数字孪生模型构建

数字孪生模型是数字孪生工厂实现的核心内容，是数字工厂和数据展现的虚拟载体。企业需要考虑如何将采集到的数据进行模型构建以及如何选择建模技术，以形成真实、准确、高度复杂的数字孪生系统模型。

3. 数据采集和整合

执行计划后，需要进行数据采集和整合工作。这是数字孪生工厂实施的关键，也是最基础的工作。整个数字孪生工厂系统需要采集各个环节的数据，包括各生产单元系统数据和设备数据，并对其进行整合和归纳，才能形成完整的数字孪生模型。企业需要考虑如何采集关键数据，如何存储数据，并且需要明确数据质量、安全性和准确性的标准和要求。

4. 算法模型设计和集成

算法模型的设计和集成是数字孪生工厂实施的另一重要方面。企业需要根据实际情况选择适当的算法模型，用于数据分析、预测建模，从而确定数字孪生模型的评价指标，以便更精确地描述生产过程。

5. 系统实施和应用

数字孪生工厂的实施需要进行系统集成、开发和实施等全面工作。同时，企业需要配备相关的技术人员和管理人员负责维护和管理数字孪生系统，从而确保系统的可靠性、稳定性和可维护性。

5.2 案例二 数字孪生构建乳制品生产工厂可视化能源监测体系

本节案例是使用数字孪生构建乳制品生产工厂可视化能源监测体系。

5.2.1 行业现状

乳制品是我们日常生活中不可或缺的食物，乳制品生产是我国食品工业的重要组成部分。虽然乳制品行业不是传统意义上的碳排放大户，但是将牧场上的"原奶"制作成一件件"成品奶"，其生产流程既复杂又精细，涉及电、蒸汽、压缩空气、制冷、制热等多种能源消耗，且不同乳品生产消耗能源体量差别很大，不同生产环节涉及的能源设备各不相同，能耗检测系统亦不相同。加之加工过程中的原料、设备、人力等因素的复杂性，乳制品加工企业的能耗情况也存在着一定的差异性。但是，根据一些数据和研究，可以得出以下一般性的能耗情况：

- 电力消耗：乳制品加工企业中，电力消耗一般占总能耗的40%左右。其中，电机设备是主要的能耗源，这些设备包括搅拌器、泵等。同时，冷却设备、空调设备等也会消耗大量电力。
- 燃气消耗：燃气消耗通常占总能耗的20%左右，主要用于提供蒸汽、加热水和烘干等。
- 水消耗：水消耗也是乳制品加工企业中的一个主要能耗，通常占总能耗的15%~20%，主要用于设备清洗和消毒，以及注入和酸化牛奶等。
- 其他用能：其他用能包括照明、通风、压缩空气等，一般占总能耗的10%左右。

为了更好地控制乳制品行业的能耗，需要采取有效的措施，如提高能源利用效率，开发新型能源，推广节能技术，改善设备结构，提高设备运行效率，控制设备运行时间，改善生产工艺，提高生产率，减少能源消耗，以及建立能耗检测系统等。只有这样，才能有效地控制乳制品行业的能耗，促进乳制品行业的可持续发展。

5.2.2　行业背景

为了提升能源利用效率，推进节能减排措施的实施，降低企业生产成本，提高市场竞争力，政府对乳制品生产企业的能耗管理提出了多项要求和标准：

- 能效限制标准：国家针对乳制品生产企业实施能效限制标准，对企业的能源消耗进行严格管控和限制，以促进企业开展节能和环保工作。
- 能耗计量和监控：政府要求乳制品生产企业配备完善的能源计量和监控系统，并定期对能耗数据进行监测和分析，以便及时发现和处理排放问题。
- 建立能源管理体系：政府要求乳制品生产企业建立完善的能源管理体系，从管理和技术两方面开展能耗管控，提高能源利用效率，降低能耗成本。
- 强化技术支持：政府通过技术支持和示范，鼓励乳制品生产企业应用新技术、新材料、新设备和新工艺，以有效提高企业的能源利用效率。
- 加强监管和考核：政府通过加强行业监管和考核制度，对乳制品生产企业的能耗情况进行严格监督和考核，对不达标的企业给予相应的处罚。

5.2.3　国家规定

国家对乳制品生产企业的能耗管控的相关规定非常严格，包括多个方面，企业需要严格遵守节能相关规定，加强技术改进和管理创新，降低生产成本，提高经济效益。国家对于乳制品生产企业能耗管控的相关规定包括：

（1）《中华人民共和国节约能源法》：该法规定，各企业应制定能源管理规定，制定并严格执行能源计划和措施，加强能源监测和评价，以节约能源、减少能源消耗和排放为目的。所有企业都应当严格遵守国家节能政策和节能法律法规，落实能源管理制度，制定能源管理措施，落实节能主体责任。

（2）《国家工业和信息化领域节能技术装备推荐目录（2022年版）》：该目录列出了多种节能技术装备和技术方案，鼓励乳制品生产企业采用高效节能设备，加强能源利用效率，降低能源消耗。

（3）《能源管理体系 要求》（GB/T 23331-2012）：该标准旨在帮助企业建立和实施能源管理体系，改进能源绩效，降低能源消耗和减少碳排放。该标准提供了一套通用的能源管理体系要求，包括能源绩效指标、能源审计、能源目标和指标、能源管理计划、实施和运行、绩效评估、管理评审等方面。

（4）《工业节能管理办法》：该办法第九条规定，工业和信息化部建立工业节能技术、产品的遴选、评价及推广机制，发布先进适用工业节能技术、高效节能设备（产品）推荐目录，以及达不到强制性能效标准的落后工艺技术装备淘汰目录。加快先进工业节能技术、工艺和设备的推广应用，加强工业领域能源需求侧管理，培育工业行业能效评估中心，推进工业企业节能技术进步。

5.2.4　项目说明

随着现代化工业企业的发展，能源计量、实时展示和检测已经成为生产过程中不可或缺的一环。为了响应国家节能降耗和精细化能源管理的号召，作为国内乳制品行业领军企业的某企业（见图5-20）构建了工厂能源计量管理系统，以提供技术支撑。该系统可以实时监控能源消耗，实时反馈能源消耗数据，从而有效控制能源消耗，达到节能降耗的目的。此外，该系统还可以实现能源消耗的精细化管理，以及能源消耗的实时分析，从而有效提升企业的效率和生产率。通过这一系统，该企业不仅能够响应国家号召，提升节能降耗水平，还能够提升企业的效率和生产率，从而成为国内乃至国际乳制品行业领军企业。该系统具体功能如下：

图 5-20 某乳制品企业工厂全景图

（1）可以制订详细的节能计划，轻松地将企业的能源消费计划任务分解到各个生产车间，及时了解整个系统的能源、物料消耗情况，最大限度地提高能源和物料的利用率。

（2）可以通过软、硬件实时展示能耗数据，进行能源监控。

（3）能耗采集数据可以进行系统存储管理，形成能源统计。

（4）根据事实能耗数据以及历史能耗数据进行对比分析。

（5）可以对重点能耗设备和能源计量设备进行数字化、规范化管理。该乳制品生产基地的能源计量管理系统基于HART协议采集现场仪表数据，有效实现了对企业车间与班组及其大型耗能设备进行热、水、气、电、汽、风等能源的集中计量管理。

5.2.5 项目需求

1. 能源监控需求

为保证生产工艺需求，能源系统作为生产辅助系统存在明显的超标运行和过度供能的现象，约有20%的能源浪费。对能源使用的监控不足是造成能源浪费的一个重要原因。不同能源使用数据缺乏整合和统一的监控平台，使得能源消耗信息无法及时、全面地呈现给管理人员。例如，水、压缩空气、电、冷、热等多种用能数据缺乏统一的监控平台，设备的运行和维护缺乏精准的数据支持。这将影响了管理人员对能源使用情况的了解和分析，错过进行节能优化措施的机会。

2. 各类能源设备和能源系统联动需求

当前的能源设备往往独立运行，各自按照自身设定的参数和运行模式进行操作，缺乏协同和交互的能力。这导致在生产过程中可能存在多个能源设备同时供能，或者某些设备过度供能的现象，造成能源的低效使用和浪费。

在具体的生产场景中，需要建立一个基于生产需求的联动运行机制，使得不同的能源设备能够相互配合和调节，以达到更加优化的能源利用效率。例如，当生产需求减少时，联动机制可以实时感知并自动降低锅炉的供能、制冷系统的制冷量和空压系统的运行压力等，从而实现能源消耗的减少。相反，当生产需求增加时，联动机制可以及时调整能源设备的供能和运行参数，以满足生产的需要。

为了实现这样的联动运行机制，就需要采用先进的智能控制系统和监测设备，实现能源设备之间的信息交互和智能协调。这样的系统可以根据生产需求和能源消耗的情况进行实时调度和优化，从而降低能源浪费，并提高能源利用效率。

5.2.6 功能设计

数字孪生工厂监管体系及系统功能规划设计如图5-21所示。

1. 锅炉数字孪生检测系统

锅炉数字孪生检测系统需要对锅炉房间及物理设备实体进行建模，建模元素包括锅炉房房屋建模、锅炉体建模、锅炉其他元素建模，详细情况如表5-1所示。为了实现锅炉数字孪生检测，需要采集锅炉监管系统数据，包括分气缸流量数据、分气缸压力数据、蒸汽流量数据、蒸汽压力数据、给水流量数据、符合反馈百分比数据、锅炉水位数据、水箱水位数据等，并将这些数据进行3D空间实时展示和检测。此外，锅炉孪生实体及各项数据标识也需要进行清晰的标识，以便更好地掌握锅炉运行状况。通过建模、采集数据和标识，可以实现锅炉数字孪生检测，从而更好地掌握锅炉运行状况，提高锅炉运行效率，降低锅炉运行成本。锅炉孪生实体及各项数据标识如图5-22和表5-2所示。

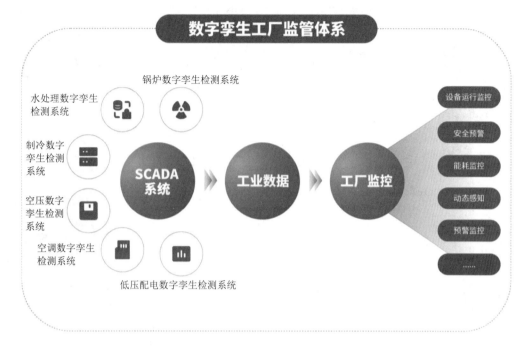

图 5-21　数字孪生工厂监管体系图

表 5-1　锅炉数字孪生建模元素表

模　　块	孪生元素	描　　述	展　　示
锅炉	锅炉房房屋建模	完成呈现楼房室内结构	
	锅炉宏观建模	设备模型建模	
	锅炉部分元素动态化	动态图片设计加载	
	电磁阀（无数据、操作等）	设备模型建模	
	电动阀（无数据、操作等）	设备模型建模	
	冷凝泵（无数据、操作等）	设备模型建模	
	管道以及流向	设备模型建模，流向表示	
	水泵（无数据、操作等）	设备模型建模	
	24m³ 冷凝水回水水箱	设备模型建模，数据展示水位、温度	
	36m³ 冷凝系统水箱	设备模型建模，数据展示水位、温度	

图 5-22　锅炉孪生实体及各项数据标识

表 5-2　锅炉管理及各项技术数据及标识

名　称	id	描　述	标　识
Bolier.CPU1.Other.TotalBoilerFlow	827	分气缸瞬时流量	①
Bolier.CPU1.Other.AioSplitCylinderPressure	755	AIO 分气缸压力	②
Bolier.CPU1.B1.1Boilersteamflow	634	锅炉 1-4 蒸汽流量	③④
Bolier.CPU1.B1.1Boilerfeedwaterflow	628	锅炉 1-4 给水流量	⑤⑥⑦
Bolier.CPU1.Other.Aio24WaterTankLevel	747	AIO24 水箱液位	⑧
Bolier.CPU1.Other.Aio36WaterTankLevel	749	AIO36 水箱液位	⑨

2. 空调数字孪生检测系统

空调数字孪生检测系统需要对空调及相关物理实体进行建模,建模元素包括水处理房屋建模、反渗透设备建模、软化器设备建模、管道以及流向建模、纯水输送系统设备、软水输送系统设备、其他构成元素建模等,详细情况如表5-3所示。此外,还需要实时采集总进水压力实时数据、多介质过滤器数据、软化过滤器数据、纯水输送数据、饮水输送数据等,以便更好地检测空调系统的运行状况。通过建模和数据采集,可以更好地检测空调系统的运行状况,从而提高空调系统的可靠性和安全性。空调系统孪生实体及各项数据标识如图5-23和表5-4所示。

表 5-3　空调机房及空调物理实体建模

模　块	孪生元素	描　述	展　示
空调	空调机房房屋建模	完成呈现楼房室内结构	
	空调设备建模	设备模型建模	

图 5-23　空调系统孪生实体及各项数据标识图

表 5-4　空调管理机各项技术数据及标识

名　称	id	描　述	标　识
AirCondition.ZK01_02.TheTemperatureIsSetZk01	185	温度设定 ZK01	①
AirCondition.ZK01_02.AirtemperaturedisplayZK01	48	新风温度显示 ZK01	②

（续表）

名　称	id	描　述	标　识
AirCondition.ZK01_02.TemperaturedisplayZK01returnairduct	111	回风总管温度显示 ZK01	③
AirCondition.ZK01_02.SupplyairducttemperaturedisplayZK01	95	送风总管温度显示 ZK01	④
AirCondition.ZK01_02.AtthebeginningoffilterpressuredifferencedisplayZK01	50	初效过滤压差显示 ZK01	⑤
AirCondition.ZK01_02.TherreturnairvalveopeningshowZK01	121	回风阀开度显示 ZK01	⑥
AirCondition.ZK01_02.DisplayZK01conduitofwatersupplypressure	60	水管供水压力显示 ZK01	⑦
AirCondition.ZK01_02.RoomtemperaturedisplayZK01_1	85	房间温度显示 ZK01_1	⑧
AirCondition.ZK01_02.TemperaturedisplayZK01_1airsupplypipe	107	送风支管温度显示 ZK01_1	⑨

3. 空压数字孪生检测系统

空压数字孪生检测系统需要对空压空间及相关物理实体进行建模,建模元素包括空压设备空间建模、空压设备建模、各类传感器建模、其他构成元素建模等,详细情况如表5-5所示。为了更好地检测空压系统的运行状况,还需要实时采集空压机压力数据、油压数据、中冷器压力数据、冷却水出口温度数据、油温数据等,并将这些数据进行分析,以便更好地掌握空压系统的运行状况。此外,还可以利用虚拟仿真技术,对空压系统的运行状况进行模拟。空压系统孪生实体及各项数据标识如图5-24和表5-6所示。

表 5-5　空压车间和空压设备建模图

模　块	孪生元素	描　述	展　示
空压	空压车间建模	设备模型建模	

（续表）

模　　块	孪生元素	描　　述	展　　示
空压	空压机组建模	设备模型建模	

图 5-24 空压系统孪生实体及各项数据标识图

表 5-6 空压机各项技术数据及标识

名　　称	id	描　　述	标　　识
AC1ExhaustPort	832	压缩机出口	①、②、③、④
AC1AirCompressorOutletTemperature	829	空压机出口温度	
AC1Hydraulic	833	油压	
AC1OilTemperature	835	油温	
AC1IntercoolerPT	834	中冷器压力	
AC1CoolWaterTT	831	冷却水出口温度	
AC1Load	840	卸载/加载 0/1	
AC1AirFilterPressureDifference	830	空气过滤器压差	

（续表）

名　　　称	id	描　　　述	标　　　识
AC1RunningTimeW1	836	运行时间 W1	
SDP_Temperature	6437	露点仪温度	⑤
SDP_TD	6438	露点仪压力露点	
SDP_RH	6439	露点仪相对湿度	

4. 水处理数字孪生检测系统

水处理数字孪生检测系统需要对水处理空间及物理设备实体进行建模，以满足不同的水处理需求。建模元素包括水处理房屋建模、反渗透设备建模、软化器设备建模、管道以及流向建模、纯水输送系统设备、软水输送系统设备、其他构成元素建模等，详细情况如表5-7所示。此外，还需要实时采集总进水压力实时数据、多介质过滤器数据、软化过滤器数据、纯水输送数据、饮水输送数据等，以便更好地控制水处理系统的运行状态。水处理系统孪生实体及各项数据标识如图5-25和表5-8所示。

表 5-7　水处理空间及物理设备实体建模元素

模　　块	孪生元素	描　　述	展　　示
水处理	水处理房屋建模	完成呈现楼房室内结构	
	反渗透设备建模	设备模型建模	
	软化器设备建模	设备模型建模	
	管道以及流向	管道模型建模，流向表示	
	软水输送系统设备	设备模型建模，数据展示各软水箱水位紫外杀菌器数据输送过程中数据（如压力、流量等），以及各软水泵出口压力、运行频率、累计时间	
	浓水回收箱	设备模型建模，数据展示压力值	

（续表）

模　块	孪生元素	描　述	展　示
水处理	RO 清洗水箱	设备模型建模	
	熔盐箱	设备模型建模	

图 5-25　水处理系统孪生实体及各项数据标识图

表 5-8　水处理机各项技术数据及标识

名　称	id	描　述	标　识
AIN_R_R88	5121	总进水压力实时	①
AIN_R_R92	5126	1#多介质产水压力实时	②

（续表）

名　　称	id	描　　述	标　识
AIN_R_R209	5001	1#多介质灌冲洗累计流量	③
AIN_R_R100	4881	1#软化产水压力实时	④
AIN_R_R20	4991	2#纯水箱液位实时	⑤
AIN_R_R252	5049	纯水输送泵紫外剂量实时	
AIN_R_R190	4980	纯化水出口 PH 实时	⑥
AIN_R_R148	4933	1#纯水输送泵出口压力实时	
AIN_R_R22	5013	1#软水箱液位实时	⑦
AIN_R_R254	5051	软化输送泵紫外剂量实时	
AIN_R_R188	4977	软化水出口 PH 实时	⑧
AIN_R_R68	5099	软化锅炉用水流量实时	⑨
AIN_R_R204	4996	软化锅炉用水流量累计	
AIN_R_R138	4922	1#软水输送泵出口压力实时	⑩

5. 制冷数字孪生检测系统

制冷数字孪生检测系统需要对制冷空间及设备物理实体进行建模，建模元素包括：制冷室房屋、压缩机组、蒸发冷风机、回水罐和供水罐、冰水外循环泵、管道及流向、高压集油器、气压集油器、空调板换、冰水板换、贮氨器、塔水罐、冷却塔等，详细情况如表5-9所示。该系统通过收集制冷设备的实时数据，并将其与数字孪生模型进行比较来检测设备的故障和性能问题。数字孪生模型可以模拟制冷设备的运行状态，包括温度、压力、流量等参数，以及设备的结构和运动特性，通过对比实际数据和模型数据，可以及时发现设备的故障和性能问题，从而提高设备的运行效率和可靠性。为了更好地实现孪生实体及数据标识，还需要建立一个完善的数据库，以及一个可视化的展示平台，以便更好地查看和管理制冷系统。制冷系统孪生实体及各项数据标识如图5-26和表5-10所示。

表 5-9　制冷空间及设备物理实体建模元素

模　　块	孪生元素	描　　述	展　　　示
制冷	制冷室房屋建模	完成呈现楼房室内结构	

（续表）

模　块	孪生元素	描　述	展　示
制冷	压缩机组建模	设备模型建模，数据展示	
	蒸发冷风机建模	设备模型建模	
	蒸发冷风机动态化	动态图片设计加载	
	回水罐	设备模型建模，数据展示 3 种温度	
	供水罐	设备模型建模，数据展示 3 种温度	
	冰水外循环泵	设备模型建模，数据展示冰水供水温度、压力，以及冰水回水温度、压力	
	管道以及流向	管道模型建模，流向表示	
	高压集油器	设备模型建模，数据展示百分比	
	低压集油器	设备模型建模，数据展示百分比	
	空调板换	设备模型建模，数据展示空调板换进口压力、温度，以及流量板换出口压力、温度、流量	
	冰水板换	设备模型建模，数据展示冰水板换进口压力、温度，以及流量板换出口压力、温度、流量	
	贮氨器	设备模型建模，数据展示压力百分比	

（续表）

模　块	孪生元素	描　述	展　示
制冷	塔水罐	数据及设备模型建模，数据展示塔水供水温度和塔水回水温度	
	冷却塔（在室外，需要确认是否需要）	设备模型建模	

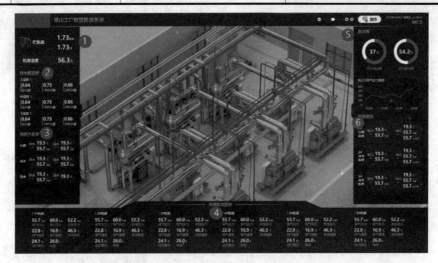

图 5-26　制冷系统孪生实体及各项数据标识图

表 5-10　制冷系统各项数据及标识

名　称	id	描　述	标　识
AmmoniaStoragePressureDisplay	2582	贮氨器压力显示	①
AmmoniaStorage,LiquidLevelDisplay	2581	贮氨器液位显示	
IceWaterTankTemperatureDisplayOnBack	2587	冰水回水罐温度上显示	②
1#ProcessIceSheetInInletTemperatureDisplay	2559	1#工艺冰水板换进口温度显示	③
ExhaustPressureAccordingTo1	2377	排气压力显示 1	④
InspiratoryPressureAccordingTo1	2393	吸气压力显示 1	
OilPressureDisplay1	2401	供油压力显示 1	
HighPressureOilTrapLiquidLevelDisplay	2584	高压集油器液位显示	⑤
LowPressureOilTrapLiquidLevelDisplay	2589	低压集油器液位显示	
AirConditioningWaterPlateInInletTemperatureDisplay	2579	空调冰水板换进口温度显示	⑥

6. 低压配电数字孪生检测系统

低压配电数字孪生检测系统需要对低压配电空间及设备物理实体进行建模,建模元素包括高压配电室、综合配电室、制冷配电室、配电柜等设备,详细情况如表5-11所示。低压配电数字孪生检测系统是一种应用数字孪生技术的系统,旨在监测和检测低压配电系统的运行状态和性能。该系统通过将现实世界的低压配电系统与其数字化模型相结合,实时采集、分析和模拟数据, 提供对系统运行的全面监测和评估。低压配电系统孪生实体及各项数据标识如图5-27和表5-12所示。

表 5-11　低压配电空间及物理设备建模元素

模　　块	孪生元素	描　　述	展　　示
低压配电室	高压配电室建模	完成呈现楼房室内结构	
	综合配电室建模	完成呈现楼房室内结构	
	制冷配电室建模	完成呈现楼房室内结构	
	配电柜建模	设备模型建模	

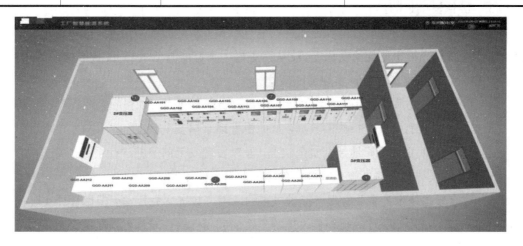

图 5-27　低压配电系统孪生实体及各项数据标识图

表 5-12　低压配电各项数据及标识

名　　称	id	描　　述	标　识
Transformer	7646	车间低压配电压力显示	①
	7621	车间低压配电压力显示	
Power Distribution Cabinet	8201－8227	通过分配电力、保护设备、实现控制和监测等功能，确保电力的安全、可靠和高效供应	②
Date Time	9001	显示当前事实日期、时间	③

5.2.7　应用成效

数字孪生技术是一种新兴的技术，它可以帮助企业管理者更好地监管工厂能耗、控制能耗，从而节省成本，提高效率。具体成效体现在以下几个方面：

（1）数字孪生技术助力打造3D可视化工厂。通过打造3D可视化工厂，可以将各个能耗空间结构化、可视化，使企业更容易掌握工厂能耗的状况。数字孪生技术可以通过建立3D模型，将工厂的各个部分建模，包括机器、设备、管道、电气系统等，从而实现3D可视化工厂，在三维可视化空间形成能耗监控的物理底座，为能耗数据展示提供空间支撑。

（2）数字孪生技术汇聚能耗数据进行统一监控和展示。数字孪生技术可以将各种能源监控系统的数据进行整合、分析，包括锅炉能耗数据、制冷能耗数据、空调能耗数据、空压数据、水处理数据、低压配电数据等，实现多维度能源监控数据的统一监控和分析，为管理者提供实时的能源监控数据，以便能及时发现和解决能源使用问题。

（3）数字孪生技术还可以将各种能源监控系统的数据统一展示，为企业管理者提供多渠道、多维度展示，让企业管理者可以更加直观地查看和分析能源使用情况，帮助企业根据实时监测的能耗数据，分析出能耗的变化趋势，从而更好地掌握能源使用情况，提高能源利用效率，降低能源消耗，减少能源污染，实现节能减排。

（4）数字孪生技术助力打造安全生产工厂。数字孪生技术可以帮助企业收集有关设备运行状况的数据，以及有关安全措施的数据，从而更好地掌握安全状况；数字孪生技术可以进行安全数据分析，帮助企业更好地控制安全状况，及时发现安全问题并进行系统预警提醒，助力企业管理者及时采取有效的措施来解决安全问题。

（5）数字孪生技术为企业管理者提供丰富的应用。数字孪生技术可根据管理实际提供计算机、手机APP、应用小程序、可视化大屏等丰富的应用体验，并且可以提供交互式服务，极大丰富了管理者监控企业能耗的手段和方式。

总之，数字孪生技术可以为企业提供丰富的管理应用，帮助企业更好地管理资源、信息和业务流程，提高管理效率，降低管理成本。

5.2.8　实施过程

该项目实施过程包含需求分析、数据采集与整理、建立数学模型、数字孪生平台开发、系统集成与部署、监控与优化、持续改进7个步骤，具体如下：

1. 需求分析

对乳制品加工企业的能耗管理需求进行全面的调研和分析，了解企业的能源消耗情况、存在的问题、目标和需求，确定数字孪生监控系统的核心功能和所需的技术指标。

2. 数据采集与整理

收集和整理乳制品加工企业的能耗数据，包括供电信息、用水量、锅炉能耗、制冷能耗等各种能耗指标。这些数据可以从现有的数据监测设备、计量表、传感器等设备中获取，也可以通过安装新的数据采集设备进行收集。

3. 建立数学模型

根据乳制品加工企业的能耗数据，利用数学建模和统计分析的方法，建立能源系统的数学模型。该模型将反映企业能耗的动态变化，并能够进行预测和优化分析。

4. 数字孪生平台开发

在孪生平台中，基于建立的数学模型，将乳制品加工企业的能源系统进行虚拟复制，实现现实系统与数字孪生系统之间的数据交互和信息同步。开发相应的软件和算法，实现能耗数据的实时采集、存储、处理和展示。

5. 系统集成与部署

将能耗数字孪生监控系统与乳制品加工企业的现有系统进行集成，确保能耗数据的准确性和实时性。部署和配置相应的硬件设备和软件平台，确保系统的可靠运行和有效管理。

6. 监控与优化

启动能耗数字孪生监控系统，对乳制品加工企业的能耗进行实时监测和分析。通过数据的可视化展示和报表分析，掌握能耗变化趋势，发现潜在的问题并采取相应的优化措施。

7. 持续改进

根据监控和分析结果，不断评估系统的性能和效果，并有针对性地进行调整和改进。同时，加强员工培训，提高能耗数字孪生监控系统的使用效果和管理水平。

5.3 案例三 数字孪生监管高速动车运行状态 助力智能生产

本节案例是使用数字孪生监管高速动车运行状态助力智能生产。

5.3.1 行业背景

高速动车（见图5-28）的出现为人们出行带来了极大的方便，截至2022年年底，我国高铁通行总里程达到了42000千米，继续位居世界第一。我国的高铁网络依然处于大规模、高速度的建设之中。根据国家《"十四五"现代综合交通运输体系发展规划》规定，预计到2025年年底，我国高铁总里程（含部分城际铁路）将达到5万千米左右，覆盖95%以上的50万人口以上城市，基本形成"全国123高铁出行圈"，更好满足人们美好出行需要。

图 5-28　动车质检、清洗图

随着我国高铁发展的不断深入，我国高铁在技术方面也得到了进一步的改进和完善，包括动车组、轨道车、电气化设备等都有所提升，使得整个系统更加安全可靠，旅客可以体验到更好的服务。

未来，我国高铁会利用更加先进的技术推动其智能化、数字化发展。一方面通过设备升级来确保数据指标的精准，即通过对各类硬件、传感器、数采设备和大数据管理软件进行升级迭代来确保各维度数据准确有效；另一方面通过数字孪生等先进手段打造整车数据驾驶舱，实现对整车空间及各项技术指标的三维可视化展示，做好各项数据的实时监控。

高速动车车辆是复杂程度非常高的地面运输装备。建立动车运行状态智能监控与预警系统，实现对磁悬浮车组运行安全相关关键参数的实时监控、状态评估、故障诊断和故障预测等功能，通过数据提出运营管理和维护保养的合理建议，实现车辆从"计划修"到"状态修"的转变，降低运营维护成本。

5.3.2 技术特点

高速动车是当代科学技术进步与经济发展的象征。高速动车虽然源于传统铁路，但借助多项高新技术，已全面突破了常速铁路的概念，成为一种能与既有路网兼容的新型交通系统。高速动车在运营过程中不断更新换代，其技术也在不断发展与完善。

高速动车是当代高新技术的集成（见图5-29），是继航天工业之后最庞大复杂的现代化系统工程。它所涉及的学科之多、专业之广，充分体现了系统的综合性，包括计算机及其应用、微电子技术、电力电子器件的实用化与遥控自控技术等。基于这些高新技术，建立了先进可靠的列车运行控制系统和高效的运输组织与运营管理体系。各子系统均围绕整体统一的运行管理目标，彼此相容、完整结合，实现高铁系统的高效运转和安全监控。

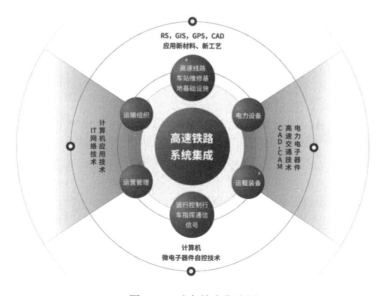

图 5-29　动车技术集成图

高速动车的系统数据繁多，各系统之间相互作用，导致数据监管难度较大。高速动车整车系统庞大复杂，涉及的监管数据包括车辆基本信息（如列车号、线路、车型等）、运行数据（如当前位置、行驶里程、当前速度等）、部件监管数据、健康评估数据以及故障预警数据等。

5.3.3　行业需求

运用数字孪生技术监管高速动车运行状态，需要接入动车各项数据，并且需要对数据进行清洗、分析、存储、模型接入、可视化展示等，如图5-30所示。

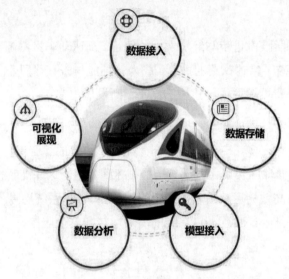

图 5-30　运用数字孪生技术监管高速动车运行状态

1. 可视化需求

利用3D建模、GIS、BIM等技术手段建立高速动车三维可视化模型，形成可视化载体，并且提供以下展示方式：

- GIS全场景展示。
- 自由三维漫游展示。
- 单体设备三维展示。
- GIS+BIM模型展示。
- 监控仪表数据可视化展示。

2. 数据采集需求

1) 高速动车车载数据处理中心数据采集

该项目需要对接智能列车车载数据处理中心系统,采集、分析、存储列车传感器网络,列车控制网络和基于电子标签的物联网络的数据信息,实现动车各功能版块及前端设备数据的三维可视化展示和预警。

2) 高速动车组远程故障诊断系统数据采集

该项目需要对接高速动车系统,将动车组运行途中的列车控制网络系统中的重要运行参数与设备故障情况实时展示在三维可视化模型中,供值班人员实时掌握在线列车的设备情况与安全状态,以有效提高故障处置与设备检修效率。

5.3.4 功能展示

1. 数据监管流程说明

详细数据监管流程如图5-31所示。接入车载上位机数据源,在接口层对源数据进行数据解析、数据校验、数据转换和数据存储,在数据层进行数据目录构建、元数据管理、字典管理和数据安全管理,接口层和数据层进行双向数据传输,保证数据传输业务的连续性和数据的一致性及稳定性;底层的资源层对数据传输、解析和计算提供保障;功能层对接口解析和数据层作业调度进行管理,对接口解析和数据治理流程进行管理,提供数据接口解析和数据治理安全保障,对整个大数据集群进行监控;在应用层进行模型及算法接入、数据检索,作业调度和日志审计;应用层调用接口层服务,展示层调用应用层服务,提供平台各类业务数据的分类展示和综合展示。

2. 高速动车运行数据三维可视化

打造高速动车运行数据三维可视化展示功能,形成高速动车运行可视化看板(见图5-32),需要进行车辆运行数据收集、数据预处理、数据建模与转换、设计可视化场景、数据呈现与交互、设计美化、可视化展示等。

- 数据收集:收集高速动车的运行数据,包括列车位置、速度、加速度、转弯半径、温度等信息。这些数据可以从列车上的传感器、GPS系统、行车记录仪等设备中获取。
- 数据预处理:对收集到的数据进行预处理,包括数据清洗、归一化处理等,确保数据的准确性和一致性,为后续的可视化过程做好准备。

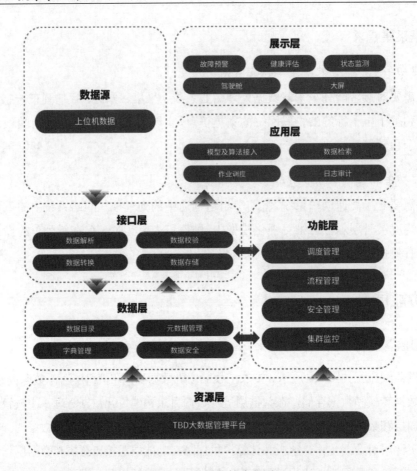

图 5-31   数据监管流程图

图 5-32   高速动车运行可视化看板

- 数据建模与转换：将收集到的运行数据进行建模和转换，以便在三维空间中进行可视化。例如，可以将列车坐标转换为三维空间的点，将速度和加速度转换为向量，将温度转换为颜色等。

- 设计可视化场景：根据需要定义可视化场景，包括列车运行轨迹、速度变化、加速度分布等。可以创建一个三维空间，并在其中添加列车模型和其他元素以展示各种数据。
- 数据呈现与交互：使用选择的可视化工具将数据呈现在三维空间中，并添加交互功能。可以通过鼠标控制视角，观察列车的运行轨迹和变化趋势。还可以添加其他交互元素，如标签、图例等，以提供更多的信息。
- 设计美化：对可视化结果进行美化设计，包括调整颜色、光照效果、透明度等。通过合适的配色和渲染效果，使可视化结果更加直观和吸引人。
- 可视化展示：将完成的三维可视化结果呈现给用户。可以将可视化结果导出为图片、视频或交互式网页等形式，方便用户进行浏览和交流。

3. 高速动车预警数据三维可视化

通过三维可视化场景展示高速动车运行过程中各项技术参数的情况。可以在场景中添加动车模型、铁轨、地形等元素，并将参数数据映射到动车的颜色、大小、形状等方面。针对重点监管数据，可以在动车三维可视化空间里面进行灵活调配，精准展示重点关注的预警项（见图5-33）；对于预警参数，可以使用醒目的颜色或者其他视觉效果来突出显示，帮助用户快速识别可能存在的问题。

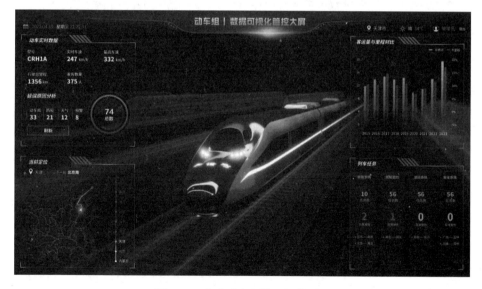

图 5-33　高速动车预警可视化看板

4. 高速动车全景三维可视化看板

高速动车全景三维可视化看板（见图5-34）可以提供全面的高速动车运行情况和各项关键

数据的展示，为高铁生产管理、运营和性能提升提供三维可视化监管手段。看板布局和可视化内容如下：

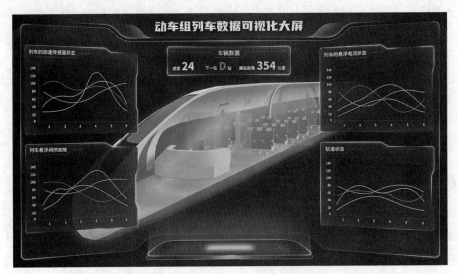

图 5-34　高速动车全景三维可视化看板

- 整体场景展示：在三维场景中展示高速动车运行的全貌，包括铁路线路、车辆、站点等元素。可以使用合适的比例和精细的模型来展示真实的场景。

- 实时运行状态：在看板上显示高速动车的实时运行状态，包括列车位置、速度、方向等信息。可以通过动态移动的车辆模型以及相关动画效果来实时展示列车的运行情况。

- 关键指标展示：在看板上展示一些关键指标，例如列车的平均速度、累计里程、使用电量等。可以使用仪表盘或数值显示来突出显示这些指标，并随着数据更新而实时变化。

- 预警监控：通过三维可视化方式展示高速动车的预警情况。可以使用不同的颜色或标志来标识存在预警的车辆部位或关键元素，如发动机、制动系统等。配合信息弹窗，提供预警详细信息和处理建议。

- 数据统计和趋势分析：以图表的形式展示高速动车运行数据的统计，对动车运行趋势进行智能预测分析。图表包括柱状图、折线图、雷达图等，用于展示关键参数的变化趋势和统计分布，例如速度、客流量、故障次数等。

- 交互和导航：为用户提供交互和导航功能，如缩放、旋转、平移等操作，使用户能够自由浏览三维场景，并快速定位到感兴趣的区域和数据。

- 告警信息和事件记录：在看板上显示高速动车的告警信息和事件记录。可以使用列表或时间轴的形式展示或记录重要的告警事件，以便用户快速了解和响应。

通过这样的综合数据三维可视化看板,用户可以全面了解高速动车的运行状态、关键指标、预警情况和历史记录,从而进行及时监测和调整。注意,该看板布局和内容可以根据实际需求和数据来源进行定制和扩展。

5.3.5　应用成效

近年来,随着科技的进步,数字孪生技术已经成为动车制造企业提升车辆性能的重要手段。利用数字孪生技术,可以打造动车整车孪生体,实现对动车高速运行状态以及各项性能指标可视化监管。

通过数字孪生技术可以模拟出车辆运行的各种参数,比如车辆的加速度、减速度、转向角度等,从而实现对车辆运行状态的实时监控,及时发现车辆运行中的异常情况并采取有效措施,确保车辆安全运行。

通过数字孪生技术还可以模拟出车辆的各项性能指标,比如车辆的动力性能、燃油经济性能、操纵性能等,从而实现对车辆性能的实时监控,为动车制造企业提供实时精准的监管数据,为车辆性能提升提供高效支撑。

总之,数字孪生技术为动车制造企业提供了一种新的解决方案,可以实现对动车高速运行状态以及各项性能指标的可视化监管,助力动车制造企业提升车辆性能。

5.3.6　实施过程

高速动车运行状态数字孪生监管系统的实施过程较为复杂,实施过程可能因具体情况而异,有时可能需要进行迭代和改进。同时,合理的项目管理和用户参与也是实施过程中重要的因素,用以确保系统能够满足监管需求并得到持续的改进和优化。项目具体实施流程如下:

1. 需求分析

确定数字孪生监管系统的具体需求和目标。这可以包括确定监管的范围、监控的参数和指标、预警和报警机制等。

2. 数据采集与整合

收集和整合高速动车运行过程中的各项数据,包括列车位置、速度、温度、振动等参数。

可以利用传感器、数据采集设备以及现有的监控系统进行数据的采集和整合。

3. 数字孪生建模

利用收集到的数据构建高速动车运行状态的数字孪生模型。这个模型是一个虚拟的实时仿真模型，用于模拟和预测实际车辆的运行状态。

4. 数据分析与算法开发

通过对数字孪生模型和实际数据进行分析，开发合适的算法和模型来实现高速动车运行状态的监测和预测。这可以包括异常检测、趋势分析、状态评估等。

5. 可视化界面开发

开发用户界面，将监管系统的监测和预测结果以易于理解和操作的方式展示给监管人员。这可以包括实时数据显示、图表、地图等可视化元素。

6. 系统集成与部署

将开发好的监管系统与各项数据源和现有系统进行集成，确保数据的准确传输和实时更新。根据实际需求，可能需要进行系统的部署和配置。

7. 测试与验证

对数字孪生监管系统进行测试和验证，确保系统的稳定性和正确性。这可以包括功能测试、性能测试、安全性和隐私保护等方面的验证。

8. 运行与维护

系统上线后进行日常的运行和维护工作，包括数据的监测和更新、故障排查和修复、系统性能的优化等。

5.4　案例四　数字孪生助力智慧风电数字化运营监管

本节的案例是使用数字孪生助力智慧风电数字化运营监管。

5.4.1 项目说明

该项目由分布在山区的各个风力发电机和用于风电设备监管与电能储备的风电场两部分组成。风能发电设备多架设在地势崎岖、人烟罕见的偏远地区，因此风能发电存在机组距离远、运维人员劳动强度大的问题。项目通过SCADA系统来汇聚、监管各个风机的运行数据及参数，监管设备运行状态，自动预警提示，但是SCADA系统难以支撑精细化管理，信息量小、传输距离有限。此外，风电场在线监测手段相对单一，运维人员无法进行远程巡检、无法预判风机关键部件健康状况。同时，风电场站各类监管系统种类繁多，各系统平台之间存在数据孤岛，导致风机缺陷、预警等信息实时性较差，易发生误检情况。风能发电要打通数据壁垒，实现数据共享，就要让风电行业与数字孪生技术深度融合，打造智慧风电管理中心。

5.4.2 行业背景

我国风电行业逐步取得长足的进展，同时国家仍不断对风电等可再生能源提出建设要求。在"十二五"时期，国家要求全国风电并网装机容量达到1亿千瓦；到了"十三五"时期，国家要求全国风电并网装机容量达到2.1亿千瓦；而在"十四五"规划中，国家明确到2030年风电和太阳能发电总装机容量需达到12亿千瓦以上。

在空间布局上，要以沙漠、戈壁、荒漠地区为重点加快建设大型风电基地，同时稳妥推进海上风电基地的建设。为鼓励风力发电产业持续快速发展，进一步提升清洁能源发电量占比，国家多部委、多部门通过发布风力发电政策条例、指导意见，对风电行业发展方向和发展目标提出具体要求和指示。

2018年国家能源局印发《2018年能源工作指导意见》，要求稳步推进风电项目建设，年内计划安排新开工建设规模约2500万千瓦。

2019年国家发改委印发《绿色产业指导目录（2019年版）》，要求风力发电设施建设和运营符合《风力发电场设计规范》（GB 51096）、《风力发电工程施工与验收规范》（GB/T 51121）、《风电场接入电力系统技术规定》（GB/T 19963）等标准，自此风电场建设有了国家标准。

2020年国家能源局印发《2020年能源工作指导意见》，要求在2022年全国能源系统效率和风电、光伏发电等清洁能源利用率进一步提高。同时国家能源局连同国家发改委联合印发《关于公布2020年风电、光伏发电平价上网项目的通知》，进一步细化关于风力发电的相关要求。

2021年财政部、国家发改委、国家能源局联合印发《〈关于促进非水可再生能源发电健康发展的若干意见〉有关事项的补充通知》，首次以文件的形式明确风电项目补贴资金的补贴规则。

2022年国家发改委印发《关于做好2023年电力中长期合同签订履约工作的通知》，鼓励电力用户与新能源企业签订年度及以上的绿电交易合同，为新能源企业锁定较长周期并且稳定的价格水平。

2023年国家能源局印发《加快油气勘探开发与新能源融合发展行动方案（2023—2025年）》，要求积极推进陆上油气勘探开发自消纳风电和光伏发电，包括风光发电集中式和分布式开发。

5.4.3　行业现状

"双碳"目标提出后，为了提升能源利用效率、降低碳排放，很多行业都开展了电能替代项目。2022年第一季度，我国可再生能源新增装机2541万千瓦，占全国新增发电装机的80%。其中风电新增790万千瓦，占可再生能源新增装机的31%，并且呈现逐年上升的趋势。

虽然风力发电具有一次投入持续收益、绿色无能耗等优点，但是风力发电行业也具有其特有的劣势，具体如下：

（1）数据监管难，由于风量不稳定，因此风电电机发电量的稳定性和持续性差，且对电力系统运行的支撑能力不如其他发电领域，这样就要求对风电基地设施的监测数据更需具备时效性。

（2）电能转化难，风力发电的电能不仅转化效率低，而且存在电能转化损耗，并且电能损失在哪个环节难以监管，无法对症下药，从而导致提升转化效能成为一句口号。

（3）故障难预测，风力发电行业缺少预测事故的抓手，存在巨大的经济损失和人身安全隐患。

（4）人效产出低，风力发电行业运维巡检任务离散，工作量大，运维知识难以沉淀，导致运维人员人均产出低、运维成本高。

（5）数据分析难，风力发电场产生数据的场景和节点繁杂，管理数据繁多，统计报表信息零散，部分数据上报需手工计算或数据缺失，导致分析决策难。

5.4.4　数字孪生应用优势

数字孪生技术为风力发电场构建了一种全新的运营和监管模式。通过对风力发电场以及每一台风力发电设备的监测和分析，可以准确捕捉到每一台风机的运行状态，并利用大数据技术对其进行实时预测。这样，我们就可以及时发现并解决风机的故障问题，从而有效提高风力发电场的运行效率。

此外，数字孪生技术还能够帮助我们优化风力发电场的布局，提升其发电能力。例如，通过对风资源的定量分析，我们可以确定风机的最佳安装位置，以便获得更高的风速，提高发电效率。

另外，数字孪生技术还能够为风力发电场的运维团队提供有价值的信息，以便更好地管理和调度风力发电场。例如，我们可以通过数据分析来了解风力发电场的日常运行情况，并对其进行优化。

总之，数字孪生技术为风力发电场的运维管理提供了一种全新的方式，它不仅能够提高风力发电场的运行效率，还能够提升其发电能力，为运维团队提供有价值的信息。通过数字孪生技术，我们能够更好地管理和运维风力发电场，实现其最大价值。

5.4.5　项目需求

1. 全景展示

该项目需要构建风电三维可视化全景展示图。需要通过使用交互式地图展示电力系统的全景图；需要在可视化地图上标注各个风电设备的位置；需要使用不同的颜色来表示风电设备的运行状态；需要通过环形图、饼图或类似的图表来展示各个风电设备的能耗转化情况；需要通过颜色渐变来表示不同设备的发电量情况；需要用户单击或悬停在设备标记上时，弹出信息框显示设备的详细信息；需要提供趋势分析的图表；需要提供时间轴和过滤器，以便用户可以回溯历史数据；需要具备地图缩放、平移、定位等交互功能等。

通过该全景展示图，用户可以快速了解风电设备的位置、运行状态、能耗转化情况和发电量情况，从而进行远程监控和优化管理。

2. 过程监控

该项目需要对风电设备各项关键参数和指标进行实时监测，如温度、风速、功率输出等；需要监测风电设备的运行状态，包括启动、停机、故障、维护等；需要通过数据分析和算法，让系统能够检测和识别出异常情况，如过温、振动过大、发电量异常等。

3. 诊断预测

基于风机组运行的数据，采用多维度的数据分析方案，实现对核心元器件的故障诊断、预测。针对设备故障，需要系统提供故障诊断功能，帮助管理人员快速定位和解决问题；需要对历史数据进行分析和汇总，生成数据报告和统计图表，帮助用户了解设备的运行趋势和性能指标。

4. 高效运维

该项目需要实现线上运维审批，合理安排运维任务，闭环运维线上可查。部分故障可远程排除，提高运维人效。

5. 移动端应用

该项目需要提供移动端应用程序，方便用户随时随地进行监控和管理。

5.4.6　项目规划

1. 项目架构

风电设备数据采集管理流程规划如图5-35所示。风力发电设备运行状态、发电量数据通过边缘网关采集并上传至"智慧风电数字化管理平台"，通过该平台进行风电发电机组的实时监控和故障诊断，并助力风电企业场站进行风力发电效率评估及决策制定。平台为客户提供了丰富的前端应用选择，包括计算机端、手机App、其他移动终端、监管大屏等。

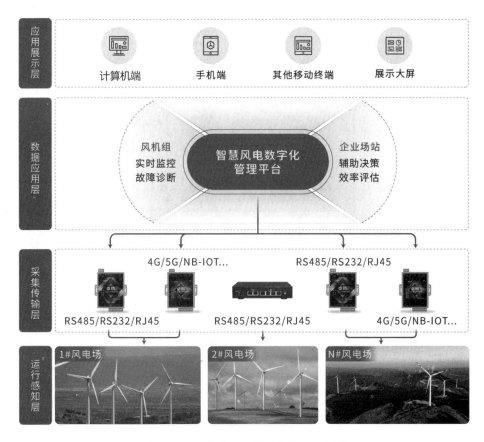

图 5-35 风电设备数据采集管理流程图

2. 项目功能

运用数字孪生技术结合智慧风电数字化管理平台打造风电数字孪生监管体系，项目规划了数字风电全景一张图、风机设备可视化监管、风电场站可视化监管、风机远程可视化控制、风机故障可视化诊断、风机故障可视化恢复、场站人效可视化分析、场站电效率可视化分析、储能电站可视化监控等功能。通过采集汇聚风机运行数据、环境气象数据、电力监控数据、风场资产数据，利用数字孪生虚拟模型为各应用功能赋能，项目整体功能构成及业务逻辑如图5-36所示。

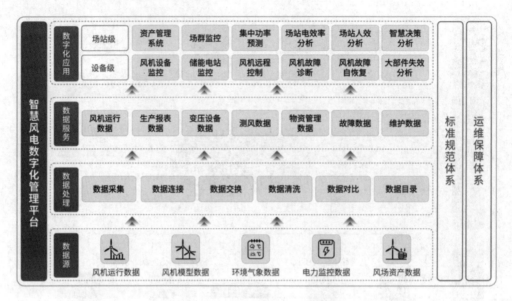

图 5-36 项目功能及业务逻辑图

5.4.7 功能设计

1. 构建数字风电全景一张图

随着能源行业的发展,数字全景图的建立变得越来越重要。数字风电全景图可以清晰地展示各个风电设备的位置、运行状态、能耗转化情况和发电量情况等。这将有助于企业更好地掌握电力系统的运行情况,更好地控制电力质量,提高电力系统的可靠性和安全性,并有助于企业更好地实现节能减排。风电全景图的建立需要综合运用多种技术,包括数字孪生技术、GIS技术、物联网技术、大数据技术等。运用数字孪生技术将风电场景物理空间及风电物理设备进行线上三维虚拟再现,为各项数据和参数的展示提供载体;GIS技术可以帮助企业收集、管理和分析电力系统的地理信息,从而更好地掌握电力系统的运行情况;物联网技术可以帮助企业实时监测电力系统的运行状态,从而更好地控制电力质量;大数据技术可以帮助企业分析电力系统的运行数据,从而更好地实现节能减排。

构建数字风电全景一张图(见图5-37),将风电场景、风电设备、电力数据在视频孪生一张图上统一进行直观展示,辅助管理人员对电力数据进行精准感知和统筹管理。风电数字孪生管理平台关注建设项目生命周期管理与监控、数字孪生的应用以及建设过程规划与建设成果监控,为风电场建设了精细化的各类设备设施模型,融合地理、工程、设备等多源数据,实现了风电场地形地貌、设备设施结构、集控中心布局、运作的孪生。具体功能及展示内容如下：

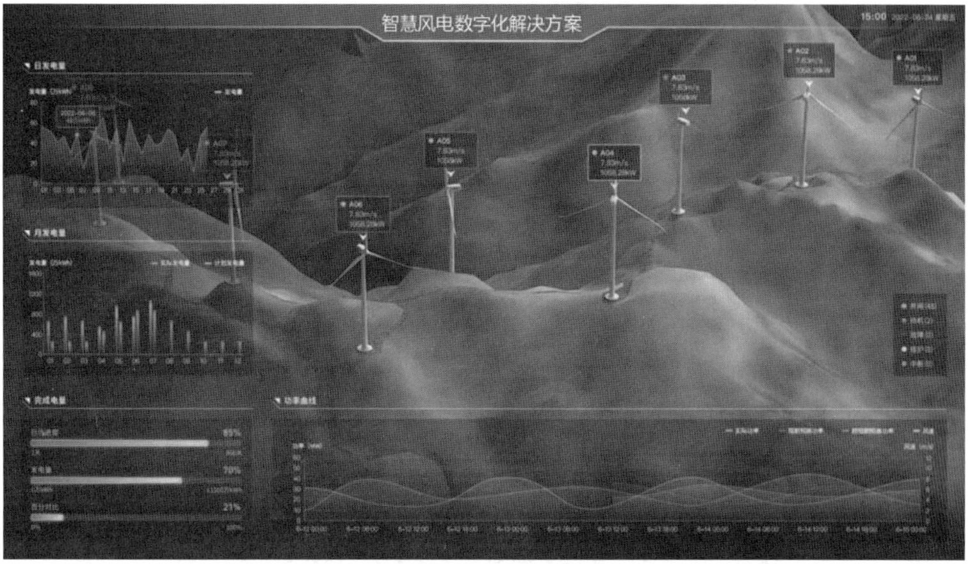

图 5-37 数字风电全景一张图

- 电力全景地图：使用交互式地图展示电力系统的全景图。可以使用真实卫星地图或地理信息系统提供的地图作为背景，并在地图上标注风电设备的位置。
- 设备标记：在地图上标注各个风电设备的位置，可以使用不同的图标或符号来表示设备类型，例如风力发电机、逆变器等。
- 颜色表示状态：使用不同的颜色来表示风电设备的运行状态。例如，绿色代表正常运行，黄色代表异常，红色代表故障停机。不同的颜色可以通过标记或填充设备图标来展示。
- 能耗转化情况：使用环形图、饼图或类似的图表来展示各个风电设备的能耗转化情况。每个设备的输入能耗和输出能耗可以使用不同的扇形区域或颜色来表示。在图中标注数据数值或比例，以便用户直观理解。
- 发电量显示：通过颜色渐变来表示不同设备的发电量情况，例如越深的颜色表示发电量越高。可以在图例或边栏中说明颜色与发电量的对应关系。
- 信息弹窗：用户单击或悬停在设备标记上时，弹出信息框显示设备的详细信息，包括设备名称、型号、当前状态、能耗数据和实时发电量等。
- 趋势分析：提供趋势分析的图表，例如柱状图或折线图，展示设备的历史发电量、能耗等数据，以便用户了解设备的运行趋势和变化。
- 时间轴和过滤器：提供时间轴和过滤器，以便用户可以回溯历史数据，并根据时间范围、设备类型等条件筛选和查看特定的数据。

- 可交互功能：提供地图缩放、平移、定位等交互功能，使用户可以在电力全景图上自由导航和浏览。

2. 风电设备可视化管理

面向大型风力发电机管理的数字孪生系统，通过风电设备在线监测模块进行风机全生命周期可视化管理，帮助客户降低成本，提升管理效率。用户可以在线上实现360度选择查看对应的监测内容数据，对场景进行放大、缩小、平移等操作来查看场景效果、数据指标、设备状态等（见图5-38）。系统可以实现的功能如下：

图5-38　风电设备可视化监管

- 实时数据监测：对风电设备各项关键参数和指标进行实时监测，如温度、风速、功率输出等。系统能够收集和显示实时数据，并及时报警或提示异常情况。
- 运行状态监控：监测风电设备的运行状态，包括启动、停机、故障、维护等。系统能够实时反馈设备的状态，并提供相关报警或通知。
- 异常检测与预警：通过数据分析和算法，系统能够检测和识别出异常情况，如过温、振动过大、发电量异常等，并及时发出预警通知，以便及时采取措施。

3. 风电设备报警可视化监管

风电设备可视化监管系统1:1还原风机的外部结构以及主要部件，并通过对接物理传感器的实时数据，还原风机各个部件的关键数据，构建风电场机组全面的生产感知力，实现环境、电量、性能可视化（见图5-39）。风电设备报警可视化监管的功能如下：

图 5-39 风电设备报警可视化监管

1）异常检测与预警

通过对风机设备主体各单元结构的可视化监管，可以精准确认报警风机设备及报警位置，并可以通过时序分析法、聚合分析法、频谱分析法、对比分析法、描述性统计等方法来推断报警的具体时间及原因，并及时发出预警通知，以便及时采取措施。

2）故障诊断与远程支持

针对设备故障，系统能够提供故障诊断功能，帮助快速定位和解决问题。同时，还能提供远程支持，如远程查询设备状态、远程操作和远程设备控制等。

4. 风速与风向监测

数字孪生技术可以通过模拟实际风场的运行情况，以及短期风速、风向预测信息，来模拟实际风场的运行状况，从而为实际风场的能量管理、电力交易，以及风电机组关键设备的健康趋势分析和故障预警提供支撑。具体如下：

1）实时显示

在监控系统的界面上，以图表、曲线等形式实时显示风速和风向的变化。

2）数据记录与历史查询

长期记录并存储风速和风向数据,以便用户可以根据时间范围进行查询和分析。

3）统计图表

生成风速和风向的统计图表,包括平均风速、最大风速、风向频率等,帮助用户了解风况分布和风场特征。

4）报警和预警

当风速或风向超出设定范围时,自动触发报警或预警机制,通知相关人员采取必要措施。

5. 风电储能电站可视化管理

风电储能电站的可视化管理是指使用可视化界面和工具来监测、控制和管理风电储能电站的运行情况。以下是一些风电储能电站可视化管理的需求和功能:

1）实时监测

使用可视化界面实时监测风电储能电站的运行状态,包括风力发电机的风速、功率输出、储能系统的充放电量等指标。

2）故障预警和诊断

通过可视化界面提供故障诊断功能(见图5-40),快速定位和解决风电储能电站中的故障问题。当风力发电机或储能系统出现异常情况时,及时发送报警信息给相关人员,以便采取必要的措施。

3）运行数据记录

记录风电储能电站的运行数据,包括每个风力发电机的发电量、储能系统的充放电量等信息,以便后续进行分析和报告。

4）预测和优化

利用可视化管理工具,结合实时数据和历史数据,进行风力发电和储能的预测和优化,提高发电效率和储能利用率。

5）可视化数据展示

通过图表、曲线等方式可视化展示风电储能电站的运行数据,以便用户快速了解整个电站的运行情况和性能指标。

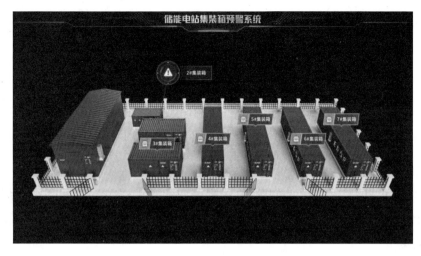

图 5-40　储能电站设备报警可视化监管

6）远程监控和控制

通过可视化界面实现对风电储能电站的远程监控和控制，包括远程开关机、调整发电功率以及调整储能系统的充放电策略等。

7）设备管理

通过可视化界面进行风力发电机和储能系统的设备管理，包括设备状态、维护计划、维修记录等。

6. 远程实景巡查

通过数字孪生的应用，在数字风电全景一张图中能够实现对风力发电机组、升压站、配电室的漫游巡检和远程监测。场景内设置了漫游动画、暂停动画、停止动画、初始视角4个按钮，针对不同的场景可以进行第一人称视角漫游或者无人机视角漫游。

第一人称视角漫游巡检为设备巡检人员带来沉浸式的远程实景巡检感受。对于可能存在危险的场地，可以通过图扑软件提供的漫游功能进行风电场户外、室内巡检漫游。同时通过无人机视角漫游从升压站到空中进行漫游察看，可以直观展示出风电场的宏大，带来与众不同的震撼观感。

7. 三维虚拟空间监管视频实时浏览

三维虚拟空间监管视频实时浏览功能通过虚拟现实或增强现实技术，实时查看和监控具有三维空间特征的监管视频。该技术结合了监管视频和虚拟空间模型，可以提供更直观的沉浸式的监视体验。三维虚拟空间监管视频实时浏览功能的特点如下：

1）沉浸式体验

通过虚拟现实或增强现实技术，用户可以沉浸在虚拟的三维空间中，仿佛身临其境。这种沉浸式体验可以提供更全面的真实的监视体验，使用户更好地理解实际场景。

2）多维视角

三维虚拟空间中的监管视频可以提供多维视角。用户可以自由选择观察的位置和角度，以全方位地监控目标区域。这种多维视角的能力有助于用户更全面地了解场景，并及时发现潜在的问题或风险。

3）实时互动

三维虚拟空间监管视频实时浏览可以与实际情况实时同步。用户可以在虚拟空间中与监管视频进行互动，如进行缩放、旋转、标记等操作，以便更好地了解和分析现场情况。

4）远程监控

三维虚拟空间监管视频实时浏览可以实现远程监控。用户可以通过互联网或其他网络连接方式远程查看和管理监管视频，无论身在何处，都能及时了解监管区域的情况。

8. 告警数据三维空间联动

数字孪生在实景电力一张图中的应用，可以实现周界告警、设备监测告警、消防告警、环境监测告警等多种告警信息的三维场景联动，快速定位告警事件位置，并且可以通过在GIS地图中单击报警点位实时查看该点位监控视频，迅速查找报警原因，辅助工作人员迅速发现问题、定位问题并及时解决问题，保障供电安全。

9. 快速掌控应急资源

数字孪生技术在电力应急抢修中的应用受到越来越多的关注。打造应急抢修三维可视化管理功能，不仅可以辅助开展电力实时抢救工作，还可以根据各项数据模拟开展线上可视化应急抢救。它通过整合电力应急抢修所需的各类资源数据，实时监测抢修队伍、物资、设备、车辆等应急保障资源的部署情况，支持跨通信系统一键调度不同处置单位的资源，提高多部门协作效率，助力精准指挥与科学决策。从而提高应急抢修的效率，加快应急处置的进度。

5.4.8 实施过程

1. 需求调研阶段

到客户现场进行需求调研，首先需要了解风电发电场站整体物理空间结构、风电电机设备单体结构及分布情况；其次需根据客户的需求进行全面调研，通过与业务人员调研、与外部相关单位调研、专题项调研等形式，收集原始需求并进行平台功能、业务运行场景等的转换，完成需求调研报告等内容，为平台开发奠定基础；然后根据调研结果输出需求调研报告，协同项目经理、项目设计人员、测试人员讨论并调整需求。

2. 架构设计阶段

以需求调研阶段的调研报告为输入，充分考虑平台的稳定性、易用性、合理性、完善性等因素，设计出一套或多套完整、可操作、可实现的技术解决方案，完成平台的实施方案设计并通过行业专家的评审。

3. 业务流程设计阶段

以风力发电、储电、巡检等相关业务开展实际流程为基础，进行各业务功能的详细规划设计，规划定义各业务在平台中所要固化的设计流程，完成实施方案中流程设计部分并通过行业专家评审。

4. 三维可视化建模

通过无人机航拍建模和3D扫描建模相结合的方式对风电电机物理实体、电机所处的物理空间环境、风电管理场站物理实体、风能储电站物理实体、其他相关联动的物理设备进行1:1可视化建模。

5. 数据接入

将风电设备各项数据以及业务系统数据，通过API接口对接形式直接关联到风电数字孪生体里面，实现各项数据、参数的实时展示、预警监管等功能。

6. 软件测试

软件测试是项目交付前的内部测试，需要进行环境软件部署测试、数据库搭建、软件测试等相关工作，为项目交付做最后一步准备工作。

7. 项目交付

系统上线应用前，做好客户交付工作，交付内容包含开发文档、测试文档、操作手册等。

1）开发文档

确保开发文档清晰且完整，包含系统的整体架构、模块功能、接口定义等信息。提供必要的代码示例、函数说明和参数说明，以帮助客户理解和使用系统。如果有相关的第三方库或依赖关系，则提供安装和配置指南。

2）测试文档

编写详细的测试文档，包括各个模块的单元测试、集成测试和系统测试。描述测试用例的设计和执行过程，并解释预期的测试结果。如果有自动化测试脚本或工具，则提供使用说明。

3）操作手册

编写操作手册，包括系统的安装、部署和配置步骤。提供清晰的操作指导，包括常见任务的步骤和相应的界面截图。如果有特殊配置或网络要求，则提供相应的说明和指南。

4）用户培训

如果需要，还可以组织开展用户培训会议或提供培训材料，以确保客户能够正确使用系统；解答客户的问题，并提供技术支持，以帮助他们克服使用过程中的困难。

8. 项目培训

为应用系统的不同层级的人员进行线上、线下多重形式的培训，以保证他们能正确熟练地使用系统。具体培训形式如下：

1）线上培训

利用远程会议工具（如视频会议软件或在线培训平台），进行线上培训。针对不同的人员层级，分配不同的培训内容和时间。例如，可以为管理员和普通用户分别设置不同级别的培训课程。培训对提供预先录制的培训视频或在线教程，供参与者随时学习和回顾。

2）线下培训

安排面对面的培训会议，可以是小组培训或个别培训。如果需要，可以请专业培训师或技术专家前来进行系统培训，确保培训质量和效果。在培训期间提供实践机会，让参与者亲自操作系统并解决问题。

３）互动学习

设计练习和案例，让参与者通过实际操作来应用系统，并解决相关问题。提供问答环节或讨论会，让参与者提出问题并与其他人进行交流和分享。鼓励参与者建立交流群组或论坛，以便他们在日常工作中相互支持和交流经验。

４）文档和教材

提供详细的操作手册、用户指南和培训资料，供参与者参考和学习。创建常见问题解答（FAQ）文档，整理系统应用过程中常见的问题和解决方案，供参与者查询。

５）后续支持

提供后续技术支持和咨询服务，确保参与者在系统应用中的问题能够及时得到解决。定期组织系统应用更新的培训和研讨会，以便参与者了解系统的新特性和最佳实践。

5.5　案例五　数字孪生赋能企业实现汽车智能制造

汽车制造业是一个庞大且高度竞争的行业。随着技术的不断进步和消费者需求的变化，汽车制造商面临着生产效率、质量控制和产品创新方面的挑战。数字孪生技术作为一种数字化工具，可以帮助汽车制造商应对这些挑战。它能够通过创建虚拟模型和实时数据链接，提供对整个生产过程的全面可视化和监控。这种技术使制造商能够更好地理解和管理生产线的运作，优化生产流程，并及时发现和解决潜在的问题。

此外，数字孪生还在质量改进、设备维护和员工培训等方面发挥着重要作用。它们帮助制造商提高生产效率和产品质量，降低维护成本，并提升员工技能水平。通过数字孪生技术，汽车制造商能够更好地应对市场需求的变化，并在竞争激烈的行业中保持优势。

5.5.1　行业背景

中央网络安全和信息化委员会印发的《"十四五"国家信息化规划》是我国近期信息化发展的重要规划之一，规划围绕着国家信息化发展的总体目标，提出了构建具有"泛在智联"特征的数字基础设施体系、建设可高效利用的数据要素资源体系、构建可持续发展的数字产业生态体系、建立健全规范有序的数字化发展治理体系等多个方面的内容。

　　其中，构建泛在智联的数字基础设施体系包括建设高速、可靠、安全、可控的信息基础设施网络，提升数字基础设施的智能化和泛在性等方面；建设可高效利用的数据要素资源体系则包括促进数据创新应用、加强数据安全保护、提高数据可视化和分析能力等方面。

　　此外，规划还提出了构建释放数字生产力的创新发展体系，鼓励数字技术与实体经济深度融合，推动数字技术的创新发展应用，并多方面完善数字化创新体系的建设。同时，规划强调了建立规范有序的数字化发展治理体系，加强国家战略制定、发展规划和行业标准、要素管理等方面的监管和服务，推动数字化经济的有序发展。

　　工业和信息化部第8部门印发的《"十四五"智能制造发展规划》提出了很多关于智能制造领域的发展计划和目标。该规划着眼于制造业的实际需求，注重提高智能制造技术的生产力和质量效益，推动智能制造向高质量和高效益方向发展。

　　规划强调了智能制造技术的本质和特征，提出要以数据为基础、以工艺装备为核心，以制造单元、车间、工厂、供应链等为载体，构建虚实融合、知识驱动、安全高效、绿色低碳等智能制造系统，推动制造业实现数字化转型、网络化协同、智能化变革。

　　规划还明确了未来的时间节点和目标，到2025年，规模以上制造业企业大部分实现数字化网络化，重点行业骨干企业初步应用智能化；到2035年，规模以上制造业企业全面普及数字化网络化，重点行业骨工企业基本实现智能化。目标清晰且期望高，推动了制造业数字化、智能化发展的步伐。

　　国务院办公厅发布的《新能源汽车产业发展规划（2021—2035年）》推进智能化技术在新能源汽车研发设计、生产制造、仓储物流、经营管理、售后服务等关键环节的深度应用；加快新能源汽车智能制造仿真、管理、控制等核心工业软件的开发和集成，开展智能工厂、数字化车间的应用示范；加快产品全生命周期协同管理系统的推广应用，支持设计、制造、服务一体化示范平台的建设，提升新能源汽车全产业链智能化水平。

　　总之，数字孪生技术为汽车制造业提供了许多创新和改进的机会，有助于企业提高生产效率、质量和可持续发展的能力。这也使得数字孪生在汽车制造领域中得到广泛应用，并对行业的发展产生积极影响。

5.5.2 项目说明

在汽车生产制造过程中汽车发动机性能检测非常重要。发动机是汽车的心脏,是汽车性能的核心指标。因此,对汽车发动机性能进行严格的检测,可以确保汽车的运行效率、安全性、可靠性和经济性。只有在确保汽车发动机性能稳定、安全和经济的基础上,才能制造出符合消费者要求的高质量汽车,并提升汽车企业的市场竞争力。

本项目旨在应用数字孪生技术对汽车发动机生产过程中以及车辆行进中的性能指标进行在线可视化监管,实现发动机各项性能指标的实时监测、分析和展示。数字孪生技术在汽车发动机生产过程中和车辆行进中的性能检测的具体应用如下:

1. 发动机在生产过程中的性能检测

应用数字孪生技术在生产环境下建立发动机数字孪生模型,根据发动机在生产环境下的性能测试实际情况,对接性能测试系统和发动机性能测试传感器,通过对发动机各种性能参数的监测和比对,可以有效监测发动机性能,并且可以有效寻找生产过程中的瓶颈和问题,助力生产管理人员优化其生产流程,提高生产效率和质量。

2. 发动机在车辆行进中的性能检测

应用数字孪生技术构建整车孪生模型,在车辆行进中通过数字化传感器收集车辆运行数据和发动机相关的参数数据,实现对发动机性能的实时监测和分析,为汽车发动机的生产、性能调整乃至整车生产提供精准的数据支撑。

3. 线上模拟不同环境下发动机运行情况

通过数字孪生技术可以模拟车辆在不同的环境中行驶的场景,可以有效识别车辆发动机在不同工况下的行为特征,及时调整调试发动机参数,确保发动机运行稳定和性能最优化。

4. 发动机性能预测和优化

数字孪生技术可以利用数学算法和物理建模技术精准检测发动机在不同环境中的性能、能耗数据,从而根据大量的检测数据精准预测发动机在特定工况下的性能表现,并提供性能优化建议。通过该技术,可以更好地发掘和优化汽车发动机性能,从而提升汽车的整体性能、安全性和用户体验。

5.5.3　行业特点

1. 数字化转型

汽车制造商正在积极推进数字化转型,将数字技术融入整个生产过程中。数字化转型包括数字化设计和工程、智能制造、供应链优化、物联网应用等。这些技术的应用有助于提高生产效率、质量控制和产品创新能力。

2. 智能制造

智能制造是汽车制造业的重要趋势之一。通过引入自动化、机器人技术、物联网和人工智能等先进技术,实现生产线的智能化和自动化,提高生产效率和质量以及生产的灵活性。

3. 数据驱动决策

大数据和数据分析在汽车制造业中的应用越来越重要。通过收集和分析大量的生产数据、供应链数据和消费者数据,制造商可以用数据驱动决策,优化生产流程,提高产品质量和市场反应能力。

4. 网络化和协作

汽车制造业中的各个环节,包括供应商、制造商和销售商之间的合作和协作变得更加紧密和网络化。通过数字化技术,实现供应链的可视化、协同生产和实时反馈,提高整体供应链的效率和适应性。

5. 绿色和可持续发展

随着对环境保护和可持续发展的关注增加,汽车制造商正在推动绿色和可持续的制造方法和材料的使用,包括节能减排、循环经济和可再生能源的应用。

5.5.4　数字孪生应用优势

1. 实时监测和优化

数字孪生技术可以实时连接实际车间和虚拟模型,通过收集和分析实时数据,实现对生产过程的实时监测和优化。制造商可以实时了解生产线的状态、性能和效率,并及时采取措施进行优化和改进。

2. 故障预测和预防性维修

数字孪生技术可以监测设备的运行状态，通过数据分析和算法预测设备可能发生的故障，并提前进行预防性维修。这有助于减少设备故障造成的生产中断和维修成本，提高设备的可靠性和利用率。

3. 虚拟仿真和优化

通过数字孪生技术，制造商可以在虚拟环境中进行仿真和优化实验，评估不同的生产方案、工艺参数和设备配置对生产效率和质量的影响。这样可以避免在实际生产中进行试错，节省时间和成本，并找到最佳的生产方案。

4. 产品质量控制

数字孪生技术可以帮助制造商实现对产品质量的精确控制和监测。通过与虚拟模型进行比对和分析，可以及时发现生产过程中的缺陷和问题，并采取相应措施进行调整和改进，从而提高产品的质量和一致性。

5. 员工培训和技能提升

数字孪生技术可以用于员工培训和技能提升。通过在虚拟环境中进行操作和仿真，员工可以获得实践经验和技能训练，提高其在实际生产中的工作效率和质量。

6. 可视化和协作

数字孪生技术可以将整个生产过程可视化，并实现多方的协作和合作。不同部门和团队可以共享虚拟模型和实时数据，进行实时沟通和协作，提高沟通效率和决策速度。

7. 数据驱动和决策

数字孪生技术提供了大量的数据和分析结果，支持数据驱动的决策。制造商可以基于实时数据和模拟分析结果做出准确的决策，包括生产优化、设备维护、质量改进和供应链管理等方面，以提高业务决策的准确性和效果。

8. 持续改进和创新

数字孪生技术为制造商提供了持续改进和创新的机会。通过与虚拟模型进行实时比对和分析，制造商可以不断优化生产过程、产品设计和供应链管理，以满足不断变化的市场需求和技术趋势。

总的来说，数字孪生技术在汽车智能制造领域的应用具有诸多优势，这些优势有助于提高生产效率、质量控制、资源利用效率和创新能力，使汽车制造商在激烈的市场竞争中保持优势。

5.5.5　项目需求

1. 需建立线上虚拟数字孪生模型

该项目需要根据发动机生产环境性能测试实际建立发动机数字孪生模型，该模型可以使用机器学习、神经网络和数值模拟等技术创建。在建立模型的过程中，需将生产环境下所涉及的所有参数和条件考虑进去，需对建立的模型进行验证，以确保数学模型与真实发动机的表现一致。这包括与实际发动机实时数据进行比对、使用模型进行预测等。

2. 需建立发动机和整车数字孪生模型

该项目需要根据发动机行进环境中的工作实际建立发动机数字孪生模型，同样在建立模型的过程中，需将车辆行驶环境下所涉及的所有参数和条件考虑进去，需对建立的模型进行验证，以确保数学模型与真实发动机的表现一致性。这包括与实际发动机实时数据进行比对、使用模型进行预测等。

3. 需进行发动机实时数据采集和清洗

该项目需要收集发动机在生产环境中和车辆行驶过程中的性能测试的真实工作数据。这些数据包括发动机控制器输出数据、传感器读数和外部环境数据等。这些参数数据可以在发动机加速、行驶、制动、空调等各个方面进行测量。

4. 需进行故障可视化展示和维修支持

该项目需要提供发动机故障线上可视化展示和维修支持功能，通过对设备数据的分析和建模，对发动机发生故障报警进行线上实时提醒、对超标数据进行自动预警提醒，为监管人员预测发动机潜在的故障提供精准的数据支撑及线上可视化展示。系统内置AI算法，根据预警数据自动提供相应的维修建议和支持，以减少生产中断和降低维修成本。

5. 需支持虚拟仿真和优化实验

该项目需要支持虚拟仿真和优化实验，对根据不同的生产方案、工艺参数和设备配置生产出来的发动机进行线上仿真测试，并评估该生产条件对发动机的生产效率和产品质量的影响，帮助制造商找到最佳的生产方案,并进行持续的优化和改进。

6. 需提供数据可视化看板,输出各类报告

该项目需要提供数据可视化看板和输出各类报告的功能,可以直观展示分析结果和生产指标。

1) 数据可视化看板

可以呈现发动机在生产环境下的实时数据,包括发动机各项参数、传感器数据、外部环境数据等。这种可视化看板可以使用各种可视化工具,例如图表、热力图、仪表盘等。

2) 输出各类报告

需输出生产环境下和车辆行进环境下的发动机性能的各种报告,包括传感器读数、发动机输出数据、质量检测报告等。这些报告可以根据需要进行编写,格式规范、易于理解,需支持在线预览和导出/打印制式表格。

3) 分析工具

需要提供各种分析工具,以帮助用户分析和解释发动机在生产环境下的性能数据。例如,可以使用机器学习算法、神经网络、数值模拟等算法,根据收集到的数据和已经建立的数字孪生模型,对发动机进行分析和预测。

4) 提供决策支持

系统需要为监管者提供决策支持,用户可以根据数据分析结果在制定生产计划、优化设计方案、改善发动机性能等方面进行决策。

7. 需提供安全和隐私保护

该项目需要确保系统的安全性和数据隐私,采用安全措施来保护系统免受恶意攻击和未授权访问。同时,敏感数据和商业机密应受到适当的保护,符合相关法规和隐私要求。

8. 需提供员工培训和技能提升

该项目需要支持员工培训和技能提升。通过数字孪生技术,员工可以在虚拟环境中进行操作和仿真,获得实践经验和技能训练,提高其在实际生产中的工作效率和质量。

9. 需提供设备交互能力和数据钻取功能

需要提供大尺寸触摸交互式大屏。由于汽车制造涉及多种设备和技术,因此项目需支持各

种设备的连接和数据交换，以实现数字孪生系统与实际车间的无缝集成和互操作，并且系统和屏幕支持通过手触屏幕进行页面跳转和数据深度钻取的功能。

5.5.6 项目规划

1. 项目架构

汽车智能制造数字化监管架构如图5-41所示，平台为客户提供了丰富的前端应用选择，包括计算机端、手机App、小程序、监管大屏端等。

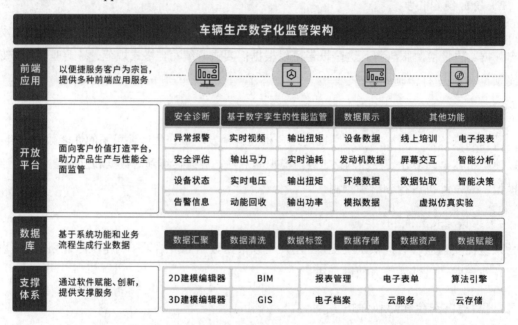

图 5-41 汽车智能制造数字化监管架构

2. 项目功能

运用数字孪生技术结合汽车智能制造行业经验，打造汽车发动机和车辆孪生体，接入发动机各项数据，实现实时数据采集与监控，虚拟车辆、发动机建模与可视化，实时检测和展示发动机各项运行数据，支持数据分析与预测、异常检测与告警、智能决策；打造数据看板，提供可视化数据展示功能，支持用户界面定制与个性化，展示设备数据、发动机性能数据、环境数据，支持历史数据分析与回溯、资源管理与调度、效率监测与提高、数据可追溯性与质量管理、数据共享与集成等功能。

5.5.7　功能设计

1. 实时数据采集与监控

实时采集发动机和车辆的传感器数据。针对发动机的传感器参数，可以收集如下数据：

- 发动机转速（RPM）。
- 油温、水温、气温等温度参数。
- 油压、机油液位等压力参数。
- 空气质量、空气流量等空气参数。
- 排气温度、排气流量等排放参数。

针对车辆的传感器参数，可以收集如下数据：

- 车速、转向灯、制动等信息。
- 油耗、当前剩余油量、里程数等油耗信息。
- 车辆电压、电池电压、空调状态等电气信息。
- 轮胎压力、气囊状态等安全信息。

以上数据的采集通过 OBD（On-board Diagnostic）接口从车内获取，然后传输到数字孪生系统中进行分析和存储，以便进行故障诊断和性能优化。

2. 虚拟车辆和发动机建模与可视化

通过建立数学模型和仿真平台，可以帮助工程师进行可靠性分析、优化设计和控制策略的开发等工作。

在虚拟建模方面，运用MATLAB/Simulink、GT-SUITE、AMESim等建模工具帮助工程师建立发动机和车辆的数学模型，并支持多维参数优化和仿真实验。

在可视化方面，通过3D图形引擎，可以将建模结果以可视化的形式呈现出来，帮助工程师实时查看发动机内部流场、燃烧过程等情况。在车辆模拟方面，可以创建逼真的车辆驾驶场景，帮助评估车辆性能和人机交互效果。

3. 数据集成与同步

车辆和发动机数据与3D模型的集成和同步是汽车工程研发中的重要环节。如何将不同数据源的信息整合到同一个平面上，以便快速分析和解决问题，是一项核心技术。

对于发动机模型和数据集成，使用CAE软件可以将发动机的3D模型和相关数据（如流场数据、温度数据等），集成到同一个平面上。这样工程师可以通过数值分析、可视化等方式对发动机性能进行深入了解和优化。

4. 数据分析与预测

数字孪生技术通过收集和分析真实的车辆和发动机数据，建立数学模型，并与现实系统进行实时同步，获得准确的实时数据和分析结果。与传统的物理试验相比，数字孪生技术不仅能够大大降低成本，而且还能够实现更高的实验精度。

5. 异常检测与告警

数字孪生技术可以用于发动机异常检测和告警，以提高发动机的可靠性和安全性。具体来说，数字孪生技术可以通过以下步骤实现发动机异常检测和告警：

（1）进行状态监测。通过数字孪生模型对发动机各个部分的状态进行实时监测和分析。

（2）检测异常状况。根据分析结果检测发动机是否出现异常状况，如温度异常、压力异常、机油液位异常等。

（3）发送告警信号。当发现异常状况时，数字孪生系统可以及时发出告警信号，以便工程师及时采取措施，降低故障风险。

通过数字孪生技术，可以实现对发动机的全面监测和预测，及时发现并报告异常状况，提高发动机的可靠性和安全性。此外，数字孪生技术还可以用于持续优化发动机的性能和设计，帮助汽车制造商提高产品品质和竞争力。

6. 可视化数据展示

可视化的数据展示界面是展示车辆运行数据和关键指标的重要手段，它可以帮助用户直观地了解车辆运行情况，并从中提取有价值的信息。系统提供可视化的数据展示界面，以图表、报表等形式展示车辆运行数据和关键指标。

1）图表展示

采用折线图、柱状图、饼状图等形式展示车辆的各项指标，如车速、加速度、油耗、里程等。通过图表可以直观地观察车辆的变化趋势，分析运行过程中的特点和异动。

2）报表展示

采用表格形式展示车辆的各项技术指标，如发动机转速、气缸压力、发动机冷却液温度等。通过报表可以系统地总结车辆的运行情况，查找问题和优化方向。

3）地图展示

采用地图形式展示车辆行驶轨迹、行驶路线和行驶区域。通过地图展示可以全方位了解车辆的行驶情况，发现行车路况、拥堵情况等问题。

7. 模拟与优化实验

模拟实验环境可以帮助工程师在不同的条件下进行测试和优化，减少实验成本和时间，并提高实验的准确性和可重复性。通过模拟实验环境，工程师可以得出不同方案对车辆性能的影响，并制定出相应的优化方案，以便在实际生产中提高产品品质和竞争力。以下是模拟实验环境的主要步骤：

（1）测试流程设置。设置不同的测试流程和测试条件，并记录测试数据和结果。

（2）参数调整和优化。在模拟实验环境中，对不同的参数进行调整和优化，以获得最佳的测试结果。

（3）模拟实验结果分析。对模拟实验的结果进行分析和评估，以便了解车辆和发动机的性能状况，并发现潜在的问题和优化方向。

8. 数据大屏交互和数据钻取

系统数据大屏功能支持人员和大屏交互，为用户带来非常友好的操作体验。数据钻取功能可以让用户按层次、分类别查看数据，并在数据中发现价值。以下是它们的主要功能：

1）数据大屏交互体验

数据大屏是对数据进行可视化展示的工具，能够将数据以图表、报表等形式展示出来，并允许用户直接通过大屏与数据进行交互。用户可以直接在大屏上选取数据点位，通过手触的方式改变数据的时间范围、维度等，从而深入读取数据，探索数据背后的规律。

2）数据钻取功能

数据钻取是指通过数据总览层快速定位到具体问题的源头，并在数据的多个维度中进行深入分析，以找出问题的原因或优化方案。用户可以通过数据钻取功能，在多个层次的数据维度中进行数据分析，并可以随时切换和调整数据展示的形式和参数，以获取更透彻的数据分析结果。

通过数据大屏交互体验和数据钻取，用户可以更加深入地了解数据，发现其中的价值和规律，并在此基础上做出更加明智的决策。此外数据大屏交互体验和数据钻取还能够提高数据可视化的效果和实用性，使分析结果更易于理解和使用。

5.5.8　应用成效

1. 提高生产效率

通过实时监控和优化生产过程，减少生产中的浪费和低效操作，提高生产线的运行效率和产能利用率。

2. 降低成本

优化生产计划和资源调度，减少设备闲置时间和能源消耗，降低生产成本和运营成本。

3. 提升产品质量

通过实时监控和数据分析，及时发现和纠正生产中的质量问题，减少缺陷产品的产生，提高产品质量和一致性。

4. 减少生产风险

通过数字孪生技术的模拟和预测能力，可以在实际生产前进行虚拟实验和优化，减少生产风险和故障率。

5. 实时决策支持

基于实时数据和分析结果，提供决策支持工具和实时报告，帮助管理人员及时做出决策和调整。

6. 加强团队协作

通过数字孪生平台和实时沟通工具，实现团队成员之间的实时协作和信息共享，提高团队的工作效率和协同能力。

7. 支持可持续发展

通过数字孪生技术的应用，优化能源利用，减少环境影响，促进可持续发展和环境保护。

8. 提升客户满意度

通过提高生产效率、质量和交货准时率来提升客户满意度和忠诚度。

5.5.9　实施过程

1. 需求调研阶段

到客户现场进行需求调研，首先需要了解汽车整车物理空间结构情况；其次需要了解汽车发动机在车辆行驶及性能测试状态下的工作原理；再次需要根据客户的需求进行全面调研，通过与业务人员调研、与外部相关单位调研、专题项调研等形式，收集原始需求并进行平台功能、业务运行场景等的转换，完成需求调研报告等内容，为平台开发奠定基础；最后根据需求调研结果输出需求调研报告，协同项目经理、项目设计人员、测试人员来讨论和调整需求。

2. 具体实施阶段

1）传感器数据采集

在车辆及发动机各个关键位置安装传感器设备，实时采集车辆运行的状态、功率、温度、压力、振动等数据。

2）数据传输

使用物联网技术或其他实时通信方式将传感器采集的数据传输到数据处理系统。

3）数据处理与存储

在数据处理系统中，对传感器采集的数据进行处理、清洗和格式化，确保数据的准确性和一致性，并将数据存储到数据库或数据仓库中。

4）数据分析与实时监控

使用数据分析算法和实时监控系统，对车间数据进行实时分析和监控，识别潜在问题和异常情况。

5）虚拟车辆模型更新

将实时采集的数据与虚拟车辆模型进行集成和更新，确保模型与实际车间保持同步，并反映最新的生产状态。

6）可视化展示与报告

通过可视化界面展示实时监控结果和关键指标，以图表、仪表盘等形式呈现车间的实时状态和性能指标，并生成实时报告。

7）异常检测与告警

使用异常检测算法和规则引擎实时监测车辆数据，检测设备故障、生产异常等情况，并及时发出告警通知。

8）决策支持与优化

基于实时数据和分析结果，提供决策支持工具和优化建议，帮助管理人员做出实时调整和优化生产决策。

9）故障诊断与维护

根据实时监控和数据分析结果，辅助技术人员进行设备故障的诊断和维护，确保设备的正常运行。

5.6　案例六　数字孪生助力打造煤炭液化生产企业智能调度中心

本节案例是使用数字孪生助力打造煤炭液化生产企业智能调度中心。

5.6.1　行业介绍

煤炭液化是一种将煤炭转化为液态燃料的技术，其主要目的是利用煤炭这种丰富的资源来满足能源需求。在煤炭液化过程中，煤炭会被加热和分解，生成气体和液体产品。煤炭液化的生产流程如图5-42所示。

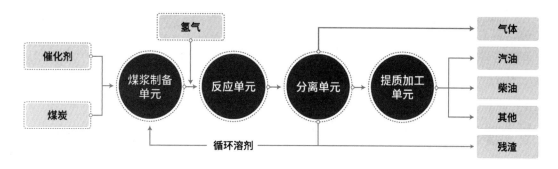

图 5-42　煤炭液化流程

1. 煤炭前处理

煤炭在进入液化反应器之前需要经过前处理，包括煤的磨碎、干燥、脱灰和筛分等操作。前处理旨在减小煤炭颗粒大小和提高煤质，以便于后续的反应过程。

2. 液化反应

将煤炭颗粒在先进的液化反应器中与氢气进行反应,反应产生的气体和液体进一步被转化为油和燃料。液化反应过程需要在高压高温的条件下进行。

3. 产品分离

经过液化反应的产物中包含油、水、气等多种物质，需要进行分离。分离主要通过蒸馏、提取和分子筛分等方式实现。

4. 产品处理

对分离后的产品进行处理,包括去除杂质和提高产品质量等操作,最终获得高质量的燃料。

总的来说，煤炭液化的生产是一个庞大而复杂的体系，需要在高温、高压、有毒等环境下进行，其生产加工所涉及的部门、人员、设备等都很多。因此，确保整个生产流程的统一性、协调性非常重要，一个好的生产调度中心能够让企业产能和质量有质的提升。

5.6.2　行业背景

随着全球经济的不断发展和人口的增长，对能源的需求也在不断增加，而大部分能源依然来自化石燃料，如煤炭、石油、天然气等不可再生能源。这一方面会造成能源和资源的供需矛盾，另一方面也会对环境造成较大影响，主要体现在以下几个方面：

1. 能源需求增长

随着全球经济的发展和人口的增长，对能源的需求也在不断增加，传统石油等燃料的供应面临较大压力。因此，寻找并利用新型能源资源是当前各国的重要任务，其中包括煤炭液化技术的应用。

2. 国家能源战略转型

从国家层面看，很多国家正在推进能源结构调整和能源转型，鼓励开发新能源资源。煤炭液化作为一种能够开发煤炭贡献能源的先进技术，在能源转型和能源安全方面具有很大的潜力。

3. 行业创新驱动

当前，全球煤炭液化行业发展方向也在不断创新，新技术和新产品不断涌现。例如，一些企业在研发绿色环保、高效节能的技术，从而实现可持续发展。同时，也可以通过改进新型生产流程、升级设施、提升产品质量、增强生产效益来为行业发展带来新动力。

煤炭作为一种丰富的、广泛分布的化石能源，具有较高的能量密度和低廉的价格。然而，大量使用煤炭会带来环境、气候等问题，因此使得煤炭成为全球能源转型的重要问题。而煤炭液化技术可以将丰富的煤炭资源由固态转化为液态，大幅提升了能源利用范围，并且具有以下战略意义：

1. 增加能源供应

煤炭是一种丰富的能源资源，通过煤炭液化技术可以将其转化为石油等液态燃料，以增加能源供应的状况。这在国家能源战略上具有重要的意义。

2. 降低能源成本

相较于石油等传统燃料，煤炭更加廉价、稳定，并且储存寿命较长。使用煤炭液化技术将煤转化为液态燃料，可以降低能源成本，增加能源的经济性。

3. 提高国家能源安全

通过煤炭液化技术，可以减少外部能源依赖，增强国家能源安全，同时推动城市和农村的能源结构与供给模式的多元化发展。

4. 有助于环保和减排

煤炭液化技术可以使用比传统方法更环保和更清洁的方式来转化煤炭,减少有害气体的排放和对环境的影响,对于环境保护具有重要意义。

5.6.3　项目说明

某能源股份有限公司是中国最大的煤炭企业之一,公司主要从事煤炭资源开采、生产、销售和运输等业务,并涉及能源和非能源领域。

作为中国的重点能源企业,该企业十分重视技术创新和产业升级,不断推进技术研发和示范工程,依托自主开发的适应中国特点的煤炭液化技术,已经建设了多个煤炭液化项目。

近年来,该企业在确保稳定供应的基础上,还注重能源结构的优化和升级,逐步转换为以清洁能源生产、节能减排和绿色可持续发展为主。同时,注重通过打造智能生产管理软件来增加企业内驱力,打造高效智能的生产调度中心是该企业近期重点抓的核心工作之一。

高效智能的生产调度中心,不仅能够合理分配调度资源,降低生产成本,提升企业的生产经营效率和快速应变能力,还能通过信息化手段使生产调度中心整体形成一个集数据采集、生产管控、资源调度、险情预警为一体的综合管理中心。

5.6.4　技术优势

数字孪生技术是一种将实体世界数字化、仿真、联网的技术,运用数字孪生技术打造企业智能调度中心,具有以下几个优势:

1. 实时监测

数字孪生技术的数字化建模可以实现生产现场的精细化管理,通过对实体系统和虚拟系统的协同联动,可以实现对生产全过程、全环节和全方位的数字化监测。随着数字孪生技术的不断发展,企业生产管控水平不断提高,实时监测功能能够帮助管理者清楚了解生产现场运作状态并进行实时监控管理,有效预防和解决生产线上的故障,优化生产调度,提高效率,降低成本,提高安全水平。

2. 风险预警

数字孪生技术的数字模拟和仿真功能可以实现对生产设备的预测和分析,通过分析微小的设备工作状态变化,可以快速检测并预警生产过程中存在的风险和潜在问题。通过这种方式,企业可以及时采取有针对性的调整措施,减少生产设备运行不稳定所导致的问题,提高生产设备使用的可靠性和稳定性,减少故障率、维修成本、生产线停机时间等不必要的损失,最终提高了企业生产效率和盈利水平。这种数字化预判和智能化预警能够使企业避免可能发生的生产不合规和安全隐患,从而提高了运行的稳定性和安全性。

3. 优化生产

数字孪生技术可以在生产设备数字模型基础上,对生产线进行分析和动态排布,以达到生产配置最优化目标,实现准确的生产资源分配,降低生产成本,提高产出效率,提高企业生产效益。

4. 设备维保

通过数字孪生技术的远程监控和预测功能,可以对设备进行智能维护,预测设备的故障,远程控制设备的维护任务,从而提高设备维护质量和效率,减少不必要的停机时间。

5. 生产优化

数字孪生技术能够全面、快速、动态地分析、模拟和预测生产线生产过程,检测潜在的优化空间,从而帮助企业制定更合理的生产调度策略,优化生产质量,提高产品质量和企业的生产效益。

5.6.5   项目需求

1. 数据汇聚能力

企业智能调度中心系统需要获取各类生产数据,并将收集到的数据进行存储和管理。这些数据包括生产设备的运行状态,原材料的库存状况,生产过程中的温度、湿度、压力等环境因素,以及生产过程中的能耗数据等各种数据信息。

- 生产设备的运行状态数据:这是智能调度中心最重要的监测数据之一,生产设备的运行状态可以通过设备传感器传递得到。通过对设备的负荷、运行时间、维护周期等数据的监测和分析，可以进行精准预测，减少生产过程中的设备故障并提高设备的稳定性和寿命。

- 原材料的库存数据：企业智能调度中心需要及时监测原材料的库存，以便全面掌握原材料的存量和使用情况，从而做出预测和安排。获取精确的库存数据有助于避免生产延迟和停产等情况，同时帮助企业优化物流安排，降低库存成本和库存风险。

- 生产过程中的温度、湿度、压力等环境数据：这些数据通常来自各种环境传感器，包括温度、相对湿度、压力、振动等。监测这些生产过程中的环境因素可以有效帮助企业控制生产过程中的状况，确保产品能够达到规定的标准和要求。

- 生产过程中的能耗数据：为了实现绿色工厂和可持续发展的目标，企业智能调度中心需要监测和分析能源的使用情况，包括电力、燃料等各种类型的能源。通过对能源的监测和控制，可以减少无效或浪费的能源使用，最大限度地降低生产成本和环保压力。

2. 强大的数据分析能力

企业智能调度中心系统需要具备强大的数据分析技术。强大的数据分析能力是企业智能调度中心成功实现数字化生产管理和智能化生产调度的关键要素之一。通过它对采集到的数据进行即时分析，并基于分析结果生成预测和决策，帮助企业从丰富的生产数据和机器数据中挖掘出有价值的信息，为企业提供决策支持和运营优化。

3. 智能调度管理系统

企业智能调度中心需要打造智能调度系统。企业智能调度中心管理人员通过智能调度系统进行生产计划调整、人员调度调整、物料调度调整等，以优化生产调度和管理。

4. 煤炭液化生产可视化监管系统

企业智能调度中心需要建设煤炭液化生产可视化监管系统，对煤炭液化生产过程中的关键环节和数据进行实时监管和可视化展示，帮助企业监管煤炭液化生产的各个环节，通过分析各个生产环节的数据进行生产可视化监管和生产研判。

5. 设备可视化监管系统

企业智能调度中心需要建设设备可视化监管系统，对设备的实时运行状态进行监控，快速判断设备运行异常情况，并能够及时采取措施。

6. 管道可视化监管系统

企业智能调度中心需要建设管道可视化监管系统，获取并实时展示煤炭液化输送管道的实时数据，以及时了解管道的运行状态和异常情况，提高生产效率和安全性。

7. 能耗可视化监管系统

企业智能调度中心需要建设能耗可视化监管系统，帮助企业实现能源消耗的实时监管和管理。

8. 可视化数据看板

企业智能调度中心需打造可视化数据看板，以便生产管理人员实时了解生产过程中的各项指标数据，并及时做出决策。通过可视化展示，运营过程中的所有工作都会更直观和透明。

5.6.6 项目规划

根据客户煤炭液化业务流程各调度管理实际需求进行智能调度管理系统规划，系统功能架构如图5-43所示。智能调度中心的系统架构由以下几个模块组成：

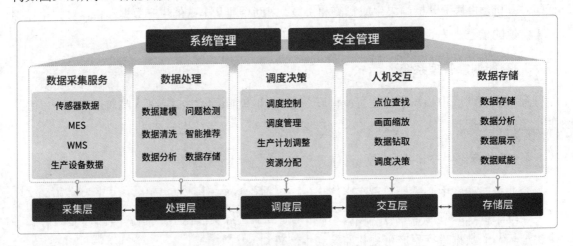

图 5-43 煤炭液化智能调试中心系统架构图

- 数据采集层：负责收集传感器、设备、人员、物料等各类数据，将数据上传至数据处理层进行处理和存储。
- 数据处理层：通过大数据技术处理数据、分析数据和建立模型，提供实时决策支持、智能推荐和问题检测等功能。
- 调度决策层：基于数据处理层的结果，对生产过程进行调度控制和管理，优化生产计划和资源分配，提高生产效率和质量。

- 人机交互层：提供人机交互界面，将实时的生产数据在可视化看板上进行展示，支持人工干预和决策。
- 数据存储层：负责对处理和决策层生成的数据进行存储和备份，以便进行数据分析、挖掘和应用推广。

5.6.7　功能设计

1. 生产可视化监控系统

建设煤炭液化生产可视化监管系统（见图5-44），帮助企业实现煤炭液化生产过程中各个环节的数据采集、数据分析、数据展示、生产控制、安全管理和规划决策等一系列功能，提高生产效率和管理水平，为企业持续创造价值提供有力支撑。

图 5-44　煤炭液化生产可视化监管系统

煤炭液化生产可视化监管系统的主要功能如下：

1）液化炉实时监控

通过数字孪生技术将现实世界中的液化炉对应到虚拟模型上，实现对其实时监控和智能分析，快速反应异常情况和给出故障提示，并能够制定出科学合理的避免方案。

2）设备运行状态监管

通过把煤炭液化生产流程中的各种设备信息使用数字孪生技术映射到虚拟界面上，对设备的实时运行状态进行监控，快速判断设备运行异常情况，并能够及时采取措施。

3）液体储罐液位管理

实现储罐液位的实时检测和可视化展示，能够追踪液位变化曲线，及时判断液位是否达到安全范围，并进行数据分析，为后续决策提供依据。

4）生产数据可视化分析

通过对生产数据的统计分析，制定科学的生产计划和方案，并进行可视化展示，方便管理人员快速地了解生产进程、产品质量等情况，优化生产流程，降低煤炭液化生产成本。

2. 管道可视化监管系统

确保煤炭液化输送管道的安全运行是企业煤炭液化生产管理非常重要的环节。建设管道可视化监管系统，获取并实时展示煤炭液化输送管道的实时数据，可以及时了解管道的运行状态和异常情况，有效提升安全保障水平，预防和减少安全事故发生，有助于企业生产和社会稳定。

煤炭液化输送管道可视化系统（见图5-45）具有以下功能：

图 5-45   煤炭液化输送管道可视化系统

1）管道监测

通过对接输送管道不同类型的传感器和监测设备，对煤炭液化输送管道进行实时的温度、压力、流量等参数的监测，并获得管道的实时数据。

通过监测这些参数,能够帮助用户实时了解管道中的运行状况,识别出潜在的问题和风险,及时采取有效措施确保管道运行的顺畅和安全。

2）数据处理

对监测所获得的管道运行数据进行实时处理和分析,如数据清洗、转化、聚合、计算等,以生成精准的管道信息和状态数据。

3）可视化展示

通过将管道的实时数据映射到虚拟孪生体上,直观地反映管道运行状态、液位高度、损坏和泄漏情况等信息,方便用户了解管道的具体情况。

4）应急预警

通过对管道的历史数据进行特征提取、分析和监测,及时预警管道出现的异常和故障情况,及时通知相关部门和工作人员采取应急措施。

3. 设备可视化监管系统

基于数字孪生技术和实时监测技术打造"设备可视化监控系统"（见图5-46）,对生产设备进行线上可视化监管,并且可以实时、准确地反映设备的运行状态、故障情况,以及设备的在线时间、运转率、服务时长等参数。

图 5-46 设备可视化监控系统

设备可视化监控系统主要包括以下几个方面：

1）设备在线数据监控

通过数据采集、数据处理和数据分析技术实时监控设备的运行状态，通过数字孪生技术进行可视化展示，帮助管理人员了解每台设备的运行状况，并对设备运行状态进行可视化分析。

2）设备运转率监测

通过设备注册、设备在线、设备开机、设备关机和异常告警等状态数据，对设备的运转情况进行监测和可视化展示，及时了解设备的在线情况，并对设备的运转率进行评估和监管。

3）设备故障率监测

通过对设备运行数据的采集和分析，实时跟踪设备的故障情况，并进行可视化展示。对于频繁出现的故障问题，可以提出正确决策，帮助企业有效地缩短设备故障时间，保证设备正常运行。

4）设备服务时长监测

通过设备工作时长、设备的保养和维修次数等数据，实时监测设备的使用寿命和服务时长，及时提醒进行设备维护和保养操作，避免设备故障和减少设备维修需求，提高设备的使用寿命。

5）设备维修台账管理

通过对设备维修和维护记录的实时监控，建立设备维修档案和设备维修台账，包括设备的日常保养、大修和紧急维修等维修记录，并通过可视化展示对设备维修信息进行快速查询和统计。

4. 能耗可视化监管系统

建设能耗可视化监管系统（见图5-47），通过获取电、水、气等设备的能耗数据，进行实时可视化展现，帮助企业了解能源的分布情况和消耗情况，为企业的节能减排提供有力支撑。

能耗可视化监管系统的主要功能如下：

1）能耗数据采集

通过各种传感器和监测设备采集电、气、水等能源设备的消耗数据，并实时传输到系统中作为数据来源。

2）能耗数据处理和分析

对采集到的数据进行处理和分析，生成各种数据图表、数据曲线、实时数据显示等能耗数据可视化分析工具，帮助企业更好地理解、把握各种能源数据的变化。

图 5-47　能耗可视化监管系统

3）实时监控及告警

利用数字孪生技术和数据分析技术，实现全方位的能耗监控，并能实时向管理人员发送预警信息以及时处理异常情况，避免能源消耗过度或浪费。

4）能效优化

通过对能耗数据的深入分析和可视化呈现，帮助企业识别能耗方面的问题，并提出科学合理的解决方案，帮助企业优化能源配置和利用效率，降低能源消耗和减少对环境的影响。

5. 智能调度管理系统

打造智能调度管理系统（见图5-48）。将智能调度管理系统与现有ERP系统、OA系统、PLM系统、WMS系统以及其他工厂信息化系统进行对接，根据工厂自身的生产情况和档期需求，以及可视化监管系统检测数据，对订单、生产计划、员工和机器进行调度，达到最优化生产效率和生产成本的目的，同时减轻管理人员的压力和工作负担。

智能调度管理系统的主要功能包括：

1）计划管理

根据整个工厂的物流流量和生产任务进行管理和优化，将物流流量纳入考虑范围，使生产过程中的整体排版更加合理、更加高效。

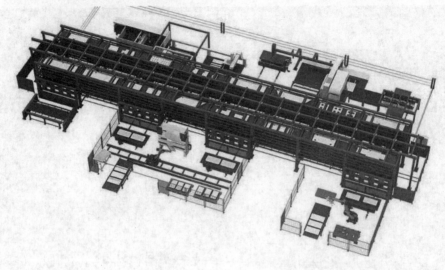

图 5-48   智能调度管理系统

2）生产线调度

对生产物流和设备负载进行规划和优化，从而最大限度地提高生产效率和产能利用率。通过智能算法对设备和生产任务进行匹配以避免待机和空等时间。

3）员工与任务调度

根据系统内的生产任务对员工的人力资源进行调度和自动调配。

4）数据分析

对各版块调度数据进行数据统计和分析，不断调整和优化调度模式和方向。

6. 可视化数据看板

打造可视化数据看板（见图5-49），对煤炭液化生产过程、输送管道、生产设备、智能调度等数据以图表、报表、视频等形式进行可视化展示和分析。大屏支持人机交互，可以通过手触的方式精准定位和钻取数据，帮助管理人员对生产数据进行分析，了解煤炭液化生产过程中各项数据（如能源消耗、生产效率、机器设备负荷、管道输送量等）的变化和影响。

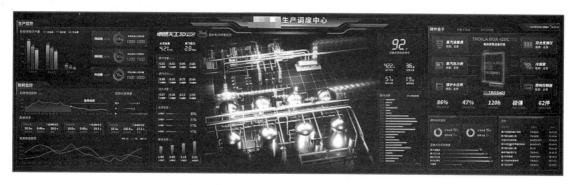

图 5-49　可视化数据看板

5.6.8　应用成效

煤炭液化生产企业智能调度中心的建设能够提升生产调度的精细化水平,优化资源配置和生产过程管理,提高生产效率和产品质量,降低生产成本和风险。同时,也有助于提高企业的竞争力和可持续发展能力。

总体而言,煤炭液化生产企业智能调度中心的建设可以带来多方面的成效,具体包括以下几个方面:

- 实时监控和管理:通过智能调度中心,调度员可以实时监控液化生产过程中的设备情况、工艺参数和生产指标。这有助于及时发现问题和异常情况,提前采取措施进行调整和处理,确保生产的安全性和稳定性。

- 资源优化和效率提升:智能调度中心提供了对工艺参数和生产资源的实时控制和调整能力。调度员可以根据实际情况优化调度计划,调整工艺参数和设备运行模式,以提高生产效率和资源利用率。

- 故障预警和维护管理:系统中设置的报警机制和预警功能,能够在设备发生故障或异常情况时自动发出警报,并通知相关人员。这有助于及时预警,并采取必要的维护措施,避免设备损坏、停机时间延长和生产损失。

- 决策支持和优化:通过系统中的数据分析和模拟功能,智能调度中心提供了决策支持的能力。调度员可以分析历史数据、趋势预测和故障模拟等,为决策者提供参考,优化工艺参数、改进生产计划和资源配置,提高生产效能和质量。

- 可操作性和远程管理:智能调度中心通常支持远程操作和管理功能,调度员能够通过智能调度中心远程监控设备状态、调整参数和执行指令,提高调度的灵活性和远程管理能力。

- 安全管理和环境保护: 通过实时监控和数据分析, 智能调度中心能提高生产过程的安全性; 及时发现潜在的安全隐患和风险, 采取措施降低事故发生的可能性。同时, 智能调度也可以监测和优化能源消耗和排放, 实现生产过程的环境保护。

5.6.9　实施过程

系统需求分析: 首先进行煤炭液化生产企业的调度管理需求分析, 与企业相关人员进行沟通, 了解他们的需求、目标和挑战。根据需求, 明确系统所需的功能和特点, 确定实施的范围和规模。

1. 数据采集和接口对接

通过与液化生产过程相关的设备和传感器进行数据采集和接口对接, 确保能够准确、可靠地获取液化生产过程中的关键数据, 如温度、压力、流量、能耗等。

2. 系统设计和构建

基于需求分析的结果进行系统设计和构建, 包括可视化界面的设计与开发、调度管理系统的搭建和集成, 以及液化工艺的建模和仿真等。确保系统能够实现实时监控、数据展示、工艺模拟和调度管理的功能。

3. 系统集成和测试

将液化生产企业的现有系统与可视化调度中心进行集成, 确保数据的传输和共享。进行系统的功能测试和性能测试, 验证系统的稳定性和可靠性, 解决可能出现的问题和漏洞。

4. 培训和启动

进行系统培训, 向相关人员介绍系统的使用方法和操作流程, 培养他们的操作和管理能力。首先准备系统上线所需的技术和人员资源, 进行准备工作, 如数据库、网络连接等。然后正式启动系统, 进入实际应用阶段。

5. 运维和优化

系统上线后, 进行日常的运维工作, 监控系统的稳定性和性能, 确保系统正常运行。同时, 不断收集用户的反馈和需求, 进行系统的优化和改进, 提升系统的功能和用户体验。

5.7 参考资料

［1］全国人民代表大会常务委员会.中华人民共和国节约能源法.http://www.npc.gov.cn/npc/c12435/201811/045c859c5a31443e855f6105fe22852b.shtml.

［2］中央网络安全和信息化委员会."十四五"国家信息化规划.http://www.cac.gov.cn/2021-12/27/c_1642205314518676.htm.

［3］饶水平.中国高速铁路[J].地理教育，2005（1）.

［4］周庆彬.中国高速铁路山[J].农村青少年科学探究.2010（12）.

［5］冯晓芳.中国高速铁路的发展与展望山[J].科技资讯.2009（1）.

[6]北京智汇云舟科技.风电场数字孪生的应用案例［EB/OL］.https://zhuanlan.zhihu.com/p/588322875.

［7］一只物联网鲸鱼.数字孪生智慧风电：云上协同，智能研判［EB/OL］https://ishare.ifeng.com/c/s/v002QYhbhtOJylavoJ2WCl6l0gVcjhjAeF--5r6Z7B5eFk1Y.

第 6 章

总结与展望

6

从近现代国家发展和社会经济发展的角度来看,先进的科学技术是支撑现代化国家立足和发展的重要基础,也是推动国民经济发展和社会进步的强大动力。一项科学技术的诞生、发展和广泛应用,既需要有面对困境时的灵光乍现,也需要多学科技术人员的密切协作和技术积累与创新,同时还必须具备旺盛的终端应用需求和足够低廉的应用成本优势。

进入21世纪,科学技术的研究探索和应用推广得到了迅猛的发展,新发现、新突破以及新的创新应用不断涌现,学科间的交叉融合进一步扩展,科学技术的传播、转移和规模化、产业化的速度也越来越快。数字孪生技术就是在这样的背景下一步一步诞生和发展。20世纪60年代,阿波罗工程模拟仓的构想和应用为数字孪生的诞生添上了神来之笔,到了21世纪初,大数据、云计算、物联网、人工智能等技术的兴起和突飞猛进为数字孪生的发展奠定了坚实的技术基础。

目前,随着互联网技术、人工智能和5G技术的快速发展,数字孪生技术已经取得了长足的进步。经过不断探索、应用、优化、沉淀,数字孪生作为一种复杂的数字仿真技术,已经可以广泛应用于制造业、能源、交通、医疗、农业等领域,其中最为典型的应用是在工业领域。在制造业中,数字孪生技术被广泛应用于生产过程的建模和分析,从而降低生产成本,提高生产效率。

工业数字孪生技术是一项充满潜力的技术,当然,它也还需要不断地完善和发展,以充分发挥其潜力和价值。工业数字孪生技术正在一步一步地成为现实世界和虚拟世界之间的桥梁,或将在未来能够推动人类社会的发展进程。

6.1　数字孪生的主要技术方向

数字孪生是技术、过程、方法的综合应用，数字孪生体是对象、模型和数据的虚拟呈现。简单来说，数字孪生体就是把物理世界中的一个对象，以数据的形式映射到数字空间当中。它不是对物理对象的简单克隆，而是一套独立于物理对象的数字系统。它不仅能还原本体的内部状态、外部环境，还能跟物理世界进行实时互动。

数字孪生技术通过对物理世界中客观存在的对象进行建模，进而构建出完全相同的数字化模型，最终实现对物理世界实体对象的实时监测、分析和优化。

数字孪生技术架构如图6-1所示。

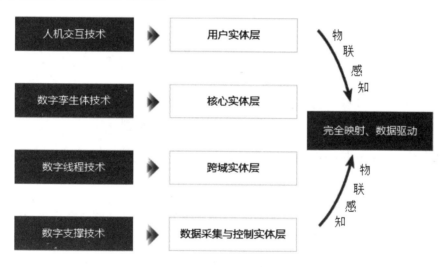

图 6-1　数字孪生技术架构

数字孪生具有典型的跨技术领域、跨系统集成、跨行业融合的特点，涉及的技术范畴极其广泛。其中，信息建模、信息同步、信息强化、信息分析、智能决策、信息访问、信息安全七个方面是数字孪生的主要技术方向，如图6-2所示。

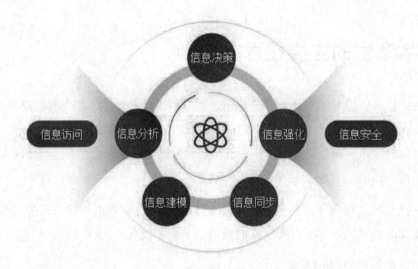

图 6-2   数字孪生的主要技术方向

6.1.1   信息建模

信息建模是数字孪生技术的核心，通过对物理世界的数字化建模，将现实世界的实体、过程、关系等信息转化为数字形式，为后续的仿真和优化提供模型基础。

数字孪生建模方式包括GIS生成、航拍建模、BIM建模和手工建模，分别应对不同的场景精度和客户需要。

- GIS技术在20世纪末逐渐普及，利用GIS生成的模型适用于精度较低的场景，这种场景更加注重点位的分布，先通过软件选定区域然后拉伸模型就能得到基本白模，也可以为白模贴图制作简模，从而增强场景沉浸感。这类模型适用于整体宏观把控。
- 比GIS更加细致的是航拍建模，这是一种将二维图片合成三维模型的技术，效率高但会受设备和拍摄技术的影响。此类模型适用于重点区域的整体性建模，也属于宏观把控。
- BIM建模是建筑信息模型技术，主要应用于工程设计、建造、管理领域。BIM建模技术的目的在于实现建筑信息的综合集成应用，实现从建筑的前期规划设计到中期施工直至项目交付终结的全生命周期管理。
- 手工建模则需要设计师通过3ds Max等建模软件手工完成建模任务。工业领域的数字孪生建模通常采用手工建模的方式，利用数字孪生技术、人工智能、物联网等技术手段，将各生产环节进行数字建模，并通过数据分析、仿真模拟等手段进行改进优化。

6.1.2　信息同步

信息同步是指将数字孪生系统中的模型与实际世界中的实体进行同步,确保数字孪生系统中的模型始终与实际世界保持一致。要实现这一目标则需要通过物联网等技术从设备和与设备相连的传感器中获取数据。

数字孪生模型利用一系列传感器实时采集物理对象的数据信息,包括空间位置、速度、温度、压力、光线等各种属性,然后将这些数据转换成数字模型可以理解的格式,再结合计算机技术和数字模型进行处理和分析。通过这种方式,数字孪生可以快速、精确地对物理对象进行分析和模拟,以实现与物理世界的交互。

具体来说,数字孪生通过以下几个步骤实现与现实世界的信息同步、信息实时通信:

(1)数据采集:安装传感器等用于采集物理对象相关数据的设备,并建立数据传输通道,将采集到的数据传输到处理系统。

(2)数据处理:对采集到的数据进行预处理、清洗和分析,提取出实际应用所需的关键指标。

(3)模型建立:根据采集到的物理对象数据信息,建立相应的数字孪生模型,包括大小、形状、性质、位置以及运动规律等。

(4)数据交互:在数字孪生模型中模拟物理对象的行为和特性,对不同的场景进行模拟预测,并将结果反馈给现实世界,从而实现与物理世界的交互。

数字孪生主要通过采集和处理物理对象的数据,建立对应的数字模型,并在此基础上进行仿真和预测,从而实现物理世界与数字世界的交互。

信息同步对于数字孪生系统来说意义非凡,只有在充分实现信息同步的基础上,数字孪生系统才能够模拟不同的“假设分析”现实场景,帮助使用者理解潜在的影响,并在此基础上改进业务操作,优化工艺流程,提高产品质量。

通过对物理系统进行精准跟踪、及时同步,数字孪生系统能够以最快的速度捕获不同风险因素和操作场景下的运行数据,通过重建模型来预测系统变化,更早地预知风险、规避风险,从而提高设备可靠性,缩短停机时间,延长使用寿命。

6.1.3　信息强化

信息强化过程是指通过引入新的数据源和信息，对数字孪生系统中的模型进行进一步优化和完善，提高其准确性和预测能力。

数字孪生通过物联网技术和设备监控技术来强化信息管理与服务。数字孪生不仅能够完美地模拟物理世界中的事物，并且具备较高的精度和真实性，从而使得数字孪生技术具备更加真实的仿真效果，实现对物理世界信息的强化，帮助人们更好地了解现实世界和做出决定。

针对特定的行业，建立与之匹配的工业互联网平台，将各类业务场景数字化，实现人与人、人与物、物与物的连接；通过对多源异构系统进行数据整合和综合分析，构建"人、机、料、法、环、测"等各类型数据的综合采集和分析体系，形成以数据驱动的运营管理模式，打造时空一体化的数字孪生平台，以实现数据同步、信息加强、融通联动。

最后，数字孪生提供了更加直观、精准的成像和数据呈现方式，可以为人们提供更好的支持信息，使得决策过程更加科学和精准。

数字孪生的信息强化主要从以下几个方面入手对数据进行精细管理，深度识别源数据的利用价值：

（1）数据清洗：数据清洗主要是为了提高信息的有效性。通过数据清洗，可以剔除无效数据，利用准确真实的数据进行建模，加强信息的准确性。

（2）数据分类：数据分类是对清洗过的数据进行分类处理，使数据更加清晰、明确，便于统计分析。

（3）数据编码：数据编码主要是对不同的信息记录采用不同的编码，数据编码主要是为了便于使用、容易记忆。

（4）数据标签：通过数据清洗、数据分类来将毛坯数据转化为标签数据。通过去重、合并、转义等操作对海量标签数据进行管理。通过交换和共享数据标签，来充实已掌握的数据标签，并实现数据标签与数据建模的相互匹配。

（5）数据压缩：在实际传输时，需要对数据进行压缩和解压，减少网络数据对带宽的占用量。

6.1.4 信息分析

信息分析是通过对数据进行收集、清洗、处理、建模和推断，以获取有关现象、问题或决策的有用信息的过程。可以通过对数字孪生系统中的数据进行深入的挖掘和分析，发现系统中的规律和趋势，提取有价值的信息和知识，为后续的决策和优化提供支持。

信息分析可以应用于多个领域，例如制造业、城市规划、交通运输等。在制造业中，通过对数字孪生系统中的生产数据进行分析，可以发现生产过程中存在的问题和瓶颈，提高生产效率和质量；在城市规划中，通过对数字孪生系统中的城市数据进行分析，可以优化城市规划方案，提高城市的可持续发展能力；在交通运输中，通过对数字孪生系统中的交通数据进行分析，可以优化交通路线，减少交通拥堵和事故发生率。

6.1.5 智能决策

智能决策是指通过数字孪生系统中的分析和优化结果，为生产管理和决策提供支持与指导。

智能决策是一种改进企业决策的实用方法。它将每项决策作为一套流程进行建模，利用智能分析技术做出明智决策，并对决策进行学习和完善。智能决策还可以支持和完善人类决策，并有可能通过优化的分析、模拟和人工智能进行自动化决策。将生产过程数据线上化，以生产业务为抓手推动制造流程协同，以数据为基座建立经营决策优化体系，通过构建决策分析与智慧排产系统，能够实现智慧排产、订单优化、决策优化，辅助企业精细化运营，进一步提升公司的业务运作效率和决策能力。智能决策的工作流程如图6-3所示。

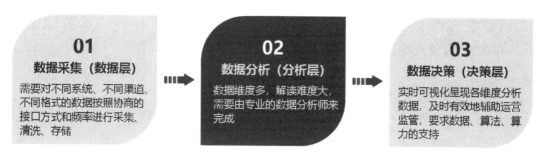

图 6-3 智能决策的工作流程

如何做到数据全、数据及时、数据一致（来自多系统的数据可对话）是实现智能决策要解决的第一层问题。总的来说，数据层是要让人们在做决策的时候有数可依，而且这个数是准确的、正确的、科学的。当积累了丰富多样的数据指标之后，务必要让数据高效率地去发挥其业务价值，让涉及多个部门业务的数据或者是多个渠道的数据有机地串联，形成能指导业务方向、解决业务问题的数据。当然，这需要分析层鼎力相助，及时准确地洞察到问题或者机会。当数据层和分析层构建好之后，面对规模庞大和不同层级的业务问题，应该如何将数据和分析转化成决策能力呢？起初是靠人工决策，但随着规模的发展，人处理问题的局限性被暴露了出来，一方面是处理能力有限，另一方面是决策质量依赖人的个体经验，一旦岗位变动就难以持续继承。这就需要用到智能决策技术。在智能决策阶段，有了算法或技术的驱动，决策越来越科学，能实现自动化、规模化，而且未来可以被复用和持续迭代，而不是靠人非常低效地去做这些完全没有保障的决策。

6.1.6　信息访问界面

信息访问界面是数字孪生系统与用户之间的交互界面，即用户界面，此界面提供直观、易用的操作和信息展示方式。

信息访问界面是人与电子计算机系统进行交互和消息交换的媒介，是用户使用电子计算机的综合环境。目前，用户界面不仅仅包含人与机器交互的图形用户接口，广义来说用户界面是用户和系统进行交互的各种方法和手段的集合。此处的系统不仅仅是指计算机程序，也可以是某种特定的机器、设备、复杂工具等。

信息访问界面搭建的目的在于使用户能方便有效地与某种特定的机器、设备、复杂工具进行交互，能够迅速访问到内部信息。

数字孪生-信息访问界面如图6-4所示，在该界面不仅可以查看与物料、设备、加工任务等相关的数据，还能查看节能统计分析报告。

图 6-4　数字孪生－信息访问界面

6.1.7　信息安全

数字孪生技术涉及大量的个人隐私数据和敏感信息，因此安全和隐私问题非常复杂，是数字孪生需要重点关注的问题领域。

信息安全是数字孪生技术的重要保障，数字孪生的安全技术主要包括网络安全技术、数据安全技术和隐私保护技术。

1. 网络安全技术

网络安全技术是为保障系统实施硬件、系统软件、用户数据及其服务的安全而采用的信息安全技术。在数字孪生系统中，由于其涉及领域广、数据量庞杂，因此往往需要综合应用防护、检测、响应、恢复等安全技术，形成动态的安全保护体系，增强系统的信息对抗能力。当前常用的网络安全技术有网络防御技术和数据传输加密技术，它们能够保护数字孪生系统不遭受网络攻击和恶意访问，将有很大发展空间。如果没有实施适当的网络安全控制，那么数字孪生可能会扩大公司的受攻击面，并暴露可能存在的漏洞，使不法者能够访问以前无法访问的控制系统。

2. 数据安全技术

数据安全技术包括对数字孪生系统中的数据进行备份、加密和恢复，以保证数据的安全性。当前，随着数据采集手段的丰富，数据采集成本的降低，数据采集的范围越来越广，越来越深入，对企业和组织的价值也在持续提升。与此同时，数据安全也成为企业和组织信息安全的重中之重。正所谓"有数据安全才有数据未来"，在数据量愈来愈大的今天，数据安全的重要性不言而喻，有太多案例已经证明了这一点。保护孪生系统的数据安全是数字孪生系统建设的重要任务。

数据备份是系统容灾的基础。为防止数字孪生系统因操作失误或系统故障而导致数据丢失，需要经常性地将全部或部分数据集合从应用主机的硬盘或阵列复制到其他的存储介质，从而实现数据备份。随着数字技术的不断发展，数据的量也随之增加，数据备份的重要性愈加明显。目前，大多数企业渐渐开始采用网络进行备份，通过专业的存储管理软件来实现数据备份，保障数据安全。

数据加密技术则是一门历史悠久的技术，它的核心是密码学。消息发出者生成一条消息后，数据加密技术将该条消息通过各种加密手段（如加密密钥、加密函数）转换成无意义的密文。如果消息被中途截获，那么截获者得到的也是一段无意义的信息。接收者在收到消息后再通过解密密钥和解密函数将密文还原成明文。目前数据加密技术仍是计算机系统对信息进行保护的最可靠的办法，它利用密码技术对重要信息进行加密，实现信息隐蔽，从而起到保护信息安全的作用。数据加密与解密过程如图6-5所示。

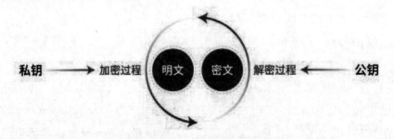

图 6-5　数据加密与解密

数据恢复是指通过一系列的技术手段，将因意外删除、格式化、病毒攻击、硬件故障等原因导致的数据恢复到原本的状态。数据恢复的目的是尽可能地恢复丢失的数据，以便用户能够再次访问和使用。对于数字孪生系统而言，将意外失去的数据重新找回，让信息得以再生，能够保证系统中信息的完整性和一致性。

3. 隐私保护技术

隐私保护技术可以保护数字孪生系统中与个人相关的信息不被非法使用和泄露,保证数字孪生系统中的数据和信息不被未经授权的用户获取和篡改。隐私保护技术是一种跨学科技术体系,包含人工智能、密码学、数据科学等众多跨领域跨学科的信息技术,能够在满足数据隐私安全的基础上,实现数据"价值"和"知识"的流动与共享。简单来说,就是既要发挥数据价值,又要保证数据隐蔽,从而真正做到"数据可用但不可见"。

通过网络安全技术、数据安全技术和隐私保护技术,能够保护工厂数据、个人隐私资料,从而加强数据的保护和管理。

综上,模拟技术的不断发展,可以为数字孪生技术提供更高精度的仿真和优化环境;新数据源的引入,可以为数字孪生系统提供更多的数据和信息支持;互操作性的加强,可以使数字孪生系统更好地与其他系统进行集成和交互;可视化技术的进步,可以为用户提供更直观、易用的数字孪生系统界面;仪器和平台的不断优化,可以为数字孪生技术的应用和推广提供更好的支持。

6.2 数字孪生的应用方向

得益于物联网、大数据、云计算、人工智能等新一代信息技术的发展,数字孪生的应用也得到了极大的普及。现阶段,数字孪生技术被广泛应用于航空航天领域、电力、船舶、智慧城市、农业、建筑、制造、石油天然气、健康医疗、环境保护等领域。

在工业领域,数字孪生技术可以用于企业产品全生命周期的各个环节,包括产品研发设计、工艺规划与仿真验证、生产过程仿真、生产设备的监控优化、高价值智能产品的运维服务等多个方面,贯穿了整个产品生命周期。

6.2.1 产品研发设计

数字孪生技术在实现高品质、高精度产品开发方面扮演着非常重要的角色,可以提高设计的精准性,并验证产品在真实环境中的性能。

需求推动产品的设计和创新。需求是影响产品的根本因素,决定了产品的结构、配置、功能，需求微小的改变，可能带来产品巨大的变化。通过数字孪生技术能够进行需求分析，根据用户的需求进行配置的设计变更以及集成。需求分析活动中的数字孪生如图6-6所示，在以往的产品中可能包含着当前产品的需求和相关配置数据，参考前若干代产品便可迅速确定本代产品将会采用的参数信息，节省研发初期投入的劳动力资源、调研时间。

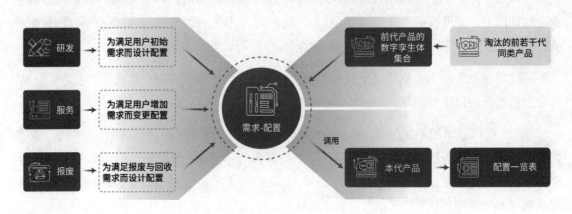

图 6-6　需求分析活动中的数字孪生

设计是将产品概念转化为数据的过程。数字孪生技术可以通过设计工具、仿真工具、VR、物联网等各种数字化手段，对产品进行数字化建模，将产品的各种属性映射到虚拟空间中，使研发团队能够在虚拟空间进行协同设计，因此提高了研发设计效率，显著缩短了研发周期，降低了产品研发风险，并减少了生产期间所需的时间和资源。同时，数字孪生技术允许企业对成品进行仿真测试，可以节省大量时间、精力和钱财；针对模拟测试结果，直接在研发阶段及时进行优化，提高了产品可靠性、稳定性。

数字孪生技术能够帮助企业优化产品设计。传统的产品设计往往需要经过多次试验和修改才能最终确定，这不仅费时费力，而且容易出现设计偏差和误差。而数字孪生技术则能够通过数字模型模拟产品的运行状态和性能表现，帮助企业更好地评估不同设计方案的优劣，并及时发现和纠正设计中的问题。此外，数字孪生技术还能够将不同的设计方案进行对比和评估，以便企业选择最优的设计方案，从而实现产品性能的最大化和优化。当设计方案发生变更时，数字孪生体可以即时进行更新。更新设计方案后，数字孪生技术可以评估新工艺方案的可行性和优化效果，提高工艺创新的成功率和速度。数字孪生技术利用数字模型和仿真技术，有效改善了产品的设计、研发过程，提升了产品研发设计效率，缩短了交付时间。

以车辆研发为例，车辆研发是集合了物理结构设计、电气工程、软件工程、自动控制等多个专业的交叉设计过程，一辆汽车从概念设计到原型样车再到量产制造，少则两年，多则数载。传统的产品设计需要进行大量的实物试验和改进，任务繁重。而数字孪生技术通过对实物的3D数字建模，对产品几何信息和非几何信息的规范管理，可以大大减少这个时间，并提高设计质量。在汽车设计中，数字孪生技术可以对产品的功能、性能、结构进行全方位的模拟和分析，可以模拟车辆的行驶情况和各种恶劣路况，并基于这些模拟结果对各个部件进行优化和改进，从而提升汽车的安全性能；通过数字孪生体高效、准确、实时地调整设计，满足用户对汽车质量的需求和期望，从而提升产品的质量和竞争力。车辆研发中的数字孪生如图6-7所示。

图 6-7　车辆研发中的数字孪生

在工程机械领域中，数字孪生技术能够帮助设计师更好地完成机械装备的研发和实验。以起重机的研发设计为例，起重机的臂架是非常核心的一个部件，每个臂架都有使用寿命和负载能力设计。如果臂架长时间处于满应力工作状态，则只要超载一点就容易产生结构故障，每年国内外都会有因起重设备在作业中出现故障而造成大量的人员伤亡和经济损失的事故发生。因此，臂架的改良和增强是起重机产品研发阶段需要重点关注的部分。

以前，研发人员只能根据一些理论分析和推算或者实验测试来改进臂架。臂架分5段，以前往往是对每一段都有针对性地进行加强，比如都用更好更厚的钢材。这样会导致产品成本上升，同时车辆重量增加后，油耗也会增加，间接增加了用户的使用成本。

现在，通过数字孪生采集的起重机实时数据，研发人员可以统计分析出5段臂架中每一段臂架在实际使用中的应力和负载情况与产品设计值的差异，知道哪一段臂架应力和超载比较厉害，哪些比较合理，从而在后续起重机产品设计中，针对具体臂架进行改良设计，而不用盲目地对所有臂段都进行增强。这样不仅大大降低了研发生产成本，更重要的是保证了终端客户的安全生产。起重机设计中的数字孪生如图6-8所示。

图6-8   起重机设计中的数字孪生

在航空航天与国防领域，数字孪生可应用于飞行器的设计研发，对于飞机建造的未来至关重要。在传统的飞机设计中，需要进行大量的实物试验和改进，不仅耗时耗力，而且成本高昂。在飞机设计中，为了使设计与制造互联的优势最大化，必须在整个过程中运行数字线程，而数字线程提供了万事万物均存在其中的同一生态系统，包括从基于模型的系统工程到项目规划、产品设计和工程等过程。数字孪生通过对实物进行3D数字建模，可以快速构建出多种设计方案，提高了设计效率。利用数字孪生技术可以对飞机各个部件进行精准的计算和模拟，对飞机的性能、结构等进行全方位的分析，预测飞机飞行中可能出现的各种姿态和情况，准确识别出飞机产品中可能存在的问题和缺陷，以此对飞机的设计方案进行提前优化和改进，从而达到更好的飞行效果和安全性能。飞机设计中的数字孪生如图6-9所示。

图6-9   飞机设计中的数字孪生

综上，数字孪生技术可以有效地减少产品研发中的试验次数，优化产品的设计方案，从而降低产品研发的成本。此外，数字孪生技术还可以提高产品的智能化程度，将传感器等技术应用于实物之中，研发出更加智能、高效、绿色的产品，为企业带来更多的商业价值。

目前，数字孪生正以前所未有的速度走进汽车制造、飞机制造及零部件制造等企业，几乎所有从事复杂机械的制造企业都在逐步应用数字孪生系统提升研发效率、提升产品制造水平、节约研发成本，为企业带来更大的商业价值和竞争优势。虽然数字孪生技术在应用中还存在一些挑战和难点，例如技术的成熟度、数据的采集和处理等方面的问题，但是随着技术的不断完善和发展，数字孪生技术将会更加成熟和广泛地应用于产品设计等各个领域，推动数字经济的快速发展。

6.2.2 工艺规划仿真

编制工艺流程是将设计阶段的成果转换为车间切实可行的加工工艺流程。在工艺规划与仿真验证方面，数字孪生技术可以通过对工艺流程和设备的数字化建模，实现产品加工工艺过程的虚拟仿真和验证；可以将产品信息、工艺信息、生产线信息和制造资源信息进行结构化组织管理，实现产品制造过程的精细化管理，同时为生产排产提供准确输入；可以通过在虚拟环境中提前进行生产线的仿真调试，从而及时发现生产线规划、逻辑控制等方面的问题；也可以在加工设备、检测设备、物流设备、智能工装、控制系统等各种因素中全面评估生产线的可行性。在实际的生产线建设中，通过这种虚拟生产线调试技术，可以及时发现生产线设计问题，极大降低整改成本。

在传统的工业设计领域，经验难以留存与教学，而数字孪生可以通过数字化手段，将原先无法保存的经验进行数字化，通过对专业人员的经验知识进行总结，让其成为一个信息库，并可以无限次复制。通过对设计方案进行智能特征识别，获得设计特征之后查阅工艺信息库并进行对比，将即可设计特征自动转换为对应的工艺。在实际生产之前，先借助生产工艺仿真环境，在工艺工程师的监督下将匹配的工艺进行修订与仿真，逐步确定工艺顺序与工艺参数，将结果返回数字孪生体进行存储。

数字孪生技术还能够帮助企业改进工艺流程。在生产过程中，往往需要针对不同的产品特性和生产环境进行不同的工艺流程设计，以确保产品的质量和效率。而数字孪生技术则能够通过数字模型模拟生产流程，并对其进行分析和优化，以便企业更好地了解生产流程中的瓶颈和问题，并有针对性地进行改进和优化。通过数字孪生技术，企业可以优化生产流程，提高生产效率和产品质量，从而提高企业的竞争力和盈利能力。

以数控加工为例，数控加工技术是解决零部件加工中批量小、形状复杂、精度要求高等问题和实现高精度与自动化加工的有效途径。但在工艺设计中，加工工艺、程序编制不恰当会造成工件加工不合格、刀具运行轨迹错误、加工过程中有太多的刀具无效运动等问题，严重时会损坏数控机床，造成重大的经济损失。传统的工艺测试方法采用试切法，会耗费大量的资源（如原材料、刀具）和精力。数字孪生工艺仿真测试是指在计算机上完成加工工件程序的编辑、对刀、加工和工件测量等工作，完成的全过程和在机床实际操作是一样的，能真实地反映整个加工的全过程，且可以测量出加工工件的实际尺寸。经过仿真测试后，编制的工艺程序具备可行性，可以安全地应用于数控机床上。数控车间加工工艺仿真如图6-10所示。

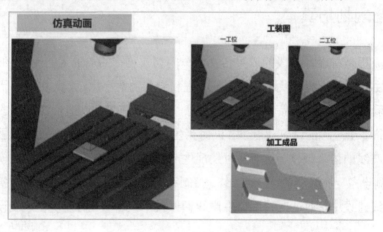

图 6-10　数控车间加工工艺仿真

以整车制造为例，数字孪生可以帮助工艺技术人员对焊接工艺过程进行数字化仿真，依据焊接工艺的需求，有针对性地开展工艺过程仿真，直观有效地给出工艺仿真结论，如焊点可达性验证、焊点分配验证、焊钳选型验证、机器人选型验证、设计结构验证等，有效地减少工艺试验次数。此外，数字孪生技术还可以提高产品的智能化程度，将传感器等技术应用于实物之中，研发出更加智能、高效、绿色的产品，为企业带来更多的商业价值。焊接车间加工工艺仿真如图6-11所示。

车间生产线仿真如图6-12所示，在生产车间，利用数字孪生技术1:1三维还原数字化建模，在虚拟的数字空间中实时联动实际生产活动，通过虚拟生产期间产生的大量孪生数据来分析和优化生产线。

图 6-11　车辆焊接工艺仿真

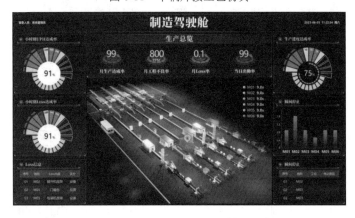

图 6-12　生产线仿真

综上所述，数字孪生技术是一种极具前景和应用价值的技术，它能够帮助企业更好地了解产品性能、改进工艺流程、选择最佳工艺方案、安排生产线，从而提高企业的竞争力和盈利能力。随着数字孪生技术的不断发展和完善，其应用范围和深度也会越来越广泛，同时也会带来更多的商业机会和经济效益。

6.2.3　生产过程仿真

生产过程是按照工艺流程加工产品的过程。在设计方案的指导下，原材料经过加工生产出一批物理实体，这一过程是整个制造流程中涉及企业资源最广泛最复杂的过程。此类企业不满足于数字孪生仅仅提供三维模拟演示、离线仿真、技能培训、远程运维等浅层次应用，希望实现面向生产运行的持续状态感知、面向生产异常的分析推理决策、基于生产软硬件系统集成的闭环执行。

在生产过程中,数字孪生技术的应用表现为数字孪生车间,在产品生产之前就可以通过虚拟生产的方式来模拟在不同产品、不同参数、不同外部条件下的生产过程,实现对产能、效率及可能出现的生产瓶颈等问题的预判,加速新产品导入过程的准确性和快速化。在车间孪生数据的驱动下,孪生车间可以提供实时数据和模拟,可以让管理者在虚拟环境中进行所有测试和仿真,从而有效减少实际场景中的缺陷,消除隐形风险,降低实际生产和维护期间的成本。与数字孪生一样,数字孪生车间的构建分为以虚仿实、以虚映实、以虚控实、以虚优实四个阶段,以虚映实在此时体现为虚拟空间对实际生产车间的全方位、全要素实时监控作用;以虚控实体现为在虚拟车间内部进行实时仿真与预测,并将计算结果返回并作用于实际生产车间。

数字孪生技术可以通过对车间、生产线、物理、仓储的数字化建模,实现生产过程的虚拟仿真和优化。之后,通过在虚拟环境中验证生产线的排产、生产环节、评估加工设备的效率和工艺流程的正确性,从而降低产品制造风险,加速产品优化,有效提升产品的可靠性和可用性,实现生产和管控的最优。

在生产过程中,通过数字孪生系统对设备进行监控和调整,可以实现生产过程的自动化和智能化,提高生产效率和品质稳定性。此外,数字孪生技术还可以用于预测生产过程中的故障和风险,并提供相应的应对方案,保证生产过程的正常运转。产品生产阶段的数字孪生是一个高度协同的过程,对整个生产流程进行数字化建模,通过数字化手段构建虚拟生产线,将产品本身的数字孪生同生产设备、生产过程等其他形态的数字孪生高度集成起来,同时采集各环节的设备数据、生产数据、检测数据,并实时显示在虚拟三维场景中,实现对设备的实时监控,对生产过程的有效跟踪。同时,当实际值超过系统的预设值时,系统自动进行预警提醒,通过配套环节进行识别和处理,从而为生产管理人员提供管理支撑。工厂生产过程的仿真如图6-13所示。

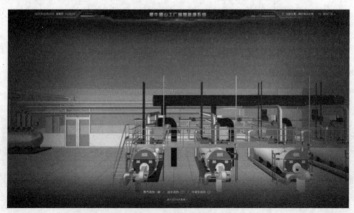

图 6-13   生产过程仿真——数字孪生车间

以汽车发动机生产为例，通过物联采集、视频集成、信息化系统集成等方式，对生产现场全域进行数字孪生建模，实物对象覆盖了人、车、设备、物料、成品、能耗（水、电、油、气）等，可以对实体生产线进行1:1还原，采用3D数字化建模，再结合数以千计的传感器和设备的即时数据，实现对生产线的远程监控、低库预警、质量溯源等功能，从而提高生产过程的透明度，优化生产过程。同时，基于数字孪生体的数据，构建指标体系，对各个对象进行指标化评价和管理。通过车间数字孪生系统逐级展示车间、生产线及单机三个层级的总信息：车间层展示车间基本信息，包含产能、能耗和异常报警信息；生产线层展示每条生产线实际生产情况，包括设备温度、压力、流量、电量、设备开关状态；单机层展示各工位重点设备生产状态及数据。在发动机生产数字孪生系统中，可以将生产过程中产生的实时数据进行采集加工优化处理，并存储到数据库中。同时还能结合已完成了生产过程的历史数据，在数字孪生系统中进行溯源回放。当产品质量出现异常时，可以迅速定位至异常点。在虚拟的数字空间中，不仅可以对参与生产的设备、物料、人员等关键要素进行展示和管理，还可以对生产进度、生产节拍、生产数据、质量信息等生产过程信息进行监控和优化，为降本增效提供依据。在三维数字孪生场景中，不仅能对生产线或者某项设备出现的异常情况进行警告，还可以实时联动生产数据，根据良品率对生产过程中的不良品进行提醒、销毁，帮助企业进行生产线资源的优化配置，提升良品率。发动机生产线数字孪生系统如图6-14所示。

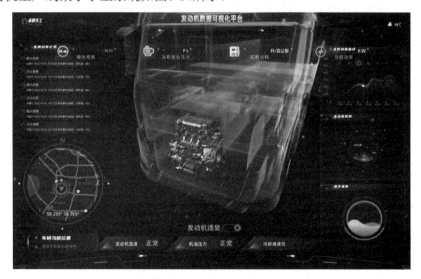

图 6-14　发动机生产线数字孪生系统

数字孪生技术在生产过程中的仿真与优化应用，为制造企业带来了明显的益处。通过数字孪生模型的建立和应用，企业能够深入理解和优化生产过程，实现精细化的生产规划和资源调配。

6.2.4　设备监控优化

随着生产设备的逐渐增多，通过数字孪生技术对工厂设备进行智慧管理成为主要趋势。工业设备数字孪生技术可以为实际的工业设备建立一个虚拟的数字模型，这个数字模型包括设备的结构、性能、运行状态等信息；可以通过物联传感技术尽量获取到实体设备的多种物理量测量数据；可以利用数字孪生3D可视化功能使管理者可以实时监控、分析和优化各种系统的性能，实现对实际设备的监测、优化和预测，从而提高设备的效率和可靠性，为工业生产提供更好的支持和保障。

1. 设备监测

可以通过数字孪生技术实时远程监测设备的运行状态，实现数字孪生设备与实体设备在运行状态之间的高度实时同步，并应用算法模型对采集数据进行智能分析。此外，还可以对设备建模，模拟实际设备运行状态，模拟出设备工作中的各种参数，模拟生产制造时设备的运转情况以及设备参数调整带来的变化。在将设备各阶段的属性参数、运行数据收集起来之后，利用机器学习、人工智能等技术实现原本无法检测的状态维度的测量（例如设备健康程度、轴承磨损程度、润滑程度等），实现更精准的状态监测。当设备出现故障或异常时，可以及时发现并进行维修，从而避免设备停机时间的延长和生产效率的降低。

2. 设备优化

可以通过数字孪生技术对生产设备进行优化。例如，通过数字孪生技术对设备的结构和性能进行优化，从而减少设备的重量和能耗，降低设备的故障率。

3. 设备故障预测

可以通过数字孪生技术分析设备运行情况，优化各种系统的性能，预测可能的故障，帮助做出预测性维护对策（例如预测出最合适的维护时间节点，制定准确的预测性维护计划），避免故障恶化或过度维修，降低维护成本。例如，可以通过数字孪生技术对设备的运行状态进行仿真和测试，从而预测设备的运行情况和故障情况，提前进行维修和保养，从而避免设备停机和生产效率的降低。此外，数字孪生技术还可以预测设备的寿命和维护周期，并给出相应的维护计划以供参考。

以工业设备监测为例，利用数字孪生技术可以为实际的工业设备建立一个虚拟的数字模型，借助3D建模和真实业务的联动，远程监控每条生产线上设备的运行状态，实现"无人化、自动化"的生产管理运营，实现对实际设备的监测、预测和优化，从而提高设备的效率和可靠性，为工业生产提供更好的支持和保障，助力企业增产增效。数字孪生技术的核心是建立一个数字模型，这个数字模型可以包括设备的结构、性能、运行状态等信息，通过对这些信息的分析和模拟，可以实现对设备的监测和预测。通过数字孪生模型，可以实现工厂运行的可视化，实时显示设备状态、在加工什么订单、设备和生产线的OEE、产量、质量、炉温曲线与能耗等，让车间管理人员能迅速拿到生产数据、看懂数据，并用好数据；还可以实现设备智能预警，对于出现故障的设备，显示具体的故障类型，并加入智能预警分析功能，一旦设备数据超过既定阈值，将在三维场景内对设备进行标红闪烁，快速定位异常并自动推送给运维人员，由常规的人工巡检转换为智能巡检，及时了解设备的健康状态，降低品质风险。工业设备状态监测系统如图6-15所示。

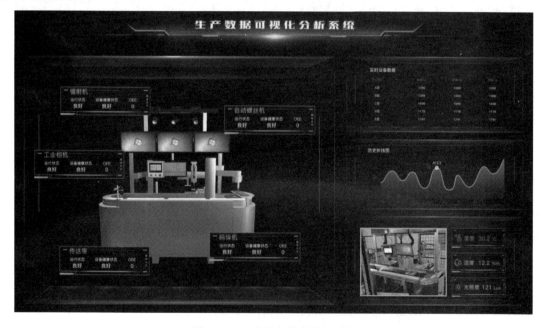

图 6-15　工业设备状态监测系统

以车间加工设备为例，通过数字孪生技术集成企业中的相关业务系统，管理者可以在线监控车间所有设备，远程掌握加工设备的运行现况、生产数据、异常时间、维保记录等，实现对生产设备的一键式管理、设备状态分析、预防性维护。通过设备在线监测，能够从复杂的设备管理工作中解放管理者，为更重要的决策工作投入更多资源，大幅提高生产管理效率，帮助企业在产业竞争中取得优势。机械加工设备监控管理系统如图6-16所示。

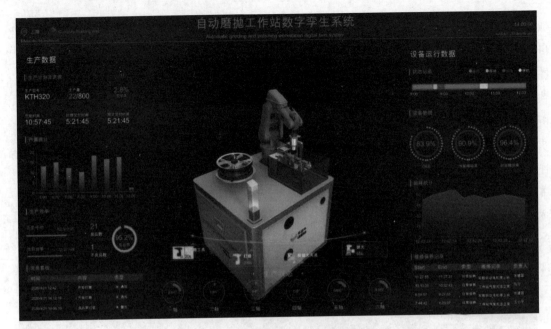

图 6-16　机械加工设备监控管理系统

　　数控机床数字孪生可视化系统，基于数字孪生技术，构建车间厂房、机床设备（几何、行为、约束）等要素的1:1三维数字孪生体，利用工业互联网强大的数据整合与系统集成能力，对来自不同厂家、具有不同底层协议的数控机床设备进行系统层面的互联互通，再通过OPC UA（开放性生产控制和统一架构）协议将服务器端采集的各数控系统不同类型的实时数据信息进行读取、转化后，存入基于标准制定的数据库中，构建数控机床数据字典及工业机器人数据字典并进行实时数据映射，驱动数控机床的数字孪生模型，实现数控机床数字孪生模型与物理模型的同步运动，从而直观地展示数控机床的互联互通信息与运行状态。同时，数控机床数字孪生可视化系统结合车间生产设备的实时监控，可以实现车间数控机床设备生产过程监测由二维到三维的质的提升。同时在数控机床装备三维可视化的基础上，通过训练、监测车间数控设备的数字模型，不断优化设备运行过程，将优化结果反馈至车间生产设备，从而提高实际设备运行、管理、监测等水平。数控机床状态监测管理系统如图6-17所示。

　　通过对工厂的各个设备、机床进行监测，再集成IoT/MES平台数据，实现物理设备、虚拟设备及运行数据三者的融合，汇聚数据进行可视化展示，实现对工厂内设备情况进行总览与监测。通过实时对工厂内设备进行监测，可以查看每台设备的实时数据，如设备的当日工时排行榜、当日损失率、设备报警情况，并且可以对历史数据进行回溯，包括设备点检、保养的历史数据。整个工厂的数字孪生系统如图6-18所示。

图 6-17　数控机床状态监测管理系统

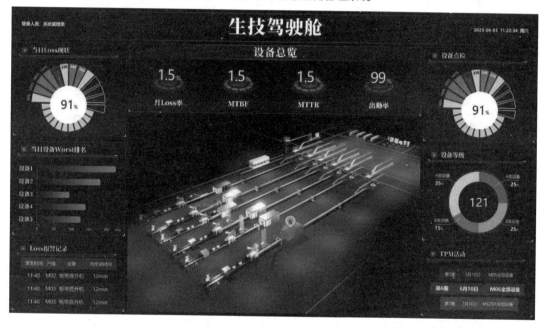

图 6-18　工厂数字孪生系统

　　除制造行业外，设备数字孪生系统在其他领域的应用也十分广泛。以动车车辆运行为例，利用数字孪生技术，打造动车整车孪生体，对动车高速运行状态以及各项性能指标进行可视化监管。同时数字孪生技术可以模拟实际车辆运行状态，模拟出车辆运行的各种参数，比如车辆的加速度、减速度、转向角度等，实现对车辆运行状态的实时监控，并及时发现车辆运行中的异常情况，从而及时采取措施，确保车辆安全运行。数字孪生在动车车辆方面的应用如图6-19所示。

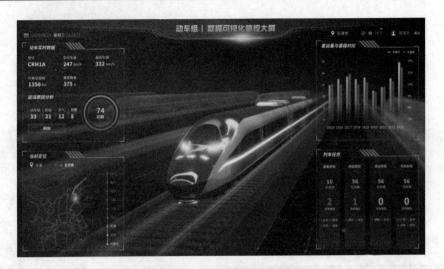

图6-19　动车车辆监控管理

以电力设备为例，可以通过物联网实时对终端用电设备的状态和需求信息进行采集和汇总，实时对分布式发电机组、可控负荷、储能设施进行调控管理，通过与输电网的信息实时交互实现电力供需平衡。数字孪生在电力设备监测方面的应用如图6-20所示。

图6-20　电力设备监控管理

数字孪生技术在设备监控优化方面的应用，为企业提供了数据驱动的决策支持，赋予管理层更好的资源分配和设备规划能力。通过实时数据采集和分析，企业能够优化维修策略和生产调度，进一步提高运营效率和业务绩效。它通过提前发现故障、提供精确的维修指导和优化建议来提高设备的可靠性和使用寿命，从而降低生产风险、提高生产效率，为企业创造更大的价值。

6.2.5　智能产品运维

在高价值智能产品的运维服务方面，尤其是高端智能装备，将实时采集的装备运行过程中的传感器数据传递到其数字孪生模型中进行仿真分析，通过对产品的数字化建模和监测，实现产品的状态实时监控和预测维护。通过数字孪生系统的优化和调整，可以提高产品的使用效率和稳定性，降低产品的故障率和维护成本。此外，数字孪生技术还可以用于预测产品的寿命和维护周期，并提供相应的维护计划，提高产品的使用寿命和价值。如果产品运行的工况发生改变，对于拟采取的调整措施，可以先将其数字孪生模型在仿真云平台上进行虚拟验证，如果没有问题，再对实际产品的运行参数进行调整。

产品运行维护阶段的使用保障费用在整个寿命周期费用中所占比重最大，是寿命周期费用的主要组成部分，也是寿命周期费用管理的关键点。在产品运行维护阶段，构建数字孪生体，在物理空间对其位置、使用环境、设备健康状况、功能履行情况、资源消耗等信息进行实时测控，获取全方位的使用及保障数据，并将这些数据关联映射至虚拟空间；在虚拟空间，采用模型可视化技术实时模拟物理实体的使用流程，并结合本产品及同类型产品的使用、维护、维修保障历史数据，实现对产品性能、健康状况、寿命期限的分析预判，针对可能发生的故障和质量问题发出预警，再综合运用现代管理技术和方法整合维修资源、管控优化维修计划，以获得最佳维修效果和经济效益。运行维护阶段航空发动机性能数字孪生模型如图6-21所示。

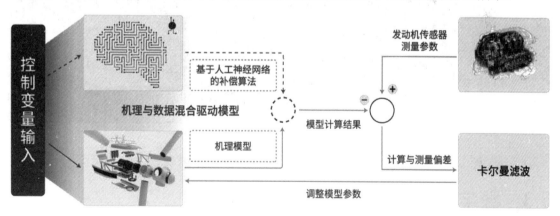

图 6-21　运行维护阶段航空发动机性能数字孪生模型

对于航空发动机的数字孪生应用，由于每台发动机的飞行履历不同、飞行的环境不同、健康服役的寿命以及维护历史差别很大，因此，应当对每台航空发动机建立其对应的数字孪生模型。GE航空对于正在空中运行的航空发动机进行实时监控，一旦出现故障隐患，就可以通过对数字孪生模型的分析来预测风险等级，及时进行维修维护，显著提升了飞行安全。GE航空通过数字孪生模型记录每台航空发动机每个架次的飞行路线、承载量，以及不同飞行员的驾驶习惯和对应的油耗，通过分析和优化，可以延长发动机的服役周期，并改进发动机的设计方案。

以铁道交通车辆为例，数字孪生技术通过构建铁道交通车辆的数字孪生体，捕捉铁道交通车辆运行的实时数据，反馈铁道交通车辆产品运行状态及工况环境，实现虚实数据的实时互通；建立动车运行状态智能监控与预警系统，实现对高速动车运行安全相关关键参数的实时监控、状态评估、故障诊断和故障预测等功能；针对运营管理和维护保养提出合理的建议，实现车辆从"计划修"到"状态修"的转变，降低运营维护成本。通过智能运维管理平台，可以实现对铁路基础设施的动态监测、在线评估、实时预警、智能管控。为数字孪生助力高速铁路实现智能运维，如图6-22所示。

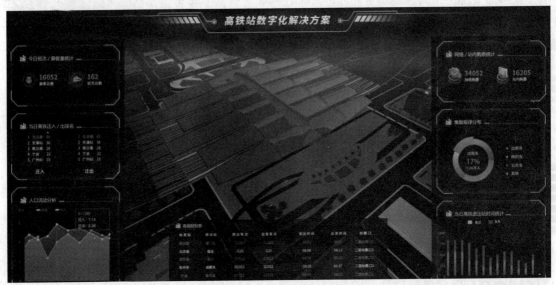

图 6-22　铁路智能运维系统

6.3　数字孪生的项目准则

数字孪生是一项应用门槛相对较高的技术，囊括了仿真、基于模型的系统工程MBSE、人工智能等多项技术，建设复杂性和投入成本都比较高。

制造企业在进行数字孪生建设时，应制定合理的项目实施准则，以确保项目的顺利进行。这些准则可以包括但不限于：

（1）在数字孪生建设过程中，首先要确定数字孪生项目的目标。应根据制造企业的需求和预期，明确制造企业希望从数字孪生项目中实现的具体目标，以及在未来一段时间内期望达到的目标，并结合企业实际状况和现有技术水平，确定工厂数字孪生建设的范围和目标。

（2）在数字孪生建设过程中，注重产品各阶段数据的采集、存储、管理和分析，确保数字孪生的数据质量和可靠性。

（3）在数字孪生建设过程中，注重技术的创新和升级，要充分结合3S（RS、GPS、GIS）、物联感知、大数据、云计算/边缘计算、人工智能等新一代信息技术，以提高数字孪生的应用价值和效益，为制造企业降本增效。

（4）注重数字孪生建设与现有技术和生产车间业务的无缝衔接，提高数字孪生的实际应用效果和价值。

（5）组建数字孪生建设的组织机构和团队，明确各个部门之间的职责和协作关系，确保数字孪生建设的顺利进行。

（6）制定数字孪生建设的详细计划和时间表，包括前期准备、建设阶段和后期运营维护等方面的内容，保证项目能够按照既定的时间顺利推进，确保数字孪生应用落地。

（7）在数字孪生建设过程中，要注重数字孪生建设的安全和保密，建立数字孪生安全体系，包括安全策略、安全技术、安全管理等。要根据制造企业的实际情况，制定合理的安全体系，以保护企业的数据安全。

（8）在数字孪生建设过程中，需要建立数字孪生建设的评估机制、监控机制和反馈机制，定期开展评估活动，及时发现和解决数字孪生建设中的问题和风险。

（9）注重数字孪生建设的知识管理和传承，建立数字孪生建设的知识库和培训机制，确保数字孪生建设的可持续发展。

（10）建立数字孪生建设的质量管理体系，确保数字孪生建设的质量和效果符合制造企业的要求和期望。

6.4 数字孪生的未来技术展望

近年来，数字孪生作为一项先进的数字化技术手段，在各行各业尤其是工业生产中得到了广泛应用,实现了虚拟模型与物理世界的虚实相映、设备智能监控和智能优化。随着数字孪生在各行业中的应用越来越多,其价值也愈加凸显,可以说数字孪生给传统的企业管理和制造带来了前所未有的变化。再者,企业数字化、智能化转型的需求越来越迫切,作为智能制造核心环节的数字孪生技术将会在未来得到更加广泛的应用和发展。

数字孪生研究与实践已经走过了数十年,但是,目前数字孪生仍然处于发展阶段,仍然需要持续完善、持续严谨演进、持续应用探索。新一代信息技术蓬勃发展,人工智能、智能机器人、大数据、云计算、5G、物联网等技术的应用将为数字孪生技术提供良好的技术支撑,在新兴技术的帮助下,将实现多维度、多场景的智能模型构建。数字孪生技术在产品研发设计、工艺规划仿真、生产过程仿真、设备监控优化以及运营维护等工业领域的应用也将不断深化。随着相关理论研究和应用实践的不断深入,数字孪生技术及其在各行业的广泛应用必将推动工业制造业加速转型升级。

6.4.1　多学科融合

数字孪生不是单一技术,它的实现需要多技术的交叉融合,包括传感器技术、数据处理技术、建模工具、算法和模型等方面。同时,数字孪生技术的应用需要融合多学科的知识,如计算机科学、控制科学、机械设计、材料科学等。在充分集成、整合多学科多领域技术之后,通过感知、建模、仿真、分析、优化等步骤面向产品制造全生命周期,通过数字孪生体进行合理、可靠、高效的分析,进而反哺优化物理实体,协助提升产品质量、产能与效率。

交叉学科是新一代信息技术的创新源头,是很重要的一个策源地。在现有单一行业技术比较成熟的情况下,多个行业的成熟技术的交叉必然会产生新的模式。

以高速铁路系统集成为例,建立高速铁路系统孪生,需要融合高速交通技术、电力学、自动控制科学、材料学、IT网络技术、计算机应用技术等多学科知识。在铁路车辆的零件设计中,先由物理学家定义好零件规格、受力情况等边界条件,再结合材料科学知识,选择最适配的材料,并给出最优的设计结果,达到轻量化、最优性能、最长寿命等目的。以多学科多专业虚拟孪生为基础的高速动车数字孪生体涵盖产品需求、设计和验证、生产工艺、制造运营、使用和维护全生命周期,在计算机上能够随时对设计进行验证,最大化提高研发、迭代速度,缩短研发周期,降低研发成本。

数字孪生技术的蓬勃发展,首先需要掌握计算机科学和编程基础知识。这是因为数字孪生技术的实现离不开计算机程序和算法。其次，需要掌握数据分析和建模技能，以便能够对数字孪生系统进行数据采集、处理、建模和分析。再次，还需要了解实体物理系统的工作原理和特性，包括力学、热力学、流体力学等。除此之外，还需要掌握相关的工具和软件。在实际应用中，数字孪生技术还需要与物联网技术、云计算技术等其他技术结合起来，因此也需要掌握相关的知识。

总之，数字孪生应用技术需要具备多学科交叉的知识背景。未来数字孪生技术需要在更多的领域中得到应用，势必需要各种学科的专业人才进行多学科的融合，以满足数字孪生技术应用的需求。

6.4.2　人工智能

人工智能是通过计算机来模拟人类智能的技术，它包括了机器学习、自然语言处理、计算机视觉、智能推理等多个领域，是计算机科学的重要分支之一。AI可以在没有数据专家参与的情况下智能匹配最佳算法，自动执行数据准备、分析、融合操作，对孪生数据进行深度分析和挖掘，从而生成各种类型的数据。

数字孪生和人工智能的结合在许多领域（如产品设计、设备制造、医学分析、航空航天等）都有着创新性的应用，这些应用带来了更高效、更精准和更安全的应用解决方案，为人们的生活带来更多的便利和改善，人工智能能够增强数字孪生能力。

在航空航天领域，数字孪生与AI的融合在飞行探测仿真、故障预警、飞机组装甚至无人飞行方面具有显著效果。

在工业领域，数字孪生可以建立虚拟工作场所环境，将物理系统的运行状况数字化，并通过人工智能的算法进行预测分析，从而帮助企业提前发现问题并采取相应措施；还可以提供及时的故障预警，延长设备的使用寿命，确保车间整体运行安全。数字孪生与AI的融合在工业领域的应用，如图6-23所示。

在城市规划中，数字孪生可以创建城市的数字化副本，以便进行城市规划和设计，再利用人工智能技术分析大量数据并预测未来趋势，从而帮助城市规划者制定更好的决策；通过数字孪生技术和人工智能算法，可以模拟真实的道路环境，预测城市交通拥堵情况，以便制定更好的交通规划。数字孪生与AI的融合在城市规划中的应用，如图6-24所示。

图 6-23　"AI 技术+数字孪生"打造数字工厂

图 6-24　"AI 技术+数字孪生"打造数字城市

　　AI技术中智能机器人技术是近年来快速发展的一项技术，它涉及人工智能、机械工程等多个领域，是一项非常复杂的系统工程。

　　智能机器人技术的发展将对工业制造领域产生深远的影响。智能机器人最重要的应用是在工业生产中代替人类完成重复性、危险性的工作，实现精准的工艺加工过程和产品装配过程，提高生产效率和产品质量，降低生产的人工成本，有效避免生产过程中的危险。智能机器人是一项非常重要的技术，数字孪生与智能机器人的结合备受关注。

6.4.3 云计算和大数据技术

云计算是一种通过网络进行计算和数据存储的方式，是一种基于互联网的新型计算模式。它将计算和存储资源通过互联网进行共享，用户可以根据自身需求灵活地选择使用资源的方式和规模，不需要投入大量的资金来购买和维护硬件设备。云计算技术的主要特点包括：

（1）弹性伸缩：云计算可以根据业务规模的变化来自动调整计算和存储资源的规模，从而更好地满足业务需求。

（2）资源共享：云计算可以将计算和存储资源进行共享，提高了资源利用率，同时降低了企业的总体成本。

（3）高可用性：云计算有多个数据中心，当一个数据中心出现故障时，可以自动切换到其他数据中心，从而实现高可用性。

大数据与数字孪生的产生背景是相同的，即新一代信息技术的应用和普及。大数据技术主要包括数据采集、存储、处理和分析等多个环节。大数据的特点包括：

（1）数据量大：大数据具有海量的数据 量，需要使用分布式存储和计算技术进行处理。

（2）处理速度快：大数据的处理速度非常快，需要使用实时数据处理和流式计算技术。

（3）数据类型多样：大数据包含多种不同类型的数据，例如结构化数据、半结构化数据和非结构化数据。

数据是数字孪生的重要组成部分，数字孪生在产品全生命周期的应用中，每一阶段都需要物理实体与虚拟模型的持续互动和虚拟模型的迭代优化,而这一过程的媒介就是各种各样的数据，如图6-25所示。

在实际应用中，大数据的数据融合是产品生命周期中各个阶段的数据的融合。由于产品研发设计人员、生产人员和维修人员身处不同企业，因此某一阶段的数据只能用于该阶段，无法实现产品数据的连续流动。而数字孪生则可以收集、记录、积累和处理从产品设计到退役的所有数据。

图 6-25　产品数字孪生需要收集、处理与分析的数据

云计算和大数据技术都是当前信息技术领域中的热门技术,大数据在数据处理和分析上比数字孪生更专业、高效,为数字孪生技术的应用提供了强有力的技术支持。将大数据技术和数字孪生的优势互补,可以在极大程度上促进数字孪生系统向智能化发展。因此,大数据技术是实现数字孪生智能化的关键技术。未来,数字孪生要想实现大规模的数字孪生建模和仿真,必须借助云计算和大数据技术,快速处理和分析海量数据,实现智能分析和自动决策,从而为工业生产和服务提供更加智能、高效的解决方案。

6.4.4　物联网技术

物联网技术是一种新兴的信息技术,它将各种传感器、智能设备、网络技术等进行有机融合,构建出一个具有感知、收集、处理、传输和应用能力的智能化系统。物联网技术可以实现对物理世界的感知和监测,实现对物品、设备和环境的智能化管理与控制,从而提高生产效率、降低成本,改善人类生活质量。借助物联网技术,数字孪生能够轻松地实现对物理世界的感知和交互。

物联网技术体系架构是一个完整的系统,包括感知层、网络层、应用层三个部分,每一层都有不同的功能和作用。物联网技术体系架构如图6-26所示。

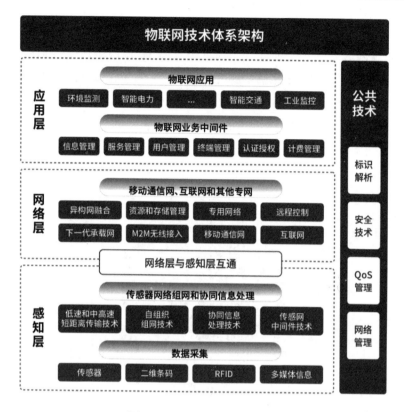

图 6-26　物联网技术体系架构

- 感知层是指物联网系统中的数据采集和处理部分。感知层通过传感器等设备对物理世界进行感知和监测，将采集到的数据进行处理和分析，提取出有用信息，并将这些信息传输到网络层进行处理。感知层还包括数据处理和存储部分，用于对采集到的数据进行处理和存储。

- 网络层是指物联网系统中的网络部分，它负责将感知层采集到的数据进行传输和交换。网络层包括无线传输、有线传输等多种通信方式，例如WiFi、蓝牙、ZigBee、LoRa等。网络层还包括路由、交换、传输协议等，用于实现物联网设备之间的互相通信，并与互联网进行连接。

- 应用层是指物联网系统中的应用部分，它是物联网技术的核心部分，用于将采集到的数据进行处理和应用，以实现物品、设备和环境的智能化管理与控制。应用层包括数据挖掘、人工智能、机器学习等技术，可以对数据进行分析和处理，并支持决策和应用。应用层可以应用于各种领域，例如工业、农业、医疗、交通等，实现智能化管理和控制，并提高生产效率和降低成本。

数字孪生是指将实体物体的物理世界与数字世界相映射的技术，而物联网则是将各种物理设备连接起来，并将它们与云端系统相连，以实现数据共享和分析。这两个概念看似有些不同，但实际上它们有很大的交集，而且数字孪生技术和物联网技术的结合可以带来非常大的价值和好处，可以帮助物联网设备实现更加准确和高效的操作，为物联网设备提供更加全面和精细的数据分析和预测，以及提供更加逼真的仿真和测试环境。数字孪生的发展离不开物联网，二者的内在联系如图6-27所示，数字孪生技术的基本应用需要借助物联网技术的识别、跟踪设备与物理对象的能力，因此借助物联网技术来发展数字孪生将是一个十分明智的选择。

图 6-27   数字孪生与物联网的内在联系

6.4.5   移动通信技术

数字孪生技术的核心思想是将物理系统的运行状态通过数字模型进行实时仿真和优化。数字孪生技术需要连接大量的物理系统和数字模型，通过物联网技术实现数据的传输和交互。这些物理系统包括工厂生产线、机械设备、交通系统、城市基础设施等，数字模型通过仿真和优化来提高这些物理系统的效率和可靠性。因此，数字孪生技术需要实时获取物理系统的数据和反馈信息，以保证模型的准确性和实时性。同时，数字孪生技术还需要传输大量的数据和图像，以支持物理系统的实时监测和优化。这就对信息的传输响应时间、数据传输容量、传输速率等提出了更高的要求。而5G移动通信技术恰好具有低时延、高速率、大连接等突出特点，能够契合数字孪生的数据传输要求，满足工业控制、远程医疗、自动驾驶等对时延和可靠性具有极高要求的行业的应用需求。

5G技术的日益成熟，成功开启了互联网万物互联的新时代，5G技术与AI、大数据、数字孪生等多项技术融合，能够助力各行各业实现自动化、信息化和智能化。最终，5G技术将渗透到经济社会的各行业和各领域，支撑经济社会数字化、网络化、智能化转型。5G技术应用前景如图6-28所示。

图 6-28 5G 通信技术应用前景

6G是万物智联和数字孪生的时代，是5G的自然延伸和发展。5G已得到大规模运用，6G和万物智联则还处于研究和探索阶段。6G将呈现出沉浸化、智慧化、全域化等新发展趋势，形成沉浸式云XR、全息通信、感官互联、智慧交互、通信感知、普惠智能、数字孪生、全域覆盖等业务应用，最终将助力人类社会实现"万物智联、数字孪生"的美好愿景。6G技术对于数字孪生而言，主要是为数字孪生的交互层提供超大容量、超低时延的数据与反馈信息的传输，促使数字孪生技术得到更好的应用。

6.4.6 人机交互技术

数字孪生的重点在于虚拟空间对物理实体的真实映射。借助VR/AR/MR技术，数字孪生能够让用户在虚拟空间中真实地体验到实体物体或系统，并进行交互操作。同时还能够将虚拟的数字孪生体与实际的物体或系统进行融合，实现现实与虚拟的互动。

- 虚拟现实技术通过计算机技术模拟出一个虚拟的三维空间，让使用者可以在这个虚拟空间中进行沉浸式的交互体验。VR技术通常需要使用VR头盔或VR眼镜等设备，以便用户可以完全沉浸在虚拟环境中，具有到身临其境的体验。游戏、教育、娱乐、医疗、工业等领域均可以应用VR技术实现沉浸式体验。

- 增强现实是将虚拟世界叠加到现实世界中。通过在现实场景中叠加虚拟内容，使用户可以看到增强现实场景，并与虚拟内容进行互动。
- 混合现实技术则是将现实世界虚拟化以后，叠加进虚拟世界中。

通过虚拟现实、增强现实和混合现实技术，搭建与现实环境几乎完全相同的虚拟环境，能够带来全新的人机交互体验，提升可视化的效果。

在工业制造方面，数字孪生技术与AR/VR/MR技术结合，不仅能在产品研发、工艺规划、生产过程仿真等方面提供更加丰富、直观的数字化支持，还能够增强对现有产品的实验和预测分析能力，潜在地减少停机时间。VR技术与数字孪生的融合在工业制造方面的应用如图6-29所示，通过戴上VR设备，能够进入一个虚拟的工厂环境，实时观察生产线的运行情况，并进行操作和调整。这种直观的可视化界面使工业从业人员能够更好地理解工业过程，快速做出决策。

图 6-29　VR 技术+数字孪生

近两年，数字孪生进入了快速发展期，数字孪生与AI、AR/VR等新兴技术融合，广泛应用于各个行业。

在艺术文化展馆方面，通过对历史场景或现实物体进行真实的"三维重现"，融合3D模型、3D立体投影、720度全景照片、遥感影像等多项VR技术和多媒体技术打造现代化展馆，能够突破传统展馆的地域限制、空间限制、资源限制，让整个展馆动起来、活起来，使参观者能够身临其境地欣赏数字展馆；能够模拟人的浏览习惯，对场景进行俯视仰视、远观近看、左环右顾，为参观者带来更舒适、更便捷、更有趣的体验和服务。

　　VR和数字孪生技术在旅游行业中的应用越来越广泛。它们不仅可以帮助旅游景点提升游客体验，还能够为旅游行业带来更多的商业机会。游客可以通过VR全景技术在虚拟世界中感受到景点的美丽，同时通过数字孪生技术了解更多的历史、文化和自然知识。数字孪生技术和VR全景展厅的结合将会为旅游业带来更多的机遇和发展空间，通过创新的技术手段，旅游业可以提供更加真实、个性化和沉浸式的旅游体验，从而吸引更多游客并提高旅游行业的竞争力。VR技术与数字孪生在旅游行业的应用如图6-30所示。

图 6-30　"VR 技术+数字孪生"实现云旅游

　　在未来，数字孪生技术将在更大程度上和AR/VR/MR技术结合，实现更加生动、直观的虚拟现实体验，为数字孪生中的模型展示、人机交互提供新的手段。总之，数字孪生技术在未来将会继续发展壮大，为工业生产和市民服务提供更加智能、高效的解决方案，推动各行各业的数字化转型和升级。AR/VR/MR让数字孪生如虎添翼，同时也推动数字孪生技术的发展。

6.4.7　跨行业应用

　　数字孪生技术的应用将会越来越跨行业。数字孪生最早应用于航空航天行业，随着物联网技术的兴起，工业4.0概念被提出，云计算、大数据等新一代信息技术的不断发展也为数字孪生应用范围的拓展提供保障。目前，数字孪生技术不仅可以应用于制造业，还可以广泛应用于航空航天领域、电力、船舶、城市管理、农业、建筑、制造、石油天然气、健康医疗、环境保护等行业，如图6-31所示，为各行各业的数字化转型和升级提供支持。未来数字孪生技术有望持续在各行各业发挥作用，加快各行业数字化转型的步伐。

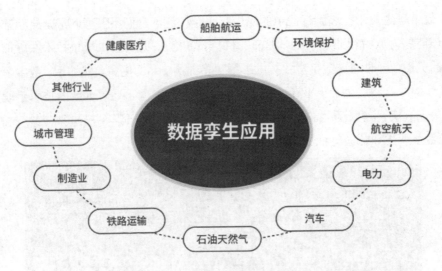

图 6-31　数字孪生的应用领域

在城市管理方面，数字孪生可以通过构建城市全真模型，对城市进行可视化、模拟和分析，集中呈现整座城市智能终端信息、城市运行实时状态和道路交通预测结果。数字孪生城市对于城市规划与建设、强化城市应急管理、提高人民生活服务水平具有深远意义。通过数字孪生，城市规划者可以剖析当前城市潜在的问题，模拟新建筑对市民生活的影响，为城市的规划和建设提供科学的依据；通过数字孪生，城市管理者可以更好地了解城市内的情况和运营情况，以便更好地进行管理和服务；通过数字孪生，可以实时监测城市内的能源、水资源和环境污染等情况，并进行分析，为城市管理者提供更准确、更及时的决策。综上所述，数字孪生作为智慧城市的新兴技术，在城市规划、建设、运营、服务等方面都有着广泛的应用，为城市的发展提供更加强有力的技术支持，将成为全面构建智慧城市的有力手段。数字孪生在城市管理方面的应用，如图6-32所示。

在建筑方面，数字孪生技术可通过构建建筑工地、建筑物虚拟模型，帮助项目经理详细了解建筑工地上的人、材、机、料等各方面的实施情况，实现对项目的进度控制、成本控制、安全管理，让各个环节衔接得更为紧密，有效地减轻人工工作量，实现人力资源、生产安全、建筑材料、施工环境等各业务环节的智能化、在线化管理，提升施工现场的精益管理水平。智慧工地的搭建一方面可以满足生产安全、施工环境、定时巡更等各业务环节工作的扁平化、网格化监管，另一方面借助智慧化的手段，数字孪生技术能够帮助管理者在虚拟空间中了解即时信息，减少人为因素对施工现场的干扰，实现建筑工地的数字化、精细化、绿色化施工和管理。数字孪生在建筑施工方面的应用，如图6-33所示。

图 6-32 数字孪生+城市管理

图 6-33 数字孪生+智慧工地

综上所述，数字孪生技术在不同领域的普及和应用将被加速推进。随着技术的发展，数字孪生将变得更加智能化，不仅可以对实体空间进行数字化建模和仿真，还可以通过算法和人工智能等技术进行智能调节和优化，实现更高效、更安全、更环保的运营模式。未来，数字孪生将不断智能化、跨行业应用，并在数据共享和开放的基础上实现更为广泛的推广和应用，加速各行业升级的脚步，开启数智化发展新局面。

　　数字孪生技术能够让人们借助虚拟世界来指挥现实世界。最理想的情况下，企业生产的任何一款产品都能够在数字孪生系统上进行模拟仿真，通过不断地调整生产参数、改变原料配比、改进设计方案及制造过程，从而得出最优方案，最终在现实世界工厂中投入量产。现如今，智能制造正在跨入新的阶段，企业对于数字化工厂产生了更具实际应用价值的需求。可以预见的是，数字孪生将会在未来的工业4.0时代大放异彩。

6.5　参考资料

［1］GRIEVES M. Product lifecycle management[M]. Berlin, Germany: Spring-Verlag, 2005.

［2］杨子兵，周海臣，邢亮等. 数字孪生技术在全生命周期生产中的应用[J].电子技术，2022，51（04）：250-251.

［3］陶飞，程颖，程江峰等. 数字孪生车间信息物理融合理论与技术[J]. 计算机集成制造系统，2017，23（08）：1603-1611.DOI：10.13196/j.cims.2017.08.001.

［4］陈华鹏，鹿守山，雷晓燕等. 数字孪生研究进展及在铁路智能运维中的应用[J]. 华东交通大学学报，2021，38（04）：27-44.DOI：10.16749/j.cnki.jecjtu.2021.04.005.

［5］郭亮，张煜. 数字孪生在制造中的应用进展综述[J].机械科学与技术，2020，39（04）：590-598.DOI：10.13433/j.cnki.1003-8728.20190156.